이재훈 평론집

부재의 수사학

이재훈 평론집

부재의 수사학

작가와비평

책머리에

저자의 말

가끔, 문학이 무엇이냐는 질문을 받는다. 특히 시는 무엇이며, 왜 쓰며, 무엇 때문에 필요한지를 질문 받는다. 이 물음의 의미 속에는 지금의 문학이 이 사회에 어떤 역할을 할 수 있겠느냐는 다소 비관적인 시선과 그럼에도 불구하고 왜 문학에 온 생을 바치는 사람들이 많은지 이해하기 힘들다는 궁금증이 함께 내포되어 있을 것이다. 문학하는 입장에서 보면 이러한 질문은 곤혹스럽기 그지없다. 문학하는 이유야 어찌되었든 나름의 시발점이 있겠지만, 문학의 역할에 대해서는 사회적 상황에 따라 각기 다른 입장과 태도가 있기 때문이다. 계몽적인 말보다는 본질적인 말을 해주고 싶기에 답변에 더욱 고민을 하게 된다.

사실 이러한 질문과 답은 문학하는 사람들이 평생 안고가야 할 화두와 같은 것이다. 필자의 생각으로 문학의 현실적 가치를 타진하는 것은 그 결과를 찾기에 요원한 일이라 생각한다. 과거와 달리 지금의 현실에서 문학이 권력이나 치부의 수단이 되지 못하기 때문이다. 더불어 권력이나 치부의 수단이 되지 않는 문학이 본래 문학의 본령이라고 생각한다. 문학이 인간의 현실 속에서 무엇을 할 수 있는가에 대한 대답은 시대와 풍속과 이념과 경제토대에 따라 계속 바뀔 수밖에 없다. 이런 문학의 사회적 가능성에 대한 태도 변화에 따라 문학의 개념도 바뀌게 된다. 또한 지금의 현실처럼 문학이 이 사회에 큰 영향을 끼치지 못한다고 생각하는 시점이 가장 문학다운 문학이 실현될 기회라고 본다. 문학이 사회적 영향으로부터 자유로워질 때 우리 인간을 억압하지 않기 때문이다. 김현은 「한국문학의 위상」에서 "인간에게 유용한 것은 그것이 유용하다는 것 때문에 인간을 억압한다. 유용한 것이 결핍되었을 때 답답하기 때문. 억압된 욕망은 억압될수록 더욱 부정적으로 작용한다. 문학을 통하여 억압하는 것과 억압당하는 것의 정체를 파악하고, 그 부정적 힘을 인지한다. 그 부정적 힘의 인식은 인간으로 하여금 세계개조의 욕구를 느끼게 하며 당위성을 느끼게 한다."고 말했다. 유용함으로부터 자유로울 때, 문학은 본질에 가닿을 에너지를 얻는다.

시인들은 본질에 닿기 위해 이 현실을 어떻게 바라보고 극복하는가? 이러한 질문들로부터 이 책은 시작한다. 시인들의 눈에 비치는 현실세계는 극복의 대상이면서 또한 함께 발 딛고 살아가야 할 공존의 대상이다. 시인들은 첨단을 걷고 있는 문명 세계와 어떻게 공존하며 살아갈 수 있을까를 늘 골몰했다. 지금의 신자유주의는 곪을 대로 곪아 우리의 삶을 부박하고, 우울하게 만들었다. 우리의 삶은 가난해졌으며, 인간을 인간답게 유지시킬 도덕과 가치는 땅에 떨어졌다. 글로벌 경제위기 속에서 대부분의 사람들은 분노와 갈등의 시간들을 견디고 있다. 한 마디로 공분(公憤)의 시대다. 이러한 부재의 시대에 문학인들은 어떤 목소리들을 내고 있을까.

'부재의 수사학'이라는 말은 부재의 현실을 통해 우리가 갈급하고 있는 사유와 정서는 무엇일까를 탐색하는 개념이다. 최근 들어 시인들은 사회 현실과 정면으로 마주하여 목소리를 내고 있다. 때론 새로운 유토피아를 꿈꾸고, 때론 방황하며, 때론 내면으로 침잠하기도 한다. 어떠한 양상이든지 그 속엔 인간이 가지고 있는 투명한 정신의 고투가 스며들어 있다. 정신의 고투 속에서 우리가 느낄 수 있는 것은 성찰의 태도이다. 현실을 극복할 수 있는 대안으로 성찰을 떠올리는 것이 그리 새로울 것은 없지만, 다른 가치들보다 오래 갈 수 있는 힘이 성찰이라는 것에는 고개를 끄덕일 만하다.

제1부는 부재의 시적 현실에 대한 나름의 양상들을 담은 글들이다. 현실과 기독교적 영성의 세계가 어떤 접합점으로 모이고 있는지에 대한 탐구, 문명인으로 살아가는 구체적 삶의 양태가 시에 어떻게 드러나는지, 몰입과 탕진의 세계가 현실에서 어떤 자구책을 구하고 있는지 등을 담았다. 제2부는 다양한 시집에 대한 내밀한 비평서이다. 2008년부터 2011년까지 출간한 시집들에 대한 나름의 분석적 비평이다. 제3부는 시집에 수록된 해설들이다. 시집 뒤에 붙는 해설은 일반적인 비평과 다른 성격을 가진다. 시인이 한 권의 시집을 출간하기까지의 시적 여정을 같은 시인의 입장에서 들여다보려고 했다. 시인은 한 권의 시집을 내기까지 지난한 정신적 역경과 파고를 지닌다. 그 흐름을 함께 공유하고, 느끼려 했던 기록물이다.

여러 가지 부족한 글을 또 한 권의 책으로 묶는 것은 각각의 글에 대한 안타까움 때문이다. 허공에 부유하는 안타까운 글들에게 집 한 채 지어주고 싶은 마음일 것이다. 얼굴이 좀 더 두꺼워진 탓도 있으리라. 어려운 환경 속에서도 출판의 모든 책임을 다해주신 작가와비평 양정섭 대표님께 감사를 드린다.

이 책에 담긴 글이 쓰여 지는 동안 첫째 은율이는 무럭무럭 자랐고, 둘째 의찬이는 태어나서 걸음마를 배웠다. 어찌 보면 그들에게는 찬란한 날들이다. 앞으로의 날들 또한 찬란함으로 가득했으면 하는 바람이다. 그리고 사랑하는 부모님. 당신들이 내게 얼마나 위안이 되는지 모른다. 고개 숙여 감사드린다. 나의 이해할 수 없는 외계, 당신에게도. 겨울밤이 더욱 깊어간다. 또다시 펜대를 고쳐 잡아야겠다.

2012년 봄이 오는 길목
카프카 독서실에서

목 차

책머리에: 저자의 말 4
인명 찾아보기 299

제1부

시적 현실과 영성의 세계 12
아가미로 숨쉬는 문명인의 일상 26
공시적 맥락에서 본 금강의 시적 흐름 36
몰입과 탕진의 시적 재현 63

제2부

물과 질량의 시학 ---------- 76
: 허만하 시집 『바다의 성분』

통찰의 시학 ---------- 84
: 임강빈 시집 『이삭줍기』, 마종기 시집 『하늘의 맨살』

고요한 내레이터와 신명나는 퍼포먼스 ---------- 91
: 정희성 시집 『돌아다보면 문득』, 신현정 시집 『바보사막』

부재의 시학 ---------- 103
: 장석주 시집 『몽해항로』, 최준 시집 『뿔라부안라뚜 해안의 고양이』

소통의 연애사 ---------- 112
: 김요일 시집 『애초의 당신』, 손현숙 시집 『손』,
김성대 시집 『귀 없는 토끼에 관한 소수 의견』

극진한 통찰과 결기(決起) ---------- 123
: 손택수 시집 『나무의 수사학』, 이기인 시집 『어깨 위로 떨어지는 편지』

상처의 경제학 ---------- 130
: 박진성 시집 『아라리』, 신정민 시집 『꽃들이 딸꾹』

통각을 딛고 일어서는 성찰의 시학 ---------- 140
: 고석종 시집 『말단 형사와 낡은 폐선』

제3부

소외와 말줄임의 수사학 ---------- 148
: 조현석 시집 『울다, 염소』

공중에 풀린 영원성의 시학 ---------- 163
: 박남희 시집 『고장 난 아침』

상처받은 꽃말과 몸말의 소리 ---------- 181
: 한문석 시집 『바람개비』

관계의 복원에서 상생의 열림으로 ---------- 193
: 조혜전 시집 『기린산방』

그리움으로 향하는 꽃길의 시 ---------- 205
: 강수완 시집 『꽃, 모여서 산다』

농담의 수사와 할(喝)의 시학 ---------- 217
: 황상순 시집 『농담』

그저 달콤하기만 한 문명의 정치학 ---------- 233
: 신혜정 시집 『라면의 정치학』

고통을 딛고 일어선 비상의 꿈 ---------- 248
: 손계정 시집 『솔개』

신생의 꿈을 향한 시적 순례 ---------- 260
: 이민화 시집 『화몽』

역전(逆轉)을 통한 비움의 길 찾기 ---------- 272
: 엄혜숙 시집 『도문(道門)』

흔적의 시학 ---------- 283
: 하상만 시집 『간장』

제1부
part I

시적 현실과 영성의 세계

아가미로 숨쉬는 문명인의 일상

공시적 맥락에서 본 금강의 시적 흐름

몰입과 탕진의 시적 재현

시적 현실과 영성의 세계

1. 종교의 딜레마

생물학자이자 저술가인 리처드 도킨스(Clinton Richard Dawkins)의 저서 『만들어진 신(God Delusion)』은 몇 세기에 걸쳐 권력의 성좌를 누려온 서구의 프로테스탄티즘(Protestantism)을 정면으로 비판하는 책이다. 한 마디로 얘기하면 "신은 없다", 혹은 "모든 종교는 가짜다"는 관념적 화두를 과학적 지식으로 설득하려는 게 리처드 도킨스의 논리이다. 이 책에서 종교는 '믿음'의 문제라고 하는 비과학적인 영역임을 철저히 불신한다. 그동안 종교라는 이름으로(특히 '하나님(God)'을 믿는 서구의 개신교) 수행되어 온 온갖 허위와 폭력, 광기, 살인과 죄악들을 낱낱이 파헤치고 있다. 도킨스는 이 책을 통해 '용기'라고 하는, 아무도 말할 수 없는 신성의 영역을 파헤치는 선구자적인 역할을 자임했다. 하지만 종교를 가진 자가 정작 느낄 수 있는 점은 도킨스의 지적 자만심 혹은 현학적 우월성뿐이다. 성경의 모든 사건들을 과학적 실증주의로 해결하려는 게 과연 가능한 일일까.

리처드 도킨스가 실증적 과학자이며 또한 종교의 영역에 독침을 쏘면 크게 성공한다는 출판의 상업논리를 감안한다손 치더라도 『만들어진 신』은 독자들에게 큰 논란과 반향을 일으켰다. 많은 종교인들은 기독교라고 하는 종교의 본질을 비기독교인에게 어떻게 이해시킬 것인지에 대한 고민을 다시 시작했다. 또한 기독교라고 하는 종교 자체에 대한 비본질적 현상들의 반성이 수행되었다는 점도 새로운 의미로 생각할 수 있다.

종교는 철저하게 '믿음'의 범주로 이해해야 한다. 믿음의 문제라는 비과학적 영역이 종교라는 점을 먼저 상기해야 한다. 그렇지 않은 경우, 종교의 현실은 알 수 없는 집단의 광기로밖에 이해할 수 없다. 성경의 모든 사건들이 '믿음'의 영역이 아닌 '이해'의 차원으로 받아들여진다면, 성경의 모든 사건은 '기적'이 아닌 '환영(幻影)'으로밖에 볼 수 없다. 기독교는 지금도 여전히, 구원에 이르는 길은 오직 한 길—예수를 구주로 영접하는 것("다른 이로써는 구원을 받을 수 없나니 천하 사람 중에 구원을 받을 만한 다른 이름을 우리에게 주신 일이 없음이라 하였더라", 사도행전 4: 12)—외엔 다른 방법이 없다. 그러므로 기독교는 철저하게 이기적인 종교이며, 구원의 다른 방법이 없는 가장 완고하게 닫혀 있는 유일신 종교이다. 이러한 종교의 일방향성과 기독교를 믿는 선민의식이 서구의 근대사회를 폭압적으로 이끌어온 하나의 이유가 되었을 것이다.

기독교에 대한 세상의 불신과 비이성적 태도에도 불구하고 기독교는 여전히 가장 영향력 있는 종교이며, 종교에 대한 신도들의 범주가 가장 넓고 다양한 종교이다. 그러면 이러한 기독교적 본질과 영성이 어떠한 방식으로 우리의 현실 속에서 자리 잡고 있는지 우리는 고민해야 한다.

2. 세속적 현실과 기독교적 현실

한국에서 기독교인으로 일상생활을 영위할 때에는 그만큼 특별한 삶의 가치가 요구된다. 종교인으로서의 삶의 가치가 세속적인 삶의 가치와 큰 차이가 있기 때문에 그만큼 종교인, 특히 기독교인으로 살아간다는 것은 힘든 일이다. 이것은 성(聖)과 속(俗)을 이원론적 구분법에 놓고, 성에 속한 사람과 속에 속한 사람을 철저히 구분지어 종교적 윤리의 죄책감 속에 개인의 종교적 심성을 재단하기 때문이다. 기독교인으로서 요구하는 일상은 물질주의적인 가치관이나 쾌락주의적인 가치를 멀리 하고 희생과 감사, 금욕의 일상을 통해 하나님의 뜻을 세속에서 전파하는 데 있다. 하지만 지금의 기독교도들이 과연 이러한 일상으로 살아가고 있을까. 다분히 회의적이다. 특히 이 사회를 이끌어가는 종교적 지도자들과, 종교인임을 자처한 사회지도자들의 이중적 태도는 더욱 종교적 일상에 대해 불신하게 한다. 대형교회의 기업화와 세습화, 정치 사회계에서 불거진 종교인들의 카르텔과 권력화 등이 문제시된 게 비단 오늘만의 일은 아니다.

오늘의 한국 기독교가 세계에서 그 유래가 없을 만큼 비약적인 발전을 거듭했지만, 외적인 발전에 비해 영적인 일상에 대한 고민과 기독교적 일상의 전범이 미약한 상황이다. 오로지 세속인들과 담을 쌓을 수밖에 없는 '특별한 성인(聖人)'으로서의 삶만을 강조한 나머지, 사회 속에서 더불어 가지 못하고 '폐쇄된 성인'만을 낳는 경우를 많이 볼 수 있다. 한국 기독교에서 신자들에게 요구하는 크리스천으로서의 일상적 삶은 한국 기독교의 유입과정과도 관계가 깊다. 초기 기독교가 아직 근대화를 이루지 못한 국가에게 흔히 행하는 근대화 국민으로서의 길들이기가 한국적 기독교의 형태로 드러났을 가능성이 크다. 또한 영성과 신앙의 깊이와 발전이 교회 내에서 이루어지며, 모든 신앙생활이 교회 중심주의로 이루어진다는 점도 중요한 역할을 했을 것이다. 그럼에도 한국의 기독교는 전 세계에서 벤치마킹하고 싶은 가장 성공한 경우에 속한다.

그동안 기독교적 일상을 시라는 문학으로 형상화할 때에는 다분히 '기독교시' 혹은 '종교시'의 테두리에서 이해하고 진단했다.[1] 다른 각도에서 기독교적 일상이나 소재를 시적 대상으로 사용할 때, 그것은 풍자와 조롱의 대상으로써 많이 사용되었다. 고정희, 김정환, 박남철 등이 대표적인 예인데 이러한 경우는 문학과 사회와의 교감과 특별한 시대와 국면 속에서 배태된 경우에 속한다.

세속적 현실과 기독교적 현실의 간격이 결코 가깝지 않음에도 불구하고, 기독교적 현실을 진솔하게 구현해 낸 많은 시 작품들이 있다. 이러한 시인들은 그들의 삶 또한 많은 세인들에게 존경을 받을 만하며, 작품 또한 신뢰성이 두터운 시인들이다. 그 가운데 몇 시인들이 표출한 종교적 현실의 발자취를 따라가 본다.

3. 영적 삶의 양상과 문학적 의미

한국의 많은 시인들 중에서도 구체적으로 영적인 삶이 어떠한 방식으로 드러나며, 시로써 구체화하는지를 살펴보기로 하자. 먼저 기독교적 상상력을 담보로 한 가장 보편적인 시편들은 대개 하나님에 대한 찬양과 간구의 신앙시를 들 수 있다. 이들의 시편들은 신앙인이 아니면 설득하기 힘든 세계관적 특수성이 있기 때문에, 잘 된 시편들임에도 불구하고 모든 독자들에게 보편적인 설득력을 얻기는 힘든 단점이 있다. 또 다른 측면으로는 하나님에 대한 감사와 찬미의 정서를 마음으로부터 우러나와 쓰여 지게 되는 경우를 들 수 있다. 이런 경우에는 시적 주체가 대상과 보편적 거리를 두기보다는 정서적으로 과도하게

1) 기독교적 상상력과 '기독교 시'에 대한 개념과 양상에 대한 상세한 내용은 졸문, 「한국 현대시에 나타난 기독교적 상상력」, 『딜레마의 시학』, 국학자료원, 2008을 참조.

충만되어 객관적 진실을 전달하기 힘든 경우이다.

박이도의 다음 시편들은 신앙인으로서의 내면적 자의식을 대상과의 적절한 교감을 통해 잘 드러낸 시이다.

반듯이 누워
밤새 잠을 이루지 못한다
이 눈부신 백야를
나는 숨죽여 듣는다
부활하는 생명의 합창을
어둠 속에서 듣는다
사태(沙汰)로 낙하하는 분신들,
비로소 빛으로 보는 아침이 온다
눈부신 지상,
죽은 대지에 까치가 날아온다
샘물은 맑아지고
풀밭 속 푸름이 숨어 있다
보이지 않는 내일이 다가온다

▶▶▶박이도, 「降雪」 전문

저 울음은
신에게 굴복하는 방언인가
군중에게 항거하는 분노인가

텅 빈 광야에서
그는 커다란 목소리로
메아리 되다가
더러는 별이 되어 반짝이며

하늘에 떠 있다가
곤히 쓰러져 잠든
나의 문 밖에
이슬이 되어 내리는
전능의 목소리로
순수의 형상으로
그는 울고 있는 것 같다

어디선가 이 한밤의 울음은
멍든 내심에 찾아온
최후의 음성으로
가위눌림 같은 악몽의 사슬에서
나를 일깨우고 있다
나를 일깨우고 있다

▶▶▶박이도, 「저 울음은」 부분

기독교 신앙의 바탕에는 부활과 새로운 생명에 대한 희구가 배면에 깔려 있다. 시인은 백야(白夜)의 시공간 속에서 새로운 생명의 느낌을 온몸으로 감지한다. 시인이 숨죽여 듣고 있는 것은 부활하는 생명의 합창이다. 어둠이 지나면 빛의 시간이 오는 것은 순리이다. 그것의 상징으로 까치가 날아오르며, 샘물과 풀의 싱그러움을 받아들인다. 그것이 바로 시인이 말하는 "보이지 않는 내일"이다. 그러면 "내일"은 어떤 날인가. 종교적 소명 안에서 내일은 늘 기다리는 날이며, 그날이 언제인지는 아무도 모르는 날이다. 하지만, 그날의 내일을 소망하며, 신랑을 기다리는 열 처녀의 비유처럼 신앙인들은 늘 준비된 삶을 살아간다. 하나님은 '그날'을 성경을 통해 약속하셨기 때문이다.

「저 울음은」에서 시인이 말하는 울음의 정체는 무엇일까. 그것이 간구의 울음이건, 회개의 울음이건, 그 울음은 기도로 인해 터져 나온 울음일 것이다. 시인에게 이 울음은 둔해져 있던 영혼에 각성(覺醒)의 의미를 부여한다. 시인은 울음의 정체가 "신에게 굴복하는 방언"인지 "군중에게 항거하는 분노"인지 혹은 "전능의 목소리"인지 다각도로 사유하며 울음의 전말에 대해 골몰한다. 중요한 것은 울음을 통해 시적 주체가 "나를 일깨우고 있다"는 걸 느끼는 데 있다. 기도는 그간 있어 왔던 자아의 정체성을 찾는 구도의 산물이기 때문이다.

> 순복음교회 앞
> 그늘에 앉아 안경을 벗었다 꼈다 하는
> 노인,
> 몸 가누기가 힘들어 보인다
> 지나가는 6.2선거 후보들이 복음 한 장씩 건네며
> 아무갭니다 아무갭니다 허리 다 꺾는다
> 허리 꺾다가 다 부러지는데 누구라 했소,
> 누구,
> 예수요? 요한이요?
> 노인의 귀는 감감 다 먹어버리고, 복음
> 들어갈 한 치 틈이 없다
>
> 한 쪽 손으로 입 막고 하품 자지러진 뒤,
> 난세에 예언자가 많다는데……
> 고개 갸웃거리며 복음을 세기 시작한다
> 한 장, 두 장, 석 장, 넉 장, 다섯……
> 여덟, 아홉……
>
> 헷갈려 다시,

한 장, 두 장, 석 장, 넉 장. 다섯……
여덟, 아홉……

▶▶▶강희근, 「복음 세기」 전문

새벽미사에 가서
죄를 탕감 받은 여인 대목을 읽다가
내게 회개할 것이 있는가 생각했다
— 회개할 것이 너무 많아 회개할 것이 없느니

죄를 탕감 받은 여인 대목을 읽다가
내게 사랑이 얼마만큼 있는가 생각했다
돌아보면
— 사랑이 너무 미미하여 사랑한 것이 없느니

나는 영혼의 물 다 빠진 꼬장카리이거나 나무토막 하나
어디다 갖다 쓸꼬?

아, 모처럼 무릎 꿇고 묵상하다가
무릎 꿇은 자리에 나무토막 하나 슬그머니
두고 나왔다

그걸 집어다 폐품으로 이용하실지
아니면 묶어서 택배로 반품하실지
아무도 아는 사람은 없느니

밖에는, 하늘이 땅에까지 내려와서
귓속말로 무언가 소곤거리고 있는 게 보였다

▶▶▶강희근, 「새벽미사에 가서」 전문

강희근에게 복음은 때로 중요한 풍자의 메타포로 쓰이기도 한다. "복음"을 "세기[센다]"라고 하는 시인의 감각적 풍자는 권력을 향해 달려가는 예비 위정자들의 모습을 드러내는데 더없이 탁월하다. 선거에 나온 후보들이 명함을 일일이 나눠주며 인사하는 행위가 흡사 포교활동을 하는 열혈 신도들처럼 보이기도 한 것이다. 복음을 세는 행위로 인해 지금의 시대가 "난세"임을 이끌어내는 합리적 증거라는 걸 예증한다.

시인은 새벽미사에 간다. 새벽에 드리는 기도와 예배는 시인이 영성의 일상 속에서 지내고 있음을 의미한다. 시인은 새벽미사를 통해 성찰하는 자아의 본면(本面)을 구체적으로 보여준다. "죄를 탕감받는 여인"의 예화를 통해 자신의 회개와 사랑에 대해 생각할 기회를 갖는다. 시인은 자신이 갖고 있는 회개와 사랑이 여느 세인들처럼 미미한 것이라 여긴다. 그러면서 성찰의 한 증거물로 나무토막 하나를 두고 나온다.

시인을 상징하는 나무토막 또한 하찮은 것이지만, 그것을 어떻게 사용하고 쓰실 지는 오직 신께서만 아시는 일이다. 열린 신앙인은 어떻게 사느냐의 일상의 질도 중요하지만, 자신을 잘 들여다보는 회개와 성찰의 시간도 더욱 중요하다. 새벽미사는 성찰의 시간을 갖기 위한 영성의 심성을 고스란히 표출하고 있는 신앙생활이다. 시인은 하늘이 땅에게 귓속말로 무언가를 소곤거린다 한다. 그 소곤거림은 어떤 말일까. 신의 섭리가 땅에까지 몰래 스며들어 퍼지는 감격의 사태를 시인은 온몸으로 느끼고 있다.

석달 동안 새벽마다 시편을 읽었다.
시편의 신은 눈을 반쯤 감고 있었다.
한 페이지는 가려주고 한 페이지에선 슬쩍 눈을 떠보았다.
시편을 처음 읽었을 때는 괴테의 문장으로 보였다.
다시 읽으니까 다윗과 솔로몬과 고라의 자손들이 갇힌 율법의 창살로 보였고 다섯 번 쯤 읽었을 때 작디작은 구멍 하나가 보였다.
나는 오십년 자란 빨대로 그 곳을 찔렀다.
구멍은 바늘귀 만하고 빨대는 굵어서
만나의 수액은 좀처럼 올라오지 않았다.
이제 빨대를 통해 어떤 멧세지도 빨아올릴 수 없는 입술을 한 번 만져보았다.
오십 년을 훌쩍 들이마시고도 모자라는 듯
만지면 아직도 간지러웠다.
깊이 굴러떨어진 죄인들에게 신은 구원의 빨대를 들라지만
욕망이 간지럼을 태우는 동안
빨대의 구멍은 낙타 몸통으로 불어났다.
밤새도록 몸을 뭉개도
바늘귀 앞에서 낙타는 쓰러지고 쓰러지고 다시 쓰러졌다.
주전 십세기 솔로몬 시대부터 오늘까지
벌레 한 마리 기어다니지 않는 시편의 노래들은
지도에 나타나지 않는 숨은 도시였다.
찾아내기도 전에 사라지는 떠나는 구멍이였다.
간 밤의 거친 내 몸부림에 끝내 못 견디던 시편
마른 버짐 자국 같은 문장 속에 작은 구멍하나 내줬으니
작아지고 작아지고 작아져서 가느다래진 긴 빨대의 끝을 떨며
그 맑은 구멍에게 확 물리려고 식은 땀 흘린다.
신이 나에게 마구 피흘려주는 새벽에

▶▶▶최문자, 「구멍」 전문

시편(詩篇)은 구약성서 중에서도 가장 문학적 완성도가 뛰어나다고 알려진 시서(詩書)이다. 시편의 저자는 이스라엘의 왕이었던 다윗으로 알려져 있는데, 이스라엘 백성들의 하나님에 대한 찬양과 기도가 시

와 노래의 형태로 드러나 있어, 문학적 텍스트로 읽어도 무방할 만큼 뛰어나다. 구체적으로 시편은 찬송의 시, 탄식의 시, 감사의 시, 확신의 시, 예언의 시, 지혜의 시 등으로 이루어졌다.

기독교인의 일상 중 빠질 수 없는 것 중 하나가 바로 성경 읽기, 즉 말씀 묵상이다. 시인은 석 달 동안 새벽마다 시편을 읽는다. 시인에게 시편은 자아와 신이 만나는 매개체이며 시적 자아의 영성을 되돌아보고, 토대를 공고히 하는 발판과도 같다. 시인은 무작정 강권하는 믿음으로 신과 만나지 않는다. 시인은 시편을 통해 '시인'으로서의 자의식과 '신앙인'으로서의 자의식이 서로 뗄 수 없는 관계의 지향점이라는 것을 보여준다. 시인이 읽은 시편 말씀은 "괴테의 문장"으로도 읽히고, "다윗과 솔로몬과 고라의 자손들이 갇힌 율법의 창살"로도 보였다.

시인의 체험은 "구멍"이라는 대상을 통해 적극적으로 소통한다. 그 구멍은 진리로 나아가는 길일 것이다. 진리의 구멍은 바늘귀처럼 아주 작다. 오십년 동안 살아왔던 생애의 관점으로 진리의 양식을 먹기란 쉽지 않다. 자신의 고집과 생각으로 진리의 작은 구멍을 통과하기란 얼마나 어려운가. 시인은 "빨대의 구멍은 낙타 몸통으로 불어났다"고 한다. 그만큼 진리로 들어가는 좁은 문에 비해 인간의 생각이 크다는 것을 의미한다. 하지만 시인은 깨닫는다. 신께서 소망을 일구는 연단으로 진리의 구멍을 보여주신다는 것을. 시인은 그 감격을 "신이 나에게 마구 피흘려주는 새벽"의 순간으로 기억한다.

당신이 아파하실 아픔으로 울지 못함은 숨긴 밤 길 걸은 깊은 후회로 그리 합니다.

깊어가는 밤 산길을 헤매다가 달빛이 밝아 하늘 길을 날아 걸었지만 고요보다 더 깊게 되풀이되는 속삭임도 뒤로 두고 불 꺼진 동네 마다 고을 마다 달빛이 터트리는 울음소리를 따라 홀로 갑니다.

귀머거리의 적막을
그대는 아십니까

시계가 정지된
침묵을
보신 일이 있습니까

마을 어귀의 깊이를 잴 수 없는 우물가의 폐허를 바라보며 깊어가는 어두움을 보고 있습니다

하늘 길의
사막 한가운데서 주저앉은 낙타 한 마리
주인도 없는 그 곳에서
별빛 하나를 바라보는 눈빛을
잠간만이라도 기억해 주십시오

그대 앞에 설 수 없는
단 하나의 후회
너무 많은 것을 사랑하여
그 탓으로 불태워진
폐허의 벌판을 후회하고 있습니다

▶▶▶정재영, 「후회」 전문

정재영이 시에서 말하는 것은 "사막 한가운데서 주저앉은 낙타 한 마리"이다. "주인도 없는 곳"이라는 고독과 길 잃은 상징으로서의 낙타는 시인에 의해 호출된다. 신을 통해 시인은 "길 잃은 어린 양 한 마리"의 중요성을 한 번 더 상기시키는 계기가 된다. 시인은 "단 하나

의 후회"가 "폐허의 벌판"이라 한다. 그 폐허는 너무 많은 것을 사랑하여 불태워진 공간이다. 사랑이 무조건 선(善)이자 진리인 것은 아니라는 사랑의 속성을 자신의 고백을 통해 보여주고 있다.

정재영은 방황하며 헤매는 존재를 통해 성찰적 자아의 진솔함을 표출한다. 정재영의 성찰은 스스로 내적 안도와 위안이 아니라 신과의 소통을 담은 치유적 영성체로서의 위안이다. 신은 '그대'라는 그리움의 대명사로 지칭된다. 시적 주체는 스스로 체험하고 감각한 신비로운 일상의 순간들을 고백한다. "귀머거리의 적막"이나 "시계가 정지된/침묵"은 "그대"에게 고백하고 싶은 영성적 체험의 세목들일 것이다. 그러나 그대라는 시적 대상이 이 사실을 모르는 게 아니고 시적 주체 또한 신이 이 사실을 모두 안다는 것을 깨닫는다. 시적 주체는 자신이 느끼는 후회의 전말을 통해 신과 인간 사이의 영적 관계에 대한 단초를 간접적으로 드러내고 있다.

당신의 몸속에는 언제나
먼 나라로 가는 창이 있다
깊은 속으로 열린 창이다

그 창을 통하여
빛이 들어온다
시간이 흐른다
기적을 보여준다

그 창 너머에 그려진
선과 면과 공간이
시간과 어우러지며
기이하게 얽힌 세계에서

오묘한 선율이 흘러나온다
기쁨과 경건과 경이의 색깔이다

그 창으로 내다보면
가장 먼 곳에서
가장 깊은 데까지
더 정확히 더 세밀히
보는 눈이 생겨난다
두드리며 밀려드는
미래의 파도소리가 들린다

▶▶▶이원로, 「창(窓)」 전문

이원로가 말하는 창은 닫혀 있는 창이 아니라 열린 창이다. 그 창을 통하여 시인은 신이 주시는 섭리와 기적을 체험하고 감동한다. 창을 통해 바라본 세계는 "기쁨과 경건과 경이"의 세계이다. 창을 통해서 시인은 새로운 세계를 경험하고 바라본다. 또한 창을 바라보는 시인의 눈은 남들이 볼 수 없는 새로운 세계를 볼 수 있는 원천이자 원동력이 된다. 그것은 또한 영성의 힘이다. 영성의 힘으로 시인은 다가올 미래까지 소망할 수 있는 것이다.

시인들은 영적 삶의 구체적 모습들을 시를 통해 고백한다. 기독교라는 종교적 측면이 아니더라도, 시인에게 영적인 삶은 일종의 숙명 같은 것이다. 굳이 종교의 이름을 빌리지 않더라도 영적인 충만을 시로 표출하는 경우를 쉽사리 볼 수 있기 때문이다. 기독교를 본질로 하는 시적 현실의 다양성이 더 큰 깊이와 만나 한국 시단에 큰 강물을 이루길 간절히 소망해 본다.

아가미로 숨쉬는 문명인의 일상

1. 공분의 시대

뜨거운 2009년의 여름을 보내는 중이다. 그 몇 달간 우리에게 무슨 일이 일어난 것인가. 생각하니, 벌써 너무 덥고 답답하다. 노무현 대통령의 갑작스러운 서거로 인한 충격과 서글픔은 더 말해 무엇하랴. 북한에서는 핵실험을 강행했고, 한국은 PSI 전면 참여를 선언하였으며 안보리의 북한에 대한 비난은 더 거세어지고 있다. 젊은 작가들을 중심으로 6.9 작가선언 '이것은 사람의 말'이라는 시국선언을 하기도 했다. 용산참사는 아직도 진행 중이다. 사회 약자인 서민들의 운명은 어떻게 되란 말인가. 디도스(DDOS)라는 이름의 사이버테러가 한국의 주요 사이트에 침투하기도 했다. 여야 간의 대립 속에 미디어법이 국회를 통과했다. 쌍용차 노조 파업 또한 진행 중이다. 비정규직법은 오리

무중이다. 연일 장맛비가 내렸다. 전국적으로 장마로 인한 폭우 피해가 속출하였다. 재난피해는 늘 서민들에게 돌아간다. 그래도 우리의 일상은 늘 똑같이 돌고 돌아간다. 밥먹고, 일하고, 술먹고, 잠잔다. 비정규직이라 늘 불안하고, 자식들의 교육비 때문에 한숨 나온다. 젊은 세대들은 결혼을 미루거나, 아이 낳는 것을 포기한다. 그래도 우리의 일상은 늘 똑같이 돌고 돌아간다. 돌고 돌아가는 게 우리의 일상이지만, 한 가지 남는 게 있다면 '분노'다. 분노라도 없다면 대체 무엇을 할 것인가. 분노라도 없다면, 더 망가지게 될 우리의 삶은 무엇이 될까.

> 나라에 큰 슬픔이 있던 초여름이었다
> 연초부터 벼랑으로 몰린 사람들이
> 망루를 오르다 불에 타 죽고
> 죽은 몸은 다시 냉동되어 여름까지도
> 망각의 상자 속에 갇혀 이승에 방치 되어 있었고
> 경찰과 깡패가 한 개의 방패 뒤에 저희
> 그림자를 가리고 발맞추어 지나가고 나면
> 신문은 무기가 된 활자의 볼트와 너트를
> 지나가는 사람들에게 마구 던졌다
> 검게 그을린 영혼들을 위해 미사를 집전하던
> 신부는 용역들에게 맞아 성체와 함께 나뒹굴었고
> 신부님이 두들겨 맞았다는 말에
> 어머니는 묵주를 쥐고 부들부들 떨었다
> 수백의 시인들이 다시 조시를 쓴다는 말이 들려왔다
> 부러진 칼을 필통에서 꺼내 연필을 깎으며 나도
> 흐느껴 우는 나무들에게 몇 줄 편지라도 쓰고 싶었다

▶▶▶도종환, 「그해 여름」 부분

위의 시와 같이 여름은 지나가고 있다. 서민들을 쫓아내고 투기꾼들을 불러 모아 관청의 창고를 채우는 일에 서민들은 분노했다. 그리고 죽었다. 용산참사는 서울이라는 도시에 살아가는 서민들 모두의 일이다. 당장 내가 사는 집, 당신이 사는 집도 모두 뉴타운이 될 것이다. 시인은 "숲의 나무들은 진종일 허리를 구부리고 울었다"고 했다. "슬퍼하는 이는 넘쳐났으나/잘못했다고 말하는 이는 없이 여름"이 이렇게 서서히 지나가고 있다.

아우슈비츠의 망령은 여전히 우리의 주변에 서성거리고 있다. 호모 사케르(Homo Sacer). 조르조 아감벤(Giorgio Agamben)의 정치철학이지만, 문명사회의 일원인 우리의 '생명'을 다시 한 번 생각하게 한다. '벌거벗은 인간'이 바로 지금 '우리'의 모습이다. 좀 신랄하게 얘기하면 '벌거벗은 인간 쓰레기'가 우리의 모습이다. 너무 자학적인가. '우리'의 모습은 신자유주의에 매몰당하여 근근이 생을 버티고 있는 우리 '시인'의 모습이기도 하다. 무엇이 우리를 범죄자로 몰고 있는가. 촛불 앞에서 숭고하고 간절하게 촛불의 상징을 가장 현실적으로 재현하는 우리들의 모습은 사회질서를 어지럽히는 범죄자의 모습으로 윤색되고 있다. 애초에 희생물은 예정되어 있었다. 권력과 제도가 만든 허상의 신념 앞에서 모두 맹신의 희생물이 되고 있다. 무소부재의 권력은 호모 사케르를 죽이더라도 처벌 받지 않는다. 우리는 늘 호명당한다. 호명하는 주체가 시인이 아니라 주권 권력이던가. 하긴, 역사는 늘 이러한 과정을 되풀이해 왔다. 문학은, 인간은 왜 수없이 되풀이되는 망령을 뒤좇고 있는가.

그런 의미에서 용산참사는 뼈아픈 생각을 우리에게 전해준다. 일상에서 벌어진 일이지만, 어떤 소설보다 더 허구적으로 진행되고 있지 않는가. "이 냉동고를 열어라/거기 너와 내가 갇혀 있다/너와 나의 사랑이 갇혀 있다"(송경동, 「이 냉동고를 열어라」)고 울부짖는 시인의 목소리가 거리에서 울린다. 지금 이 시대를 살아가는 우리의 일상은 겨우 살아가기 급급한 시간들의 연속이다. "딸아이가 4학년이라고 했다/노래 한 곡이 끝날 때마다 도우미는/탬버린을 잠시 내려놓고 눈치껏 답장 문자를 날린다/혼자 있는 딸에게"(윤병무, 「노래방 도우미」)라는 구절에 이르면 사회가 어떠한 방식으로 서민들을 내몰고 있는지 여실히 보여준다. 그러나 시인은 늘 실패한 혁명가를 꿈꾼다. 문학적인 삶을 꿈꾼다. 진은영은 말했다(진은영, 「문학적인 삶」). "그들은 결정을 서두른다"고. 무엇으로 하여금 결정을 서두르게 하는가. 걸작을 써야 하기 때문이다. "노란 조끼를 입은 청년들의 관자놀이에/서슴없이 방아쇠를 당기게 할 위대한 한 페이지를" 서둘러 작성해야지만 문학적인 삶이므로. "한 사람의 젊은이가 위대한 예술가로 성장하기 위해서는" 무엇이 필요한가. "젊은이를 비탄으로 몰아갈/실업의 총알을, 죽음에 못 이른다면/비정규직의 주황색 망토에 뚫릴 동그란 구멍이라도" 필요하거나 피해야 한다. 사실, 시인은 비정규직이다. 시인들의 대부분은(교수나 교사가 아닌 이상) 비정규직이다. 비(非)라는 말이 주는 서글픔은 가슴에 서늘하게 남는다. 그렇기에 "폐병장이 시인"이 되어야 하는 것이다. 사람들은 발자크식 스타일이 되거나 미국에 살지 않는 이상, "폐병장이 시인"을 소비하고 싶어한다. 이 시대의 폐병장이가 비단 시인뿐이던가.

2. 심미성

사실, 일상성은 광의의 개념이어서 모든 문학에는 기실 일상이 내포되어 있다. 범박하게 말해 일상성의 현대성과 심미성은 '지금, 여기'의 현실을 어떠한 방식으로 내면화시켜 새로운 언어의 성채로 만들어내는가 하는 방법론에 방점을 찍고 있는 듯 보인다. 그렇지만 문학의 변용과정은 각 주체가 처한 이성적 토대의 상이에 의해 결정되는 것이므로, 현대성과 심미성을 일상의 차원에서 밝혀내기란 요원한 일임에

틀림없다. 광의의 개념으로도 이를 생각해볼 수 있다. 시론에서 오래 전부터 지적하고 있듯이 시가 '일상적 진실'과 '당위적 진실'의 사이에서 줄타기를 한다면, 대부분의 문학은 '진실'의 차원에서 시적 의미를 거론한다고 말할 수 있다. 진실성은 현실을 그대로 노출하느냐, 그렇지 않느냐에 의해 재단되어지는 것이 아니라, 주어진 현실을 어떠한 내면을 통해 동화하거나 투사하여 비춰지느냐에 있다. 또한 이러한 시적 변용이나, 방법적 드러냄을 어떠한 미학적 방식으로 수용하는가가 문제이다. 우리의 일상은 지리멸렬하며 생존을 위한 공간인 돼지울타리와 다를 바 없다. 하지만 이러한 현대 문명인의 모습을 그대로 노출시켜 담아내는 풍경은 이제 새롭지 않다. 어차피 문명의 삶은 우리가 살아가야 한다. 우리가 살아가야 하는 공간인 문명의 삶은 분명 성찰해야 할 난관인 것이다.

신문을 보며, 그것도 하루 지난 신문을 보며 "분노할 줄도 슬퍼할 줄도 모르는 짐승" 같다고 말하는 일요일의 어느 시간이 우리 일상의 한 부분이다(김안, 「일요일들」). 가난하기 때문에 "천천히 당신을 만난다"라고 생각하며 방안에 틀어박혀 있는 어느 일요일이 가장 현실과 가까운 일상의 풍경이다. 무기력하고 너저분한 일상의 순간들은 자아의 존재를 무화시켜버린다. 그것은 무서운 결과다. 시인은 "내가 낳은 자식들은 모두 액체"라고 한다. 이 액체는 시인의 말대로 죽은 시체의 즙이다. 제 존재의 시원을 망각하고 있다는 자아의 태도는 일상의 현실에서 더 건조한 이성을 가지겠다는 느낌을 준다. "그 많은 자식들 중 단 한 명의 얼굴도 기억할 수 없"는 현실 속에서 "아버지는 片肉이" 된다. 그리고 시인은 "이제 난 뒤로 말하리라"고 한다.

토요일은 어떠한가. 사실, 월요일이건 수요일이건 중요하지 않다. 일상은 늘 그대로 반복되기 때문이다. 김참은 "수요일엔 술을 마시러 시내에 갔는데 술에 취해 횡설수설했는데 택시를 타고 집으로 돌아왔는데 이불을 덮고 잠을 잤는데 그는 오늘이 무슨 요일인지 모른다"고

한다(김참, 「토요일」). 이유는 습관 때문이다. 하루에도 몇 번씩 잠을 자는 습관 때문이라고 한다. 시에서의 자아는 "달력이 없고 시계도 멈춘지 오래라"고 말한다. 이미 시간에 대한 개념을 벗어버렸다. 일상은 늘 시간에 쫓기며 사는 순간의 연속이다. 이 쫓기는 시간의 연속선상에 문명인들은 발을 올려놓아야 한다. 그렇지 않으면 사회의 이탈자가 되어 불안을 느끼게 된다. 시인은 이탈자이다. 오늘이 혹은 내일이 무슨 요일인지도 모르고 살기 때문이다. "가끔씩 오는 전화도 한 통 없었기 때문에 하루 종일 잠을 잤고 TV만 봤기 때문에 하루 종일 집에만 있었기 때문에 아무도 찾아오지 않았기 때문"이다.

이렇듯 우리의 공간은 늘 무덤 속에서 숨쉬는 것과 다름없다(김언, 「숨쉬는 무덤」). 문이 열리면 "아무도 없는 마루"가 보이지만 결국 아무것도 안 보인다. 우리의 빈방 체험은 시적 자아가 이 시대의 유령임을 인식하는 데서 출발한다. 현대인은 누구나 자신이 유령이 될지도 모른다는 불안 속에 살고 있다. 시인은 "내가 유령인 것은 중요하지 않"다고 말한다(김언, 「유령–되기」). 중요한 것은, 아니 문제시되는 것은 "내가 어느 시대를 살고 있느냐"이다. 이 시대를 살고 있는 것은 사람인데 시적 자아는 유령이다. 유령은 이 시대를 살고 있는 게 아니라 흘러다닌다. "돌, 나무, 사람들의 데모 행렬"에 슬쩍 몸을 맡기고 흘러다닌다. 공기를 의지해서 "공기가 움직일 때 나도 따라 걷는 사람"이 되는 것이다. 이것이 이 시대 자아가 겪는, 혹은 되고 싶은 "유령" 되기이다. 유령인 것은 중요하지 않으며, 나도 중요하지 않지만, 이 시대에 유령이 된 시적 자아의 모습은 현재 여기 존재해 있는 것이다.

3. 초월의 세계

언제나 일상을 쉽게 다룬다는 것은 '쉬운 시' 혹은 일상시로서 폄하될 가능성이 농후하다. 그것은 소재의 차원에서 일상이 다루어지기 때문이다. 우리는 이미 일상을 통해 시대의 아픔과 실존의 허망함과 존재의 역설을 시적으로 승화한 작품들을 가지고 있다. 이천년대가 넘어서면서 일상이 담지해 줄 수 있는 가능성들이 하나씩 무너지면서, 우리가 일상을 통해 얻을 수 있는 의미는 허무적일 수밖에 없다. 있다면, '나르시시즘'이나 '멜랑콜리' 정도겠지만, 그 또한 비겁한 합리화처럼 자꾸 느껴진다. 그럼에도 일상을 포기하고, 추상적 이상의 공간만을 탐할 수는 없다. 그러기에 우리의 일상은 너무 사실적으로 거칠고, 허구를 뛰어넘는 사건의 연속이며, 실존의 슬픔을 느낄 새도 없이 계속되는 죽음의 공간이다.

현대인이 살을 부비고 살아가는 도시의 공간은 문명인이 폐허 속에서 건축한 타인의 나라가 아니다. 그 공간은 현대인에게 자연과 똑같은 공간이다. 정재학은 거리에서 태어나고 거리에서 일하는 문명인의 길에 대해 말한다(정재학, 「微分: 길」). 시인에게 거리는 자연과 같은 공간이다. 오래 걸었던 길이기 때문이다. 시인은 "저 길들은 내게 강줄기와 같아요"라고 한다. 도시의 길도 강줄기가 될 수 있다. 길을 강줄기로 인식하려면 새로운 문명인의 피를 가지고 있어야 가능하다. 도시에서의 아이들은 "기침이 그치지 않는 점액질의 아이들"이다. 그들은 공기로 숨쉬지 않으려고, "가슴에 칼집을 내어 아가미를 만들고" 있다. 이러한 세계는 우리에게 다정한 세계일까(김행숙, 「다정함의 세계」). "이곳에서 발이 녹"고 "무릎이 없어지고, 나는 이곳에서 영원히 일어나고 싶지 않다"고 했지만, 이곳은 다정함의 세계이다. 이곳은 우리 일상의 세계이다. 일상은 거대한 역설이 일어나는 장소이다. 역설을 기정사실로 간주하며 살고 있는 세계이다. 이 세계는 "수평선처럼 누워 있는 세계"

이다. 이곳에서 "검은 돌고래가 솟구쳐오를 때"를 간절히 기다린다면 어떨까. 오은은 이 거리에 넘쳐나고 있는 가짜 어른들의 모습을 신랄하게 보여준다(오은, 「보카 델라 베리타(Bocca della Verita)」). 가짜 어른들은 아직 어른이 되지 못한 학생들이다. 하지만 이 학생은 어른보다 훨씬 성숙하다. 아직은 소녀라고 말하면서도 "차근차근 작은 일부터" 하는 게 순리라는 걸 안다. 착한 학생이다. 느지막이 학교에 가고 "꼰대를 꼬박꼬박 선생님이라고" 부르는 것으로 보아 철부지는 아닌 셈이다. 하지만 "연애 말고도 즐거운 일은 많"다는 것을 아는 소녀의 일상은 그다지 행복해보이지는 않는다. 우리는 시에 등장하는 소녀에게 "내면의 아름다움"을 강요할 순 없다. 소녀는 자신의 성정과 자아가 가진 품격대로 다짐을 하고 살아가는 거리의 또 다른 어른이다.

문명인에게 초월은 어떤 의미를 주는가. 먼저 문명이 우리에게 주는 혜택을 살펴볼 필요가 있다. 배한봉은 그것은 문명이 먹어치우는 "식욕"이라고 했다(배한봉, 「문명의 식욕」). 마치 오은의 "식충이들"이 물질이건 정신이건 모든 것들을 "처먹는" 모습과도 비견된다. 옷의 식욕은 이제 본능의 것보다 앞서 있다. "성욕보다 수면욕보다 힘이" 센 옷의 식욕은 문명인이 만들어낸 물질의 대표격이다. 물질이 없으면 안 되는 인간들은 끊임없이 자아의 존재를 물질에게 먹혀버린다. 자아는 "살아있는 한 나는/끊임없이 생산되고, 끊임없이/소비된다"고 한다.

초연한 자리에서 일상으로 내려오면 늘 불편하고 메스꺼워 다시 일상 밖으로 탈출하고 싶어진다. 문명인들에게 탈출과 무관심을 합리화해 줄 대체 공간이 나타난 것 또한 이미 오래전 일이다. 그것은 가상현실의 공간이다. "내 몸의 사방에 플러그가/빠져나와 있"는 광경은 이제 우리에게 현실이 되어 버렸다(이원, 「거리에서」). 이원이 말한 이러한 거리의 공간이 지금은 이미 현실화된 공간이다. 詩에서는 소위 '인공육체'라고 불리우는 "내 몸의 사방에 플러그가/빠져나와 있"는 몸의 상상력이 등장했다. 이러한 육체는 이미 리들리 스콧 감독의 영화 「에얼리

언」을 비롯한 영상문화를 통해 시각적 상상력으로 재현되었으며 더 거슬러서는 '프랑켄슈타인'의 몸에까지 올라간다.

이러한 몸의 상상력이 지금은 일반화되어 예술뿐 아니라 광고에까지 넓은 영역에 걸쳐 퍼져 있다. 그 동안의 몸이라는 개념은 '살아 있는 몸', '피가 나는 몸'이었다. 그러나 이제 플러그를 매단 몸이 등장한 것이다. 이러한 인공적인 몸의 등장은 자본주의와 컴퓨터가 상징하는 물질문명의 영향이 크다고 말할 수 있다. 생명의 상징인 살과 피를 가진 몸이 분열되고, 해체, 복제되는 인공의 몸으로 그 상상력이 바뀐 것이다. 지금은 이런 실험이 문학의 언어 속에 자연스럽게 스며들고 있다. 이미 이러한 육체는 지금 현대에 자연스러운 몸의 일종이 된 것이다. 이제 우리의 일기는 "0개의 카테고리와/177개의 사이트"를 방황하는 시간, 즉 "계속해서 나는 클릭한다 고로 나는 존재"(이원, 「나는 클릭한다 고로 나는 존재한다」)하는 시간으로 점철되어 있다. 일상을 살아가는 우리는 "낡은 침대의 배후"가 되어 가고 있다(박해람, 「낡은 침대」). 우리의 육체를 쉬게 해주는 것은 "낡은 충전기"이다. 우리는 배터리의 힘으로 충전한다. 우리는 안락한 휴식을 침대에서 보낸다. 침대를 충전기로 인식하는 시적 자아는 문명의 발전소에 저당잡힌 우리의 모습을 적나라하게 보여주고 있다.

일상은 욕망하는 장소이다. 먹고 싸고 자고 싸우는 본능적인 공간이 일상이라면, 고매한 정신적 충족의 공간이 초월의 공간이다. 이 두 공간을 서로 왕래하며 우리는 고단한 삶의 시간들을 견디고 있는 것인지 모른다. 일상이 본능적인 공간으로 변화될 수 있는 것은 사람들과 함께 있기 때문이다. 인간은 사회적 존재라는 확연한 사실은, 결국 인간은 욕망하는 존재이며 먹고 싸고 자기 위해 평생 동족들끼리 싸워야 하는 존재임을 증언한다.

Ⅳ. 욕망

문명이 인간에게 전해준 것이 인간 본성의 박탈만은 아닐 것이다. 분명, 문명이 전하는 즐거움도 있다. 오로지 생산만하는 인간에서 유희와 휴식을 즐기는 인간이 된 것은 문명 때문이다. 문명으로 인해 우리 인간은 스스로의 주권과 인권을 생각하게도 했다. 그럼에도 문명이 주는 축복을 견뎌내지 못하는 것은 우리 시적 자아가 처한 정서적 본연성 때문일 것이다. 시는 과학이나 경제가 아니고 교양도 아니다. 시는 인간의 마음과 영혼에 바쳐지는 구원의 노래이다.

일상을 극복하고자 하는 욕망과 일상의 순환관계, 이것이야말로 인간의 구체적인 삶의 순환체계라고 할 수 있다. 인간의 역사와 삶 속에는 바로 이 끊임없이 되풀이되는 일상의 관성이 내재해 있다. 이 일상의 관성과 힘을 무시하고는 그 어떠한 '사건'이나 '역사'도 일어날 수 없다.

쉽게 말해 시에서의 일상성은 우리 주변의 흔한 생활사를 시적 공간안에 끌어오는 것이다. 그러나 소재로서의 생활사를 탐색하는 일이 어떠한 의미를 갖느냐에 대한 회의에 이르게 되면 상황은 달라진다. 생활사를 통해 어떠한 근본적인 의미를 도출해내는가가 필요할 것이다. 이에 대한 예증으로 이미 90년대 '도시시'라는 개념어가 자리 잡히기도 했다. 우리의 일상은 이제 대다수가 도시의 틀 속에서 살아가고 있는 문명인이기 때문이다. 이제 자연과 함께 호흡하고 순응하며 살아가는 삶의 방식은 아주 특별한 예에 해당한다. 도시시 또한 소재의 문제가 크겠지만, 그 소재를 통해 문명을 소화하고 이를 받아들이는 주체의 문제가 더 중요하다. 그렇다면 지금의 일상은 무엇인가. 매일 쳇바퀴 돌듯 흘러가는 일상의 무게에 짓눌려 탈출하고픈 자의식이 발돋움하여 보려는 곳은 과연 어떤 풍경인가. 그 발돋움은 어떠한 모습과 양상으로 언어의 결에 흠을 내는가. 이러한 두서없는 질문들에 대한 명쾌한 해답은 일상이 끊임없이 되풀이되는 한 없을지도 모른다.

공시적 맥락에서 본 금강의 시적 흐름

: 대전·충남 지역의 시인들

금강은 전라북도 장수군 장수읍에서 발원하여 강경에서부터 충청남도·전라북도의 도계를 이루면서 군산만으로 흘러드는, 대전·충남 지역의 가장 큰 젖줄이며 대한민국의 대표적인 강이다. 신동엽이 '금강'에 자신의 시적 상상력의 원천으로 발을 담근 뒤 금강의 젖줄이 잉태한 상상력을 많은 후학들이 받아 마셨다. 신동엽의 「금강」은 동학농민운동을 주제로 하여 한국 근대민중사의 맥락을 엮은 장편서사시이다. 이 시는 동학농민운동을 하나의 민중혁명으로 승화시켜 역사의 대하(大河)를 그려보았다는 데에 큰 의의가 있다. 그러나 금강으로 상징되는 역사주의, 실천주의적 현실인식이 지금의 대전 충남권 현역시인들에게까지 그대로 전달되는 것은 아니다. 지금 금강을 젖줄로 삼고 일상적 삶을 살아가는 시인들에게 금강은 하나의 상징이며, 금강이 가지고 있는 자연이 시적 모태가 되어 서정의 물줄기를 끌어 올리고 있다.

지역에서 활동하는 시인들을 탐색하는 자리에는 늘 중앙과 주변이라는 계층적 시각이 은연중에 존재한다. 먼저 지적해야 할 점은 지역성을 강조하는 것 자체가 관점의 한계를 가져올 수 있다는 것이다. '지역'이라는 말의 함정 속에는 변두리의식이 자연스레 내포되도록 작동된다. 그 이유 중 가장 큰 조건은 현실의 문화적 상황 때문이기도 하다. 중앙에 집중되어 있는 문화적 토양이 지방 문화의 소외를 가져올 공산이 크며, 영향력 있는 미디어 매체들도 모두 중앙에 포진되어 있다. 또한 교통의 발달로 서울과 인접거리에 있는 지역은 그 문학적 헤게모니나 문학경향이 중앙으로 이향될 가능성이 농후하다. 대전·충남 지역은 이런 면에 있어서 어려운 조건을 갖추고 있다. 서울과 인접한 교통요건이 더욱 고유한 지역의 색깔과 성격을 무화시킬 수 있기 때문이다. 중앙의 문학은 지역에 비해 개별적 활동에 기대어 있다. 즉 특정한 계파가 없는 문학모임이나 소소한 친분모임 등으로도 활동의 폭에 지장이 없는 반면, 지역의 활동은 잡지나 동인, 동료 문인들과의 연대나 모임을 통해 더욱 공고해질 수 있다. 그런 방법이 내적자극의 원천이 된다. 그렇지 않으면 고립될 위기에 처하거나 타인을 용인하지 못하는 자기 독선에 빠질 수가 있다.

그럼에도 대전·충남 지역은 현재 가장 활발하게 시문학이 부흥되고 있다. 대전·충남 시단은 오랫동안 고유한 색깔의 부재라는 문학적 개성의 어려움에 직면해 왔다. 즉 이미 자신의 고유한 지역적 특성을 문학의 개성적인 태도로 바꾸어 새로운 문학적 담론과 활동을 제시한 여타의 다른 지역에 비해 상대적으로 조용한 침묵 속에서 담담한 문학 활동을 해왔기 때문이다.

대전·충남 지역의 시문학이 활발하게 된 가장 중요한 외적 토대로는 문학잡지의 역할이 크다. 새로운 잡지가 창간되면 독자들은 그 잡지가 가지고 있는 정체성에 대해 골몰하게 된다. 잡지가 창간되어야 하는 명분과 이유에 대해 이것저것 타진해 보는 것이다. 문학잡지도 예외가 아니다. 오히려 문예지는 창간 명분과 이유가 더 중요시된다. 현재 발간되고 있는 문학잡지의 수는 228종(2006년 문예연감 자료)이다. 이중에서도 서울에서 발간되고 있는 잡지의 수는 158종, 지방에서 발간되는 잡지는 70종이다. 잡지의 수를 놓고 보더라도, 또 하나의 잡지가 창간되면 또 그렇고 그런 잡지가 하나 더 보태진다는 회의적인 시각으로 비춰질 공산이 크다. 또한 문예지의 양적인 팽창으로 전체 문예지의 하향평준화 현상이나, 무분별한 신인들의 발굴, 또 다른 측면에서의 문단권력 생산 등 부정적인 시각이 존재하는 것도 사실이다. 그럼에도 불구하고 문예지의 창간은 창간의도와 명분, 당위성이 갖춰진다면 반가울 수밖에 없다.

현재 대전·충남지역을 대표하는 문학지로서의 역할을 하고 있는 잡지는 여러 개이다. 유일한 종합지 『문학마당』, 시전문지인 『애지』, 『시와정신』, 시전문 무크지인 『시와인식』 등이 발간되면서 활발한 담론과 창작의 장을 형성하고 있다.[1)]

이번 글에서는 속지주의(屬地主義)의 기준으로 현재 대전, 충남 지역을 기반으로 활동하고 있는 현역 시인들의 시세계를 거칠게 일별해 보고자 한다. 지금 현재 대전·충남 지역에서 활동하고 있는 시인들을 살펴보면 아래와 같다. 아래의 시인들은 대전·충남 지역에 거주하며 시를 쓰는 현역 시인들이다. 필자의 게으름과 어두운 눈으로 인하여 혹시 누락된 시인들도 있을 것으로 예상된다. 이 점은 필자의 실수로 너그럽게 양해해 주시기 바란다.[2)]

1) 대전·충남 시문학의 역사와 현황에 대한 자세한 논의는 『현대시』 2002년 10월호 「대전·충남 시문학의 현황과 전망: 나태주, 양애경, 김완하, 박수연 좌담」, 손종호의 평론 「정중동(靜中動)의 다원적 삶과 꿈」을 참조.

2) 이미 하나의 일가를 이룬 80년대 이전의 시인들과 아직 시집을 출간하지 않은 시인들은 분석의 대상에서 제외하였고, 그 외 지면관계로 모든 시인들에 대한 분석을 시도하지 못한 점을 아쉽게 생각한다.

강신용, 강희안, 곽경효, 구재기, 권선옥, 김남규, 김명원, 김백겸, 김병호, 김순선, 김순일, 김열, 김영서, 김영화, 김완하, 김희정, 나태주, 박만진, 박미라, 박진성, 서정민, 서정학, 손종호, 송계헌, 안수환, 안용산, 안학수, 양애경, 우진용, 유용주, 윤여건, 윤은경, 윤임수, 윤종영, 윤형근, 이강산, 이관묵, 이면우, 이심훈, 이은경, 이은심, 이장곤, 이정록, 이종진, 이진수, 이태관, 임강빈, 전주호, 조용숙, 주용일, 최광임, 최원규, 한문석, 황진성 (가나다순)

대부분의 시인들이 현재의 시단 흐름이나 시적 담론의 영향없이 올곧은 서정의 정신을 이어가고 있다. 박용래 이후 충청의 시정신은 전통 서정시의 맥락과 함께 하고 있다. 이들 전통서정의 시적 세계를 갖고 있는 시인들은 자연을 시적 대상으로 삼아 자연을 통한 관조의 시선을 보여주거나 자연과 주체의 동일화를 꾀함으로써 자신의 시적 세계를 펼치고 있다. 또한 평범한 일상의 삶을 통찰하고 사유하여 이를 자신의 언어로 표출해내는 시적 작업을 끊임없이 하고 있다.

이 중에서 조금 다른 지점의 서정성을 보여주는 시인들로는 김명원, 김백겸, 김병호, 김순선, 박진성, 서정민, 양애경, 우진용, 윤형근, 이장곤, 최원규 등을 들 수 있다. 이들의 시는 다양한 스펙트럼으로 여러 색깔의 시적 세계를 보여주고 있다. 그렇지만 큰 맥락의 시정신 하에서는 '서정'의 정신이 수맥의 밑바닥에 고여 있는 시인들이라 할 수 있다.

남자들은 저 아씨들에겐 관대해
아씨들을 귀여워해
우리와는 더치페이가 고작인데
뭉텅이 돈을 지불할 만큼

우리는 어디서 길이 갈렸나
저 열어놓은 꽃술에서 풍기는 향기와
하루하루 묵묵히 견디는 우리의 노동

아씨들은 존경을 원하고
아내들은 사랑을 원하고
일하는 여자들은 지지를 원하는데

남자들은
아씨들에겐 일부종사
아내들은 꽃이기를
여자동료는 비서처럼 늘 뒤에만 서 있기를 원하는 것 같아서

아무도 원하는 것을 얻지 못하는 혹성에
햇살이 골고루 지루하게 내리고
바람이 야호! 소리 지르며 빌딩 사이를 돌아 사라지고
하늘의 아득한 향기가
지하도 하수구 안으로 끌려들어가 악취가 되는 동안

여자들은
천천히 시든다

▶▶▶양애경, 「아씨들」 부분

중견 시인 양애경은 최근의 시편들에서 여성이 가진 정체성에 골몰하면서, 여성으로서 느끼는 사회적 조건과 불평등을 지속적으로 보여주고 있다. 새 화장품의 뚜껑을 "버진 팁(Virgin tip)"이라 칭하는 명칭에서 연원한 "처녀막"이 가지는 사회적 편견에 대해 말하기도 하고(「버진

텁」), "내 꿈은 무리에서/가장 나이 들고 현명한 암컷이 되는 것"이라고 여성이 가진 모성의 가능성에 대해서도 말하였다(「내가 암늑대라면」). 그가 지속적으로 말하는 여성의 발화는 불평등의 차원에서보다는 여성이 가진 모성의 근원에서부터 나오는 것이다. 사실 모성성은 가장 근원적인 감각이다. 모성을 통해 우리 사회와 남성들의 핍진한 폭력과 그 폭력으로부터 오는 슬픔의 감정을 모두 끌어안을 수 있다. 모성은 우리가 계속해서 끌어안아야 할 가장 소중한 정신적 가치인 것이다. 대체로 모성은 '어머니'로 상징되는 희생과 평안의 안식처로 인식해왔다. 그러나 양애경은 어머니가 아닌 모든 여성이 가질 수 있는 근원적인 모성의 힘을 역설적인 상황을 통해 증언하고 있다.

위의 시에서도 출근길에 마주친 다방 아가씨들을 보며 "이 사람들은 어디서 길이 갈렸나"라고 말한다. 즉 이 시대의 "아가씨"들과 여타의 "여성" 일반 여성들의 운명에 대해 숙고하고 있다. 또한 "아씨들에겐 일부종사", "아내들은 꽃", "여자동료는 비서"처럼 생각하는 남자들의 굴절된 시각에 대해서도 말한다. 그렇기에 "여자들은/천천히 시"들고 이 땅은 아무 것도 얻지 못하는 혹성이 되는 것이다.

> 인간의 용인 무당이 매화 눈을 떠서 매화가 만드는 數와
> 歷의 관계를 거울처럼 들여다보았다
>
> 무당이 내 고장난 인생에 대해 말했다
>
> 오월염천에 한 겨울 같은 오한 때문에 고생하겠군요
> 고통의 뿌리를 잘라내기 위해 몸에 칼을 대던가
> 쥐가 먹고 있는 지붕의 대들보를 수리해야 할지도 모르겠습니다
> 언덕너머 도화 촌에서 바람이 불어 마음은 배를 타고 먼 길을 가고 싶은데
> 혈혈단신의 몸이 바닷가 절벽에 서서 그림자만 늘이고 있습니다

가시철망에 쐐기풀이 무성한 울타리를 넘어가는 인생이군요
능소화가 핀 정원이 있는 집에 귀인이 있는 줄 알고 찾아갔으나
귀인은 없고 온 몸이 상처와 피 소름으로 만발입니다
뜰 앞 장미는 가을 바람에 말라비틀어져 있고
벽 사이 거미줄에는 왕거미가 날아드는 나비를 기다리는 형국입니다

▶▶▶김백겸, 「점단(占斷)」 부분

김백겸은 위의 시를 통해 '비밀정원'을 향한 영혼의 모험을 보여준다. 김백겸은 최근 『비밀 방』, 『비밀정원』 등의 시집을 통해, 시가 타진할 수 있는 형이상학적인 세계로 우리를 인도하고 있다. 아직까지 한국 시단에 흔히 볼 수 없는 풍경의 길을 걷고 있는 시인에게 구원을 향한 시적 사유는 필수불가결한 것이다. 인식에 이르는 도정이 서사와 감각적인 이미지를 통해 드러나고 있다.

김백겸의 시에서 보여주는 인식의 길은 특정한 철학으로 이르는 길이 아니다. 그 길목에는 유불교적 상상력뿐 아니라 다양한 설화와 신화가 혼재되어 나타난다. "인간의 용인 무당"이 점치는 다소 비개연적인 상황을 시적 주체의 운명과 결부시켜 이야기한다. 그것은 인간의 운명에 대해 규정할 수 없다는 시인 자신의 확고함과도 연결된다. 무당이 말하는 "고장난 인생"은 말 그대로 녹녹치 않은 어려운 환경에 대한 또 한 번의 확인에 불과하다. 또한 매화를 빗자루로 쓸면서 단순한 시적 대상으로 생각할 수 있는 '매화'의 상징성을 확대시킨다. 즉 매화는 "말씀"이며 "징조"이고, "시간"의 은유이다. 무당이 말하는 하늘과 지상의 일들을 예언하지만, 그 예언은 어떤 세계를 의미할까. 다다를 수 없는 점단의 말을 "용의 변신이자 꿈의 九宮圖"라고 시인은 말하고 있다.

새들의 가슴을 밟고
나뭇잎은 진다

허공의 벼랑을 타고
새들이 날아간 후,

또 하나의 허공이 열리고
그 곳을 따라서
나뭇잎은 날아간다

허공을 열어보니
나뭇잎이 쌓여 있다

새들이 날아간 쪽으로
나뭇가지는,
창을 연다

▶▶▶김완하, 「허공이 키우는 나무」 전문

김완하는 『길은 마을에 닿는다』, 『그리움 없인 저 별 내 가슴에 닿지 못한다』, 『허공이 키우는 나무』 등 네 권의 시집을 통해 깊고 풍부한 서정의 세계를 보여주고 있다. 또한 김완하는 이미지스트이다. '숲'과 '물' 등 자연의 이미지를 유연하게 적재적소에 배치한다. 마치 단아한 수묵을 통해 깊은 여백의 미학을 선사하는 동양화를 보는 듯하다. 김완하에게 "새"는 "허공의 벼랑을 타고" 또 하나의 허공을 만든다. "나뭇잎"은 "새들의 가슴을 밟고" 졌다가 "또 하나의 허공"을 따라 날아간다. "새"와 "나뭇잎"이 교차로 상하수직하며 자아내는 "허공"의 이미지는 종내에 "나뭇가지"의 이미지로 수렴된다. 시인에게 "나무"는 "허공"이 키운다고 한다. 그러면 "허공"은 어떠한 공간인가. 아무 것도 없는 빈 곳의 공간. 이 빈 곳이 가지는 '무'의 세계, 그 세계를 통해 나무가 가진 무념의 세계, 자연이 가진 무상의 세계를 대상화한다. 나무 혹은 자연에게 우리 인간은 과도하게 의미를 부여하고, 인공의 사유와 세속의 찌꺼기를 불어넣는다. 그런 의미에서 김완하의 시가 가진 '허공'이 '밥'인 '나무'의 상상력은 우리에게 시사하는 바가 크다.

말문이 트이자마자 그는 실실 혀를 굴린다. 저마다의 뼈와 관절을 풀어놓는다. 마음이든 시간이든 질질 늘려 팔이든 얼굴이든 닥치는 대로 얽어낸다. 아마도 여러 겹 굵은 노끈으로 동여맨 지 이미 오래다. 그는 머리마저 까무룩 밀어 버린 채 바깥일엔 무관심한 척한다. 오직 말을 잃은 입만이 그의 전생애인 듯 오물거린다. 생각이 쏟아질까봐 전전긍긍한다. 그는 용의주도하게 온몸마저 친친 감아 버렸다. 시간의 허구렁을 샅샅이 뒤져도 보이지 않는 매듭, 바람마저 드나들 수 없는 배꼽 하나 짓고 있었다. 구렁구렁 고이는 가래를 뱉으며 그는 결눈질만 한다. 말의 촉수를 거두어 들이자 영생을 얻었는지 고즈넉하다. 그는 조만간 돌이 될 것이다.

▶▶강희안, 「거미는 몸에 산다」 전문

강희안은 『지나간 슬픔이 강물이라면』, 『거미는 몸에 산다』 두 권의 시집을 출간했다. 첫 시집이 따스한 서정의 세계를 그리고 있다면 두 번째 시집은 서정을 바탕으로 자신의 존재에 대한 치열한 사유를 가득 담고 있다. 위의 시에서 강희안은 거미를 몸으로 받아들인다. 말하자면 거미는 말의 천형을 받고 태어난 존재이다. 거미가 가진 생태적 관습은 우리의 삶의 양태와도 무척 흡사하다. 그렇기에 시적 대상으로 자주 은유된다. 강희안은 거미에서 생산되는 거미줄의 현상을 말이 갖는 상상력으로 치환하여, 함께 얽어내고 있다. 거미가 뽑아내는 실은 실상 우리의 말이며, 언어이며, 언어를 업으로 삼는 시인의 말일 수도 있다. 그 거미가 시인의 몸속에 산다. 침묵은 말의 극단이며, 최고의 경지이다. 그래서인지 영생은 "말의 촉수를 거두어 들"였을 때 비로소 얻었다고 생각하는 것이다.

굳은 빵 덩어리
다리가 망가진 나무 의자
태엽이 풀린 괘종시계가
차원 모를 공간에서 등때기를 마주대고 도란거리는
쓰레기분리수거장이 내려다보이는 고층 아파트
통유리 너머 한 사람이 이사를 간다
질긴 곤돌라 끈들이 이승의 무게로 흔들거리는
지상의 하관(下棺)
엊그제는 저 곤돌라를 타고 이불보따리가 올라갔다
굳은 빵 덩어리에서 핀 팡이실이
망가진 나무 의자의 생장점으로 자라
태엽 풀린 지척과 천리의 시공(時空)이
쥐똥나무 열매 같이 곤돌라 끈에 붙어
5㎜ 통유리 간격 넘어 흙이 되고
물이 되고 꽃이 되고 같은 평면에
바람으로 걸린 풍광
눈감아야 비로소 보이는
멀고 가까움.

▶▶▶이심훈, 「원근법」 전문

이심훈은 시집 『못 뺀 자리』와 『안녕한가 풀들은 드러눕고 다시 일어나서』를 통해 일상의 삶의 흔적과 가족사와 우리의 근현대사를 통한 역사인식을 드러내왔다. 그의 최근의 시에서는 사물의 이면을 발견하면서 새로운 시적 개안(開眼)을 틔우려는 노력이 엿보인다. 위의 시 「원근법」에서 시인은 고층 아파트에서 이사를 하는 장면 하나를 바라본다. 이사를 하는 장면은 곤돌라를 타고 이삿짐이 올라갔다 내려갔다를 반복하는 상황에 처해 있다. 시인은 그 장면을 삶이 가진 내력의 올라감과 내려감으로 치환하여 보고 있다. 즉 "질긴 곤돌라 끈들이 이승의 무게로 흔들거리는/지상의 하관(下官)"인 것이다. 그 풍경 속에 "차원 모를 공간에서 등때기를 마주대고 도란거리는" 갖가지 사물들과 그 사물들에 붙어 있는 생명의 씨앗들이 어우러진 이미지가 혼숙한다. 삶의 출발과 열정인 "이불보따리"는 올라가고, 새로운 공간으로 옮겨가는 물건들은 "하관"하는 것이다. 그러나 이 모든 풍경들은 "눈을 감아야 비로소 보이는" 원근의 감각이다.

내 왼 어깨에 있는 절이다
낭떠러지에 지은 절이라서
탑도 불전도 사라지고 없다
눈코 문드러진 마애불뿐이다
귀하지 않은 아들 어디 있겠냐만
어머니는 줄 한 번 더 섰단다
공짜라기에 예방주사를 두 번이나 맞혔단다
그게 덧나서 요 모양 요 꼴이 됐다고
등목 해줄 때마다 혀를 차신다
보건소장이 아주 좋은 거라고 해서
한 번 더 맞히려했는데 세 번째는 들켰단다
부처님도 자라는 흉터는 어쩔 수 없는 거라고
이것 때문에 가방 끈도 군대 삼년 소총 멜빵도
흘러내리지 않아 좋았다 말씀 드려도
내가 네 몸 버려놨다고 무식한 어미를 용서하란다
인연이란 게 본래 끈이 아닌가
내 왼 어깨엔 끈이란 끈
잘 건사해주는 불주사라는 절터가 있다
어려서부터 난 누군가의 오른 쪽에서만 잔다

하면 내 인연들은 법당마당 탑신이 아니겠는가
내 왼 어깨엔 어머니가 지어주신
불주사가 있다 손들고 나서려고만 하면
물구나무 서버리는 마애불이 산다

▶▶▶이정록, 「불주사」 전문

『버드나무 껍질에 세들고 싶다』 등 네 권의 시집을 출간한 이정록은 충남 지역의 대표적인 시인 중의 한 명이다. 위의 시 불주사는 어린 시절에 맞은 예방주사의 흔적을 "내 왼 어깨에 있는 절"이라는 언어유희를 통해 이중의 의미를 전달하고 있다. 자신의 어깨에 있는 예방주사의 흉터는 "눈코 문드러진 마애불"이다. 시에서는 어머니가 자신의 어깨에 만들어준 흉터에 대한 사연이 흥미롭게 소개되어 있다. 시적 화자인 아들은 그 흉터를 "어머니가 지어주신 불주사"라고 한다. 어머니와 아들 사이, 서로에 대한 이해심은 깊다. 어머니는 "내가 네 몸 버려놨다고 무식한 어미를 용서하라"고 하지만 아들은 "이것 때문에 가방 끈도 군대 삼년 소총 멜빵도/흘러내리지 않아 좋았다"고 한다. 결국 아들에게 좋은 것 한 번 더 주기 위해 한 행동이 아니던가. 아들은 오히려 그 흉터로 인해, 인연이란 "끈"에 대해 생각하고, 그 끈으로 인해 잘 지내왔다고 긍정적 실천을 시 속에서 하고 있다. 이정록은 우리 일상의 흔한 소재와 대상들을 가지고 새로운 의미를 부여하는 시적 재능을 유감없이 보여주고 있다.

개구리 울음소리 와글와글 여름밤을 끌고 간다
한 번 하고 싶어 저리 야단들인데
푸른 기운 쌓이는 들녘에 점점 붉은 등불 켜진다

내가 꼴린다는 말 할 때마다

사내들은 가시내가 참, 혀를 찬다
꼴림은 떨림이고 싹이 튼다는 것
무언가 하고 싶어진다는 것
빈 하늘에 기러기를 날려보내는 일
마음속 냉기 당당하게 풀면서
한 발 내딛는 것

개구리 울음소리 저릿저릿 메마른 마음 훑고 간다
물오른 아카시아 꽃잎들
붉은 달빛 안으로 가득 들어앉는다

꼴린다, 화르르 풍요로워지는 초여름 밤

▶▶▶함순례, 「꼴림에 대하여」 전문

함순례는 시집 『뜨거운 발』을 통해 일상적 삶의 내력들을 뜨거운 서정의 언어로 풀어내었다. 「꼴림에 대하여」에서 시인은 하나의 언어가 가진 내포적 의미를 확장하여 시적 의미를 만들어내고 있다. "꼴림"이라는 시어가 가지고 있는 원초적 본성을 생명의 호흡으로 새롭게 바라보고 있다. 개구리가 "하고 싶어 저리 야단"을 치는 것이나, 시적 자아 자신이 "꼴린다"고 했을 때, 그것은 "무언가 하고 싶어진다는 것"이다. 때론 불경스럽거나 낯 뜨겁게 느낄 수 있는 말의 어감을 전복시키며, 꼴림은 "떨림이고 싹이 튼다는 것"을 체험적으로 보여준다. 또한 "하고 싶은" 원초적 욕망의 차원을 넘어서 "빈 하늘에 기러기를 날려 보내는 일/마음속 냉기 당당하게 풀면서/한 발 내딛는 것"으로 꼴림이 가진 욕망의 주사액을 내면 속에 주입하고 있다.

목백합 나무 아래
아이들이 굴려 놓은 세상 한 쪽이 무너져 있다
병뚜껑으로 달아 놓은 눈알 하나가
골목길 푸른 낮달로 떠있다
팔이라고 달아 놓은 소주병에선
바람이 새고 있다
한나절 바라본 세상이
두렵다는 듯
온 몸으로 땀을 흘리고 있다
가부좌 틀고 앉아
살다간 흔적이라는 듯
언 발에 오줌 지리고 있다
누군들 그렇지 않겠는가
마지막 숨을 놓을 때
오줌이건 똥이건 지리지 않던가
눈가에 눈물 한 방울 빛나지 않던가

가만 가만 세상을
저울질 하는 나무의 상처 위에
그 아픔 다독이며 피어나던 눈꽃,
눈사람과 더불어
한낮의 태양이
바람 속으로 데려갔다
얼음으로 피어
불이 되어 사라지는 꽃

태양이 꽃을 훔쳤다

▶▶▶이태관, 「꽃을 훔치다」 전문

이태관은 등단 후 십 년이 넘어 출간한 시집 『저리도 붉은 기억』을 통해 우리 공동체의 삶과 수몰 이전과 이후를 통어한 그리움과 상실의 세계를 인상적으로 보여주었다. 위의 시에서 이태관은 눈사람을 꽃의 화신으로 본다. 그가 보는 세상의 사물은 모두 우리 삶의 양태 속에서, 인격의 옷을 입고 있다. 꽃을 훔친 것은 태양이다. 꽃은 얼음으로 핀 존재이며, 불이 되어 사라지는 꽃이다. 불이 되어 사라지는 것은 태양 때문이다. 위의 시는 눈사람이 태양 때문에 녹아가는 하나의 사건을 그냥 기술하는 것이 아니라, 그 속에서 어린 아이의 시선과 삶의 지난한 과정 속에서 터득한 이치가 함께 녹아 있다. 아이의 시각 속에서 눈사람은 하나의 세상이다. 또한 눈이 녹는, 즉 눈사람의 몸이 녹아드는 모습은 우리 인간의 마지막 모습과도 흡사하다. 눈사람이 녹는 하나의 과정이 존재의 소멸을 향해 나아가는 과정이라면, 그 과정을 통해 우리는 눈꽃이 피어나는 창조의 순간을 함께 경험하게 된다. 그 과정이 하나의 사건 속에 통합되어 얼음과 불의 상대적 이미지가 빛을 발하고 있다.

27회 국가 시인 고시 과목이 발표되었다.

시험 1교시,
이승훈의 『시론』
폴 존슨 『지식인의 두 얼굴』
마티아스 반 복셀 『어리석음에 대한 백과사전』 등
13가지 책자에서 무작위 선정 주관식으로
20개 문항 문제가 출제된다고 한다.
시험 2교시,
종합검진을 받아서 합격해야 한다
문예진흥원 창작 후원 기금에서 누락될 경우,

원고료는커녕 잡지를 사주면서 시를 실어야 하는 경우,
지명도 일 순위 출판사에서 시집 출간 거절을 당한 경우,
각종 문단 행사 뒷풀이, 사교용 혹은 접대용 과음을 해야 하는 경우,
종내 웃으며 버틸 기본 체력 검사이다.
수십 명 시인들의 조기 사망 원인으로
'절망 심장 발작 증후군'이라는 병명이
규명된 이후 처해진 조치이다.

(…중략…)

삼수를 하고 있는 우둔한 화자는
시인 전문 양성 학원에서 열심히 준비한
경쟁자들과 겨루어서 기필코
시인이 되어야 한다.

국가에서 배급한 시인 배지를
가슴에 눈부시게 달고
고향 어귀 현수막에 펄럭이는
"축, 김명원, 국가 인정 시인이 되다"
바라보는 그 날까지 이까짓
시고시원(詩考試院)에서의 고생쯤
우습다

▶▶▶김명원, 「국가 시인 고시(國家 詩人 考試)」 부분

김명원은 시집 『달빛 손가락』 등을 통해 평범한 일상을 시화하여 의미있는 사건으로 객관화시키는 시편들을 제출하고 있다. 「진짜 시인」에서 "평생을 퍼주기 좋아하고 내 것 네 것이 없던 아버지"에 대한 가

족서사를 감동적으로 그려내고 있다. 아버지에 대한 기억이 감동적인 시가 될 수 있는 것은 "내게 먹일 주사약이 있다면, 살 수 있는 다른 사람에게 놔다오. 그게 유언이었는데, 나는 왜 이 말씀이 자꾸 진짜 詩라고 여겨지는 것인지"라고 말하는 시적 화자의 내면이 아버지의 시적 사건과 조화롭게 감응하기 때문이다.

위의 시에서 김명원의 풍자는 이 시대 시인들에 대한 서글픈 자화상이다. "국가 시인 고시"라는 현실에는 없는 시험이 시인이 되기 위해서는 실제적으로 필요할지 모른다는 상상은 오히려 너무 사실적으로 읽힌다. 시인의 명명을 얻은 후 시단에서 겪어본 세월에 대한 솔직한 고백들이 풍자보다 역설의 언어를 통해 드러나고 있다. 시험 1교시에는 시인들의 지적 허영심이, 시험 2교시에는 시인으로서의 자존심과 통음의 사교를 버텨낼 마음의 체력이, 시험 3교시에는 학력과 자본과는 무관한 적성검사를 이겨낼 시험이다. 자신의 이름을 명명한 시고시원이라고 말했지만, 그것은 우리 모두의 시인들에게 통용되는 자화상인 것이다.

백내장을 앓는 어머니 모시고 병원에 간다

그녀는 오래전부터 안개의 부족이었다
눈동자에 찍힌 안개의 紋章 아니어도 증거는 있다
새벽부터 밤중까지 쉬지 않고 돌아다니지만
발자국 소리가 들리지 않는다
안개 위를 떠다니는 것이 틀림없다
마른 논바닥처럼 먼지 풀썩이는 상심 따위도
그녀에게 기대면 금방 촉촉하게 젖어든다
사물의 경계가 지워진 짙은 안개 속에서도
매일 똑같은 자리에 밥상을 차리고 반듯하게 신발 벗어놓고

가족들의 귀가를 기다리는 그녀를
다른 부족이라고 의심해 본 적이 없다

몸속 어딘가에 안개의 늪을 품은 채
날마다 조금씩 지워지는 그녀
지워진 것들이 모두 사라지는 것은 아닌 줄 알지만
세상의 모든 모서리를 지우고 싶은 그녀

▶▶▶박미라, 「안개 부족」 부분

박미라는 『붉은 편지가 도착했다』, 『안개부족』의 시집을 통해 자신의 상처와 타인의 상처를 헤집으며 그리움의 정서를 아프게 그려내었다. 박미라가 말하는 안개 속을 살아가는 또 다른 부족의 일원은 "어머니"이다. 어머니는 어떠한 존재인가. 슬픔의 상징이며, 희생과 인고의 상징이다. 박미라는 이러한 우리네 어머니의 형상을 "안개 부족"이라는 상징으로 이끌어낸다. "안개"는 모든 사물을 선명하고 보이지 못하게 하고 뿌옇게 흐려놓는다. 그러한 안개의 속성을 어머니의 감정과 함께 동일시시켰다. 어머니는 슬픔을 내장한, 눈물의 습기를 항상 지니고 사는 존재이다. "안개 위를 떠다니는" 슬픔의 부족의 일원이다. 또한 안개를 품은 채 자신의 존재를 잊고 사는 "날마다 조금씩 지워지는" 존재이다. 그러한 어머니는 슬픔을 극복하고, 그것을 자신의 일부로 받아들여 살아가는 방법을 스스로 깨달아 산다. 시인은 안개의 부족인 어머니의 삶 속에 자신도 잠깐이라도 동참하고 싶은, 이해하고 싶은 욕망을 가슴 절절히 표출해내고 있다.

우리 사랑하지
소나기 두들기는 아침
눈곱 낀 눈을 바라보며,

한낮 사과장수의 갈라진 목청을 뒤에 두고도
우리 서로 살을 뜯지
가파른 곳에서 숨 가쁠 땐
차갑게 우리 사랑하지
머리카락 잡아 뽑으며 서로를 죽여서
언 강에 재로 날리고 돌아와
우리 뜨듯하게 감겨
밑 없이 내려가지
너는 무슨 색이니?
그 색으로 산을 그려
그 산허리에서
화들짝 놀라며 우리
처음 본 듯 사랑하지
사랑해서 더 긴 미로
사랑해서 수몰된 집
잘게 씹은 머리카락
눈물 없이 삼키지, 우리
천둥 치는 아침
밤새 발효된 살점을 씹으며
피 고인 산 넘어
올라가지
사랑하지

▶▶▶김병호, 「흙속의 다음 날」 전문

김병호는 시집 『과속방지턱을 베고 눕다』를 통해 독창적인 시집의 기획을 보여주었다. 자연과학의 시적 변용 사례들을 보여주고 있는 「리트머스 루메」, 「슈뢰딩거 방정식」, 「뉴트리노」 등의 시편들은 인상적이었다.

위의 시에서 "흙 속의 다음 날"은 죽음 이후의 세계를 환유한다. 그러나 그 세계는 "서로 살을 뜯는" 격하고 극한 "사랑"의 세계이다. 타나토스적 사랑의 감성 속에서 시각적인 "색"의 감각으로 또 다른 사랑의 색깔을 보여준다. 사랑은 "더 긴 미로"와 "수몰된 집"이라는 혼탁과 운명적 상처를 남기지만, 그것이 사랑의 또 다른 일면이며, 승화라는 것을 자각시킨다. 나와 너는 "밤새 발효된 살점"을 씹으며 "올라가고" "사랑하는" 것이다.

> 시이저가 칼에 찔려 부르터스 너마저… 했을 때 시이저의 폐에서 나왔음직한 공기 분자량을 측정해본 물리학자에 의하면 나노 급의 분자 몇은 모든 인류의 폐에 한 번 이상 들어갔을 거라 한다 …부르터스 너마저…를 조합해 낸 공기의 분자가 내 폐에 잠시 머물렀다고 하니 역사는 시간이 아니라 공기의 흔적이다
>
> 밥공기를 공기라고 했을 때 밥이 있던 곳은 공기의 자리였다 밥을 채우면서 밀려난 공기는 밥 한 술 떠낼 때마다 순식간에 제자리를 찾는다 밥과 공기의 오랜 싸움이다 아버지는 공기 대신 밥을 담으려고 평생을 사셨다 자식들의 빈 공기를 참지 못하셨다 먹어도 배고픈 공기를 당신의 허기에 담으셨다
>
> ▶▶▶우진용, 「밥과 공기」 부분

우진용은 시에서 할 수 있는 인식의 힘을 보여주고 있다. 「숫자의 정원」에서 시인은 "열 개의 숫자로 우주의 비밀을 캐려던/피타고라스 학파"에 대해 말하면서, 숫자로 재단되는 이 세계의 질서를 경계하고 있다. 그것은 문명의 발전에 대한 진단이지만, 그 첫 출발은 "하루 낮과 밤을 몸살로 앓고 난" 후, 즉 자신의 몸을 통해 체득한 감각으로부

터 시작하고 있다. 36.5도라는 체온을 유지하지 못해서 이탈한 2.5의 숫자가 가지는 상상력이 다양한 인식의 골로 우리를 인도해주고 있다. 위의 시 「밥과 공기」에서도 시이저와 부르터스의 역사적 사건에서 재미있는 사실을 발견해낸다. 그것이 과학적인 인식의 소산물이겠지만, 시인은 과학적인 사실로부터 한 발짝 더 나아간다. 폐에 들어찬 "공기"를 우리가 일상 먹는 "밥공기"의 공간과 합치시키면서, 이 공기에 대한 시적 인식이 가족의 기억에까지 이른다. 하나의 사실로부터 출발하여 일상의 사실에 이르고 다시 기억의 서사에까지 거슬러 올라가는 시적 도정은 인상적인 시편을 남기고 있다.

불안을 학습하느라 저 나무들, 단풍 듭니다

오늘 보내주신 한 달 치 생활비는 잘 받았습니다 응급실 형광불빛 밝히느라 내 신경 물관을 다듬느라 그 돈은 쓰이겠지만, 악화와 회복의 지루한 공방전 사이 나의 생활이 있습니다; 헐벗은 채로 겨울 지나는 나무의 상징 배우느라 정신없이 바람 불고요

나무의 경제는 햇빛과 물과 공기를 제 몸으로 운용하는 것입니다 제몸 함부로 버리지 않고 계절과 한치의 틈도 허락 않고 풍경을 받아먹고 스스로 풍경이 되는 나무의 기술, 나는 오늘 단풍 든 은행나무입니다

▶▶▶박진성, 「나무의 경제」 부분

박진성은 첫 시집 『목숨』을 통해 자신의 신병을 몸으로 체득하여 감각적인 감수성으로 표출한 바 있다. 두 번째 시집 『아라리』에서 그가 구현한 통각의 언어는 외연을 확장하고 있다. 즉 자신의 고통을 내면화하는 것을 넘어 타인의 고통에 대해서까지 시선을 돌리고 있는 것이다.

시인이 몸으로 체득한 상처의 경제는 나무의 경제와도 비견된다. 시인은 "나무의 경제는 햇빛과 물과 공기를 제 몸으로 운용하는 것"이라고 말한다. 그것은 시인의 몸에 천형처럼 붙어 떨어지지 않는 병의 운용과도 부합한다. 상처의 치유가 아니라 상처를 끌어안고 사는 자족의 경지를 엿본 시인은 세속과는 절연된 자연의 치유법을 터득하고자 한다. 짐작한대로 자연의 치유는 육체의 치유가 아니라 영혼의 치유이다.

아름다운 것이 서러운 것인 줄 봄밤에 안다
미루나무 꼭대기의 까치둥지
흔들어 대던 낮바람을 기억한다
위로 솟거나 아래로 고꾸라지지만 않을 뿐
바이킹처럼 완급하게 흔들리던 둥지
그것이 의지대로 살아지지 않는 삶이라고
의지 밖에서 흔들어 대는 너
내 몸에 피어나던 목련꽃잎 뚝뚝 뜯어내며
기어이 바람으로 남을 채비를 한다
너는 언제나 취중에 있고
너는 언제나 상처에 열을 지피는 내 종기다
한때 이 밤, 꽃이 벙그는 소리에도 사랑을 하고
꽃이 지는 소리에도 사랑을 했었다
서러울 것도 없는 젊음의 맨 몸이 서러웠고
간간이 빵구 난 콘돔처럼 불안해서 더욱 사랑했다
목련나무는 잎을 밀어올리며 꽃의 시절을
어떻게 기억하는 것일까
이 밤도 둥지는 여전히 위태롭고
더욱 슬퍼서 찬란한 밤 또 어디서

꽃잎 벙그는 소리 스르르,
붉은 낙관처럼
너는 종기에 근을 박고 바람으로 불어간다
꽃 진다, 내가 한고비
진다

▶▶▶최광임, 「목련꽃 진다」 전문

최광임은 『내 몸에 바다를 들이고』를 통해 자신의 아픔을 예민한 감성을 통해 표출하였다. 최광임에게 아름다움은 서러움과 통한다. 그에게 시는 자연의 기억술이라 할 만하다. "까치둥지/흔들어 대던 낮바람"의 기억이 자신이 지난하게 살아온 삶의 이력과 무관하지 않다는 시적 배음(背音)이 시의 곳곳에 젖어든다. 시인은 "의지대로 살아지지 않는 삶"을 일찍부터 알아챘다. 이러한 삶의 각성은 몸으로부터 감각적으로 받아들인다. "내 몸에 피어나던 목련꽃잎 뚝뚝 뜯어내며" 자신은 바람으로 남고 싶다 한다. 시인에게 사랑은 언제나 진행형인 지금 바로 이곳에서의 지난한 삶 속에 존재해 있다. 목련나무는 시인이 선택한 자연의 육화된 존재이다. 목련꽃 또한 기억을 받아들이고 스스로의 몸을 내려놓는다. 꽃이 지는 것처럼 한 고비 지는 시인에게 성숙이라는 말이 가장 적절한 말일까.

마술사가 손에서 불쑥 피어난 꽃송이나 검은 모자 속에서 흰 날개를 파닥대다 머리를 쏙 내미는 비둘기가 아니다

그것은 밤 이슥토록 야근하고 버스 종점에 내려 캄캄한 길을 걸어온 형이 장발과 어깨에 잔뜩 이고 온 눈송이 빛 같은 것이다 방문 밀고 들어오는 형 눈빛에 얼른 카시미롱 이불 속 스뎅 밥그릇 더듬어 오며 늘어나는 어머니의 손길 같은 것이며 부엌에 나가 달각거리는 팔각 성냥통 쥐고 단 한 번 그어 치지직 일으키는 성냥 불꽃 같은 것이다 파랗게 돋아난 풍롯불

위에서 끓는 된장찌게 소리에 어느새 입 다물고 있는 허름한 부엌창, 밥상 위에 올려져 뚝배기와 함께 언제까지나 보글보글 끓을 된장찌개 같은 것이다 어느 참에 넌지시 형 옆에 앉아 무언가 어림해 물어볼듯 하다가 밥 먹는 양을 물끄러미 지켜보는 어머니의 눈길, 아랫목 이불 속에서 채이던 스뎅 밥그릇 찾아 자꾸만 꼼지락거리는 내 어린 발가락 같은 것이다

그렇게 사륵사륵 머리맡 변두리 골목길 눈 깊어가는 밤 같은 것이다

내게 마술이라는 것은,

지금 내게 마술을 거는 것은 이제 그런 밤은 없다고, 그런 밤은 없었다고 마음에서 일어나 마음을 채근질하고 가는, 유리창 밖 어둔 바람 한 줄기 같은 것이다

▶▶▶김열, 「내게 마술이라는 것은」 전문

김열은 이제는 잊혀진 우리의 가족서사를 기억 속에서 복원한다. 시집 『여수의 잠』은 기억의 자서전이다. 저 백석에서부터 발원한 "더러 나줏손에 쌀랑쌀랑 싸락눈이 와서 문창을 치기도 하는 때"(「남신의주유동박시봉방」)의 문풍지 안의 풍경은 우리가 지금 잊고 있는 가치가 무엇인지 가슴으로 말해준다. "마술"은 실상 '속임수'이지만 그것은 놀라움이며 환상이며 꿈이다. "형"의 귀가를 맞이하는 "어머니의 손길"을 통해 애잔한 정을 느낄 수 있는 하나의 장면이 이제는 "마술"로 통용될 수밖에 없는 것이다. 우리가 어머니의 손길을 통한 "성냥 불꽃"과 "된장찌개"와 아들을 바라보는 "어머니의 눈길"을 통해 느낄 수 있는 것은 무엇인가. 시적 자아의 "내 어린 발가락"이 꼼지락거리는 유년의 순수함이 우리를 "변두리 골목길 눈 깊어가는 밤"으로 인도하고 있다.

골동품 가게를 들어서자

먼저 눈에 들어오는 것이 있다

구릿빛 아름다움 속에

퍼런 녹이 사그라들지 못한 징
한恨으로 자리 잡았다
주위에는 함께 어울렸던 것으로 보이는
연장도 여전히 건강했다

(…중략…)

너는 고부나 어느 들녘에 남사당패로 있었거나
한 시대를 추스리며 살아온 것은 분명하다
어쩌면 이제 조용히 쉬게 두는 것이
너와 함께 슬픔을 달랬던 사람들에게
기쁨을 주는 일인지 모르겠다
머뭇거리는 내 모습 앞에서
주인은 채를 들고 서 있다가
말릴 틈도 없이
군데군데 상처투성이 몸을 두들긴다
슬픔이 한꺼번에 몰려 나와
주위 물건들도 일어난다

▶▶▶김희정, 「백년이 지나도 소리는 여전하다」 부분

김희정의 기억은 자신의 머릿속이 아니라 사물의 존재에 닿아 있다. 시집 『백년이 지나도 소리는 여전하다』에서는 평범하고 담백한 언어 속에 삶의 통찰이 박혀 있다. 시인은 골동품 가게의 퍼런 녹이 슨 "징"을 바라본다. 그 "징"은 오래된, "백 년 전" 혹은 "그보다 오래된 물건"이다. 오래된 물건이 가질 수 있는 "한(恨)"의 소리를 가진 징을 바라보는 시인의 시선은, 징의 역사를 짐작하는 곳으로 움직인다. "고부나 어느 들녘에 남사당패로 있었거나/한 시대를 추스리며 살아온 것은 분명"한 징은 시인이 바라보았을 때 좀 쉬게 해주고 싶은 대상이다. "어쩌면 이제 조용히 쉬게 두는 것"이 "기쁨을 주는 일"이라고 생각한다. 징이 가진 "한"은 "상처투성이의 몸"이기 때문이다. 하지만 상처로 얼룩진 몸이 자아내는 소리는 백 년 전보다 더 한스러운 소리일 것이다.

편지함에 새가 둥지를 틀었다
어머니는 하루 몇 번이고 살며시 들여다보신다
성경 읽을 때만 사용하는 안경을 끼고
알 품는 모습을 바라보신다
뒤 따라가 엿볼라치면 손짓으로 물러나라 하신다
발고랑에서 양수가 터져
문고리 잡고 나를 세상에 풀어놓으셨다는 어머니
이것만은 아무에게도 보여주지 않겠다고 하시는데
어두운 껍질 속에서 이승의 문을 두드리는 부리
어미새가 부서진 껍질을 멀리 내다 버린다
어머니는 문을 나설 때마다 옷고름을 고쳐 매신다
빗장을 담담히 잠그시는 게다
어머니는 옷매무새가 참 고우시다

▶▶▶김영서, 「오래된 문」 전문

김영서의 시편은 시적 '사건'이 될 만한 이야기를 쉬운 시어를 통해 진솔하게 보여주고 있다. 그 진솔함이 보편적 감성을 건드려 감동으로 이끌어낸다. 시집 『언제였을까 사람을 앞에 세웠던 일이』에서 그러한 시적 광경을 유감없이 보여주었다. 「오래된 문」에서도 예외는 아니다. 편지함에 새가 둥지를 튼 사건과 그것을 귀한 일로 여기며 바라보시는 어머니를 유비시키며 이를 생명에 대한 고귀함으로 이끌어낸다. 어머니가 체험한 생명을 탄생시킨 체험은 우리의 어머니들이

으레 그래왔듯이, 편안한 곳과 누추한 곳을 따지지 않았다. 그렇지만 어머니는 생명을 탄생하는 그 공간에서 문고리는 놓지 않으셨다. 그것은 "이승의 문을 두드리는" 생명을 탄생시키는 공간이 신성한 누대라는 점을 어머니의 행위를 통해 일깨우는 것이다. 그 "오래된 문"의 "빗장을 단단히 잠그시는" "어머니의 옷매무새가 참" 곱다는 것을 읽는 이로 하여금 고개가 끄떡이게 만든다.

지금까지 충남 대전 지역에서 활동하고 있는 현역 시인들의 시편들을 거칠게 일별해 보았다. 지역이라는 특정한 공간에서 활동함으로써 시적 성과에 비해 주목을 받지 못하는 경우가 발생할 수 있다. 이런 경우에는 지역과 중앙을 떠나 문학성을 최우선시하는 문학 활동에 대한 신뢰가 무너져 버린다. 시인들과 평자들의 밝은 눈이 좋은 작품을 생산하는 창작자에 대한 발굴과 성원으로 이어졌으면 한다. 남겨진 과제는 지역의 특성을 떠나 개개의 창작자가 시단의 보편적 시성을 보여주어야 한다는 점이다. 또한 지역의 말, 방언을 육성하는 시적 노력도 필요하다고 본다.

이번 기회를 통해 더욱 지역에서 활동하는 현역 시인들에 대한 깊은 관심과 평가가 더 심도 있게 논의되기를 기대해보며 글을 마친다.

몰입과 탕진의 시적 재현

비틀즈가 발표한 마지막 곡인 「Let It Be」는 전 세계적으로 대중들에게 가장 사랑받는 곡 중의 하나이다. 「Let It Be」를 발표하면서 비틀즈가 해체되었기 때문에 불운의 운명을 지닌 곡이지만 대중들의 「Let It Be」에 대한 사랑은 남다른 데가 있다. 그것은 단순한 것 같은 가사 속에 담긴 '지혜의 말' 때문이다. 흔히 「Let It Be」는 동양철학의 사상을 담은 곡으로 해석되곤 한다. 오랫동안 빌보드 넘버원의 자리를 차지하고 세계 명 팝송 중에 가장 수위를 차지하는 이 곡이 사랑의 테마가 아닌 무위(無爲)의 세계를 다룬다는 점은 상기할 만하다. 그것은 60년대 미국과 서구문화사와의 영향과 관계가 깊다고 할 수 있다. 즉 사랑과 평화, 자유를 부르짖는 히피문화와 환경과 생명의 테마가 새로운 화두로 제출된 서구사상과의 친연성을 생각할 수 있기 때문이다. "그대로 내버려 두라"는 언명은 노장사상의 핵심적 의미와 맥이 닿아 있다. “비움으로서 존재한다”는 노자의 사상은 물질문명으로 가득 찬 이 세계에 다시 한 번 우리의 ‘현재’를 생각하게 하는 철학이다.

요즘 인터넷에는 비틀즈의 「Let It Be」가 댓글로 여기저기서 노래처럼 꼬리를 물고 다닌다. 이유는 이명박 정부의 정책에 따른 비판적 목소리 때문이다. 경제살리기의 정치목표가 가장 중요한 점들을 간과한 채 전 국토를 공사장으로 만들 수 있다는 불안 때문에 생겨난 말들이다. 이런 현상 때문인지 최근 발표된 시에서는 사회 현실에 대한 목소리를 내는 시편들이 상당수 발표되었다. 그것은 현실이 시인들의 삶 속에 깊숙이 침투되어 있다는 현상을 반증한다. IMF부터 시작된 한국의 현실은 우리 삶 전체를 바꾸어 놓고 있다. 시인들 또한 예외는 아닐 것이다. 문제는 일상적 현실을 시적 현실로 어떻게 재현하느냐일 것이다. 지금까지 시인들은 일부 그룹을 제외하고는 현실을 시로 형상화하는 데 의도적인 무관심을 드러낸 것도 사실이다. 실제현실을 시적 현실로 재현하는데 대한 부끄러움 혹은 의도적 배제를 통해 시의 순수성을 더욱 공고히 하려는 무의식적 억압이 있었을 것이다. 그러나 우리의 현실은 너무 크고 무거운 장막을 친 우화의 세계이거나 상징의 세계로 보여주기에는 너무 아프다. 그럼 시인들의 현실 인식이 시로 어떻게 형상화되고 있는지 소박하게 따라가 보기로 하자.

> 삶은 벼랑에 둥지 트는 일보다
> 더 어려운 것이라고, 벼랑보다 더 가파른 것이 삶이라고
> 기름범벅 가마우지 진저리 치지도 못하고
> 갯벌에 웅크려있다, 울음도 없다
> 이 참혹 앞에서 나는 더 이상
> 미안하다는 말, 용서하라는 말, 할 수가 없다
> 한파는 승냥이 떼처럼 밤새도록 뼈와 살을 물어뜯고
> 잠수하여 먹이를 찾던 바다는

끝없이 죽음을 철썩거리며 달려들었을 것이다
절망과 공포만이 검은 고립의 운명을 한껏 조롱했을 것이다
우리의 발자국 소리에 놀란 듯 가마우지
몸 뒤틀어 보지만 펼쳐지지 않는 날개
움찔거릴 때마다 탐욕한 문명의 악취 솟아오르고,
암벽 둥지의 식구들 생각하는 것일까
파도에 쓸려간 뿔논병아리를 떠올린 것일까
참혹한 생존의 시간 너머 북극성처럼
깜박거리려고 안간힘 쓰는 눈이 파르르 떨린다
365일 무릎 꺾고 이마를 찧는다한들 우리
얼마나 사죄 될 것인가
차디찬 맞바람이 내 뺨을 후려친다, 새들이
물고기를 물고 비상하던 신두리의 푸른 하늘, 맑은 공기가
헐떡거리며 기름 바다로 미끄러져 내린다
얼마나 더 많은 죽음이 필요한가, 저 구렁텅이
다 삼켜도 허기 채울 수 없는 문명이
거대한 위장 채우기 위해
마지막에는 자기 살 뜯어먹을 이빨 번뜩이며
비릿한 아가리 한껏 벌린 것을 나는 본다

▶▶▶배한봉, 「거대한 아가리」 전문

허베이 스피리트호(먼저 배한봉은 2007년 12월 7일 아침 7시 6분경 발생한 태안 기름유출사고에 대해 증언하고 있다. 태안 앞바다의 기름유출사고는 거대한 재앙이었다. 만리포에서 북서쪽 10km 해상에서 크레인을 적재한 삼성중공업 소속 1만 1800톤급 바지선이 정박 중인 홍콩 선적 유조선 14만 6000톤급)와 부딪치면서 사고는 터졌다. 이 사고로 바다는 온통 검은 기름으로 뒤덮였다. 그 후 방제작업과 자원봉사, 수천억 원에 이르는 복구비용, 사고의 책임

문제, 태안주민들의 삶과 자살사건 등은 사회적으로 큰 이슈였으며 그 문제는 현재에도 진행 중이다.

배한봉은 이러한 사고를 접한 후 태안 신두리 주변에 기름이 범벅된 검은 새를 본다. 시의 주석에 따르면 2007년 12월 7일 오전 태안 앞바다에서 유조선과 크레인이 충돌해 기름이 유출된 사고발생 이후 야생동물구조단에 접수된 기름피해 조류는 모두 35마리로 이중 14마리가 회생, 4차례에 걸쳐 방사되었다고 한다. 우리는 신문지상을 통해 태안 신두리 해변에서 기름을 뒤집어 쓴 채 발견된 겨울철새 뿔논병아리의 처참한 사진을 본 적이 있다. 시인은 태안 앞바다의 기름유출사고에서 기름범벅으로 웅크려있는 가마우지를 본다. 그것은 참혹한 풍경이다. 자연 속에서의 새는 아름다운 비상을 꿈꾸는 존재이다. 그 비상 속에는 생명과 존재의 날갯짓이 꿈틀거리는 상징을 담고 있다. 그러나 기름을 뒤집어쓴 채, 진저리 치지도 못하고 웅크려 있는 가마우지 앞에서 시인은 그저 "미안하다는 말, 용서하라는 말"도 할 수 없는 감정적 격변을 느낀다. 가마우지의 모습을 통해 시인이 말하고자 하는 것은 바로 "탐욕한 문명의 악취"를 고발하려는 것이다. 시에서의 '거대한 아가리'는 문명의 아가리이다. "다 삼켜도 허기 채울 수 없는 문명"이 "거대한 위장을 채우"는 광경은 끔찍하기만 하다. 그 문명의 탐욕은 종내 자기 살까지 뜯어먹고야마는 살기를 가지고 있기 때문에 더욱 그러하다.

이러한 문명의 발달에 대한 비판적인 시선은 강인한의 시에서도 발견된다. 강인한은 '루체비스타'(「루체비스타」)라는 거대한 조명판을 상징으로 서울이라는 도시의 문명과 그 문명기획을 풍자하고 있다. 루체비스타는 "밤에만 눈뜨는" 화려한 조명이다. 그러나 시인은 역설의 언어로 "청계천에 나는 감동한다"고 적는다. 그곳은 "유령잉어가 유유히 헤엄쳐 가"고 "산소호흡기를 물고 뛰노는 붕어와 날치들"이 있는 "위대한 전기의 꿈으로" 이루어진 도시의 풍경을 보여준다. 시인은 이 도시는 불멸의 역사를 향한다고 했다. "친애하는 서울시립미술관"도 마찬가지이며 '루체비스타'의 지하광장은 "꿈보다 깊은 마취를 즐기는" 공간이다.

그러나 우리의 삶은 문명을 떠나서 살 수 없다. 시인이라고 문명을 등지고 살 수는 없다. 다만 문명 속에서 다른 생각을 꿈꿀 수는 있는 것이다. 병원을 가고 오며 "갈 때 요금은 만 이천 오백원 돌아올 때 요금은 만 사천 칠백원"(이승훈, 「나를 잊어라」)이라고 셈을 하는 게 문명인의 일상이다. 그러나 시인은 이러한 일상 속에서도 "나를 잊어라"는 시인의 자의식을 방치하지 않고 계속해서 실험한다. 결국 "난 이유를 묻지 않은 것 같"다고 말하는 시인의 내면을 통해, 일상적 삶속에서조차 불안한 자의식과 싸워야 하는 자아의 내면을 증명해준다.

또한 이승훈은 위암 수술을 받은 몸으로 담배를 다시 피우는 현실의 상황을 시로 형상화하고 있다. 시인에게 담배는 일종의 우울치료제이다. 시에서 시인이 대답하는 대화는 담배에 대한 시인의 입장으로 잘 드러나 있다.

> 내가 말한다 다시 피우기로 했어 사는 게 너무 우울해서 (…중략…) 그때도 말했지 담배도 없이 어떻게 살아? 낙이 없잖아? 낙이! 다섯 달 끊었던 담배를 다시 시작한 나도 문제가 많은 선생이다
>
> ▶▶▶이승훈, 「상어가죽」 부분

공감가는 말이다. 시인에게 현실은 낙이 없는, 언젠가는 탈출해야만 하는 공간이면서 결국 그 공간을 벗어날 수 없는 공간이다. 시인은 이러한 공간에서 불안한 자의식과 예민한 감각을 감싸쥐고 담배를 피우는 존재이다. 상어가죽은 시인의 내면으로 점철된 위장의 가죽이면서 동시에 위를 보호하고 치유하려는 상처의 치료제로서의 가죽이다.

이러한 우울은 이영광의 시에서도 적극적으로 드러난다.

역시 나는,
세상이 좋아져가는 것보다는
좋아질 듯 나빠질 듯하는 것보다는
나빠져가면서도 한 가닥,
회광반조의 기미가 있는 것보다는
있을까 없을까 헷갈리는 짜증 상태보다는

역시 심하게 나빠지는 것에
완전히 망가져가는 것에 더 관심이 있는 인간이야

소득 2만 불을 구가하는 이 꿈틀대는 진흙탕이
얼만큼 자정 능력을 가지고 있을까
인간이 어떻게 인간을 信仰할 수가 있지?
어떻게 부자가 되기 위해 평생을 탕진하자고
속이고 속을 수 있지?

현실이 자꾸 현실을 초월하려 하는 이 주술적 현상
에 대한 의문, 이것이
돈도 명예도 사랑도 다 싫고
사랑도 명예도 이름도 남기고 싶지 않은
나의 유일한 집착이라고나 할까

▶▶▶이영광, 「역시 나는 세상이 나빠지는 것에」 부분

시인은 절망하는 존재이다. 희망보다는 절망을 기쁨보다는 슬픔에 더 마음이 가는 존재이다. 이렇게 말하면 시인은 항변할 것이다. 슬픔보다 기쁨을, 절망보다 희망을 더욱 좋아한다고. 하지만 현실은 그렇지 못하다. 시인은 스스로 성찰할 수밖에 없다. 성찰의 방식은 김수영

식의 자기폭로의 방식을 취한다. 역설의 언어로 읽을 수도 있고, 역설의 언어가 아니라도 상관없이 공감가는 자의식이다. 우리의 현실은 소득 2만 불을 넘어가는 OECD국가이다. 하지만 시인이 생각하는 현실은 '진흙탕'이다. 인간이 인간을 신앙하게 하고 부자가 되는 일만으로 삶을 탕진하는 곳이다. 그러므로 시인이 할 수 있는 일은 허무의 길을 타진하는 것이다. "돈도 명예도 사랑도 다 싫고/사랑도 명예도 이름도 남기고 싶지 않은" 허무의 길이 시인이 가진 '유일한 집착'이다.

시인은 이러한 '패착'의 원인을 어디에서 찾을까. 그동안 자신의 내면을 성찰하면서, 그 부족함을 절망하고 자책함으로써 찾았을 수도 있다. 그러나 "1년에 15조 원을 영어 사교육에 쏟아 붓는 나라, 본토 발음 만들려고 젖먹이 혀 수술하는 나라, 두 살짜리 애들한테 영어책 읽히는 나라, 영어로 태교하는 나라, 金, 李, 朴씨 성 가진 한국인들이 Tommy, Jenny, Christine이란 이름의 미국 아이들을 키우는 나라"(「영어를 배워서 어디에 쓸까?」)라면 그 이유의 일정 부분만이라도 자신이 아닌 사회에 기댈 수 있을 것이다. 이영광은 현 정부가 시행하려고 계획했었던 영어몰입교육에 대한 비판적 시선을 풍자적으로 그려낸 시를 보여준다. 시인은 이러한 나라를 만든 위정자들을 향해 '미친자들'이라 말하고 이러한 정책은 '피학성 개그'이며 이 개그는 또한 국민 대다수에게 '가학적'이라고 항변한다. 시 속에 등장하는 시인의 친구 '기러기 아빠'는 우리 사회의 평범한 중산층이다. 아마 일반 서민보다는 훨씬 많은 연봉을 받고 그 돈의 대부분을 미국으로 송금할 것이다.

설거지를 하며 대운하를 생각한다
밥풀이 엉긴 밥그릇을 박박 문지르며
돈이 되니까
한강과 낙동강을 강제로 묶자는 발상을
맞장구치는 대학교수들을 생각한다

접시에 붙은 김치 찌꺼기를 씻어낸다
바닥을 좀 판다고
환경 피해가 많은 건 아니라는 저 이는
강이 어떻게 생겼는지나 알까
강바닥이 집이고 일터인 물고기들을 알까
권력에 줄 서 한자리 하겠다고
짖어대는 사람과
잘못인줄 알면서 입 다무는 사람들
물을 틀어 흘려보낸다
이 물도 결국은 강으로 갈 것이다
유조선에서 흘러나온 백만 갤런의 석유보다
위험한 사람들
오늘 설거지는 해도해도 줄지 않는다

▶▶▶전윤호, 「설거지」 전문

시인은 설거지를 하는 이 땅의 평범한 가장 중 한 명이다. 설거지를 하며 '대운하'가 생긴다면 어떨까 하는 상상을 한다. 항간에 퍼진 유행어 "경제만 살리면 되지"를 위해 삼천리 금수강산을 공사장으로 만들겠다는 계획은 시인에게 "유조선에서 흘러나온 백만 갤런의 석유보다/위험한 사람들"인 것이다. "돈이 되니까"라는 의견의 대학교수들과 "환경 피해가 많은 건 아니라는" 말을 하는 이들과 "권력에 줄 서 한자리 하겠다는" 사람과 "잘못인줄 알면서 입 다무는 사람들" 모두가 시인에게는 '위험한 사람들'이다. 시인이 하는 설거지의 물도 강으로 흘러간다. 그렇기에 시인의 설거지는 더디고 해도해도 줄지 않는 것이다.

정한용은 빈곤의 문제에 관심을 가진다. 빈곤의 문제는 비단 외국의 일만을 아니다. 민주적 자본주의는 경제적 측면에서 보면 가혹한 불평등주의다. 자본주의가 낳은 경제적 차별은 다수의 도시빈민과 농촌

빈민들을 낳았다. 이것을 해결해야 하는 것은 문명사회를 살아가는 우리 모두의 몫이다. 정한용은 「오늘도 무사히」에서 "상파울로 빈민촌 골목"의 현장을 과장없이 그대로 보여준다. 도시 빈민촌골목의 노동자는 오늘도 무사히 일을 마치고 시멘트 가루를 뒤집어쓴 채 집으로 돌아온다. 시에 등장하는 '루이자'의 가족은 남편의 일에 의지해 생활고를 해결해나가고 있다. 그러나 남편의 일은 사고도 많고 내일의 일을 기약할 수 없는 일용노동자의 삶이다. 시에서 특이할 점은 '상파울로'를 읽는 이에 따라 마음대로 바꾸어 읽어도 된다는 주석이다. 마닐라, 멕시코시티, 나이로비, 뉴욕, 도쿄, 서울이어도 좋다는 말은 빈곤의 문제가 어느 특정 지역에 국한되는 문제가 아니라 보편적인 우리 모두의 문제라는 점을 시사하고 있다.

그는 보잘 것 없는 사람이다.
그에게는 소매 끝이 닳은 양복이 한 벌 있을 따름이다.
그 양복을 입고 딸아이의 혼인식을 치룬 사람이다.
그는 평생 개미처럼 일했으며
비좁은 임대 아파트로 남은 사람이다.
아침에 일어나 신문을 보는 굽은 등
투박한 손을 들키는 사람이다.
그는 그 거대한 손으로만 말을 할 줄 알았다.
언젠가 그가 소중하게 내민 손 안에는
산새 둥지에서 막 꺼내온 헐벗은 새끼 새가
눈도 뜨지 못한 채 새근대고 있었다.
푸른 숨을 쉬고 있었다.
그때 어두움의 음습한 숲에서
홀로 빛나던 새는 지금 어느 하늘을 꿰뚫고 있을까.
그의 손에 이끌리어 가 보았던 하늘

구름 바람 태양 투명한 새.
그는 그런 것밖에 보여줄 줄 모르던 사람이다.
그의 내민 손 안의 시간.
그의 손에서 우리는 더 무엇을 읽으려는가.

▶▶▶장이지, 「어깨 너머의 삶」 부분

'오늘도 무사히' 버텨가는 삶의 모습은 우리 주변에서 흔히 볼 수 있는 일상인의 삶이다. 장이지는 보편적인 일상인의 어깨 너머를 엿보고 있다. 시에서 "그는 보잘 것 없는 사람"이지만, 대부분의 삶이 그러하듯이 "평생 개미처럼 일한" 사람이다. 그 노동의 대가로 한 벌밖에 없는 양복을 입고 딸아이의 혼인식을 치룬 사람이다. 임대아파트에 살며 굽은 등과 투박한 손을 가졌으며 말보다 손으로 먼저 실천하신 우리 모두의 아버지이다. 하지만 세상은 그를 보잘 것 없는 사람으로 본다. 시인은 보잘 것 없는 사람이라 여기는 사람의 어깨 너머를 엿보며 그 사람의 손끝에서 탄생되는 생명의 소중함을 깨닫는다. 그는 "산새 둥지에서 막 꺼내온 헐벗은 새끼 새"를 손으로 소중하게 감싸안을 수 있는 따뜻함을 가진 사람이다. 그가 보여준 세상은 "하늘"과 "구름 바람 태양 투명한 새"의 세계이다. 그런 것밖에는 그런 것이 모두인 세계이다. 그 세계는 우리가 지금 현재 꿈꾸어야 할 당위적 현실이다. 그 사람은 아름다운 사람이다. 우리는 그의 손에서 무엇을 읽으려 하는가. 그의 새를 품고 내민 손 자체가 하나의 은유이며 상징인 것이다.

그 사람 죽었어
벼락이 가슴을 치는 날이 있다
내가 더 사랑해도 좋았을 그 사람
그 사람 없어도 내가 살 수 있다고 생각한 그 사람이
죽었다

한 사람이 살다가 비 그치듯 사라지면
그 주위에서 한동안 들끓던 시간이 잦아들며
갑자기 고요해진다
지상의 고요는 그렇게 시작되기도 한다
살아남은 사람이
그 고요를
둥글게 둥글게 쓰다듬는다
그와 나 사이
빈 틈이 없어지도록

그러다 봄날이면
영안실의 꽃처럼 뿌리 뽑혔던 그 사람이
말없이 새순 돋듯
빈 틈으로
돌아오기도 한다

▶▶▶이사라, 「빈 틈」 부분

우리의 일상은 위의 장이지의 시에서처럼 보잘 것 없는 사람으로 살다 죽는 것이다. 그 죽음의 허망함을 곁에서 지켜보는 일은 우리가 늘상 경험하는 체험이다. 삶 속에서 죽음을 체험할 때, 우리는 삶과 죽음이 절연된 계기성이 아니라 연속해서 우리의 삶에 의도적으로 개입하는 하나의 공동사건이라는 것을 경험한다. 한 사람의 삶이 "비 그치듯 사라"질 때 시인이 느끼는 것은 '고요'이다. 시인은 "지상의 고요는 그렇게 시작되기도 한다"고 썼다. 그것은 시인이 품은 그동안의 고요가 새로운 고요의 순간으로 탈바꿈하는 순간이다. 시인은 삶 속에서 늘 새로운 감정적 경험을 체험한다. 고요를 둥글게 둥글게 쓰다듬는 모성의 포용이 '빈 틈'을 좁히도록 만드는 힘인 것이다. 사랑했던 한 사람의 죽음을 통해 경험한 덧없는 체험은 아픔이기 이전에 "말없이 새순 돋듯" "빈 틈으로/돌아오기도" 하는 신비한 체험이기도 한 것이다. 몰입과 탕진으로 가득찬 이 시대에 죽음의 체험을 통해 존재의 빈 틈을 고요하게 성찰하는 것이 더 필요한 때인지 모른다.

문명은 더 빠른 속도로 새로운 것의 창출을 향해 몰입하고 있다. 또한 인간은 그 새로운 문명의 생산물을 소비하기 위해 삶의 대부분을 탕진하고 있다. 이제 우리에게 남겨진 것은 무엇인가. 이런 세상을 등지고 먼 숲속의 일을 도모할 수도 있을텐데. 그러기에 우리의 삶은 이미 문명에 길들여졌다. 빠르고 편리한 도로보다는 작은 오솔길을 느릿느릿 걷는 그런 사람이 더 아름다운 때가 지금이 아닌가.

제2부
part 2

물과 질량의 시학
: 허만하 시집 『바다의 성분』

통찰의 시학
: 임강빈 시집 『이삭줍기』, 마종기 시집 『하늘의 맨살』

고요한 내레이터와 신명나는 퍼포먼스
: 정희성 시집 『돌아다보면 문득』, 신현정 시집 『바보사막』

부재의 시학
: 장석주 시집 『몽해항로』, 최준 시집 『뿔라부안라뚜 해안의 고양이』

소통의 연애사
: 김요일 시집 『애초의 당신』, 손현숙 시집 『손』,
김성대 시집 『귀 없는 토끼에 관한 소수 의견』

극진한 통찰과 결기(決起)
: 손택수 시집 『나무의 수사학』, 이기인 시집 『어깨 위로 떨어지는 편지』

상처의 경제학
: 박진성 시집 『아라리』, 신정민 시집 『꽃들이 딸꾹』

통각을 딛고 일어서는 성찰의 시학
: 고석종 시집 『말단 형사와 낡은 폐선』

물과 질량의 시학

: 허만하 시집 『바다의 성분』

허만하의 시를 읽고 있으면 아득해진다. 먼 별빛을 회의하는 단독자의 고뇌가 떠올려지다가, 순도 높은 언어의 결정을 이루어내기 위해 불꽃 속에서 연마하는 언어 연금술사의 손가락이 떠올려지기도 한다. 허만하는 한국 시단에서 아주 이채로운 지점에 우뚝 서 있는 시인이다. 풍경을 이미지로 묘사하고, 그 이미지의 선별과 상징을 시적 세계관의 중심으로 이해하는 제작방식은 보편적인 시적 방법론이었다. 허만하는 이러한 방법론에다가 자신만의 고유한 수사가 지나다닐 수 있는 거점을 형성하고 그 안에서 사유를 방목한다. 즉 같은 풍경을 묘사하되 그 풍경 묘사에 한 겹의 사유가 더 첨사(添辭)되어 낯설고 새로운 공간을 보여주는 형식이다. 이러한 풍경을 보며 그 풍경을 형이상학적 사유로 체화하여 읽는 방식은 낯선 것이면서 허만하식의 고유한 시적 인식 방법론이었다.

또한 허만하의 시적 세계 속에는 순수한 언어를 찾고자 하는 인식의 고단한 여정이 뜨거운 열정으로 고여 있다. 그것을 핵심적으로 말한다면 '순백하고 정결한 언어에의 꿈'이라 말할 수 있다. "형태 이전의 원소를 향하는"(「사금」) 그의 시적 노정에는 늘 순수에의 갈망과 시원에 다다르려는 욕망이 들끓는다. 하지만 그의 언어가 마치 카오스 속의 정념에만 바쳐지는 불가해한 언어는 아니다. 허만하의 언어 속에는 언제나 의미가 자리잡을 만큼의 이성적인 사유가 마치 정신적 일지(日誌)처럼 빼곡하다. 그의 언어가 이끄는 관념과 시적 철학을 독자들은 하나씩 곱씹으며 읽어나가게 되고 이러한 부분들로 하여금 인식의 성숙을 체감하게 된다. 그렇기에 허만하의 언어는 늘 건강한 관념이 이색적인 풍경을 거느리고 있어 새로운 시적체험을 선사해준다. 허만하의 풍경 속에 존재하는 관념들은 순백의 언어를 꿈꾸는 연금술사에게 늘 억압을 준다. 순백의 길로 가라는 무언의 죄책감을 심어준다. 하지만 시인의 이성은 혹독한 것이어서 완벽한 무화의 세계란, 펜 끝이 살아 있는 한 불가능하다는 것을 알면서 그 길로 간다. 시의 길은 늘 불가능한 꿈과, 그 꿈을 배반하는 언어 사이에서 길항하는 길목을 끝없이 걸어가는 것이다.

1.

말이 한 마리 고원에 서 있다. 노을이 지고 난 뒤의 하늘에 솟는 누런 놋쇠기둥처럼 튼튼한 다리가 엉덩이 둘레 두툼한 야성미 한가운데 박혀 있다. 가을의 고원에 서 있는 말은 가시철조망 안에 갇힌 긴 기다림과 야성적인 질주 틈새에 있다.

ㄹ.

풀밭을 달리는 말은 자기 발굽 소리 한 치 위에 뜬다. 그때 말은 출렁이는 갈퀴에서 이는 싱싱한 바람 냄새가 된다. 몽골의 풀밭을 달리는 말은 자기가 열어젖히는 아득한 지평선이 다시 멀리 펼쳐지는 새 지평선이 되는 변신을 아는 말이다.

ㅋ.

이따금 심심한 쪽 발을 들어올려 대지의 탄력을 확인하기도 하지만, 고원에 서 있 는 말은 가만히 제자리를 지키는 말과 벌써 달리고 있는 말 언제나 그 틈새에 있다. 격렬한 현재는 가늘게 떨며 사라지는 화살의 운동과 팽팽하게 당겨진 시위에 자리잡은 운동 직전의 완벽한 정지 그 틈새에 있다.

▶▶▶「틈새의 말」 전문

허만하에게 고원에 서 있는 말은 "틈새"를 인식하게 하는 시적 대상이다. 말은 노을이 지는 자연의 현상처럼, 야성미 또한 말에겐 하나의 현상이다. 고원에 서 있거나 철조망 안에 서 있는 말은 늘 기다림에 익숙한 동물이다. 이처럼 말의 고유한 속성인 야성과 기다림을 시의 공간 안에 부려놓는다. 그러나 야성과 기다림만으로 말의 틈새를 인식하기란 쉽지 않다. 시에서 말은 환상을 불러일으키는 시적 대상이 되기도 한다. 그 환상은 바로 "변신"이다. 시인은 "변신을 아는 말이다"라고 썼다. 말은 "자기 발굽 소리 한 치 위에" 뜨기도 하고, "갈퀴에서 이는 싱싱한 바람 냄새"가 되기도 한다. 또한 결국 "아득한 지평선"에서 "새 지평선"으로 탈바꿈하는 변신을 하기도 한다. 시에서 주목하고자 하는 것은 바로 "고원에 서 있는" 말이다. "가만히 제자리를 지키는 말"도 아니고 "벌써 달리고 있는 말"도 아닌 고원에 서 있는 말은 어떤 의미인가. 시인은 "고원에 서 있는 말"을 통해 "완벽한 정지 그 틈새"를 발견한 것이다. 오직 시인의 촉수만이 발견할 수 있는 견지의 순간이 바로 그 때인 것이다.

마지막 싯귀를 통해 우리가 알 수 있는 것은 허만하의 시세계 중의 하나인 기원(起源)과 영속(永續)의 전후 맥락이다. 늘 시원의 세계와 순수의 언어를 향해 불굴의 인식으로 달려가는 시인에게 현재는 과거와 미래를 모두 사유할 수 있는 유일한 지점이다. 역설적으로 현재를 통해 과거와 미래의 순간들을 다시 반추하고 의미화할 수 있다. 시에서 "고원에 서 있는 말"은 어쩌면 시인의 시 속에서 펄떡펄떡 뛰고 있는 시의 "말(言)"은 아닐까. 말의 역사, 사물의 역사를 시적 대상의 완벽한 틈새를 찾는 과정이 바로 견자가 시적 순간을 찾는 순간에 다름 아니다.

허만하의 시는 대개 지적 언술, 아포리즘 등의 고도의 진술로써 이루어진다. 하지만 직접 체감되는 그의 시편은 모두 이 세계의 사물과 풍경과 만나는 이미지의 세계임을 또한 깨달을 수 있다. 특히 이번 시집에서 두드러지게 나타나는 물의 이미지는 주목할 만하다. 허만하에게 물의 이미지는 시집 『비는 수직으로 서서 죽는다』 이후 지속적으로 드러나고 있다.

허만하에게 언어는 자서에서 밝힌 바대로 "독자적으로 생각할 때 비로소 자기 언어를 가질" 수 있는 "순도 높은 자기의 언어"이다. 시적 언어가 보편적 소통이라는 기능보다, 자기 인식의 고유성이라는 특수성에 더 기대어 있다. 그에게 언어는 "빙하에 피는 꽃"(「빙하에 피는 꽃」)과 같은 존재이다. "오염을 모르는 물질"이었지만, 말의 순수성은 "세계를 이름 없는 그대로 두"지 않는다. 시인에게 시 쓰는 일은 "나의 내부를 들여다보는 일"이기도 하지만, 더욱 중요한 점은 "세계의 일부가 시가 되는 일"이며, "궁극을 보는 일"이다. 그렇기에 시인은 "보기 위하여 눈을 감는다". 궁극으로 향하는 인식의 도정 속에서도 언어가

완전한 순수를 이룬다는 시적 구원에 대해서는 한 발 비켜가 있다. 완벽에 이르지 않고, 완벽에 이르는 길목에 서야만 언어는 계속 살아갈 수 있기 때문이다. 그런 이유인지 시인은 "궁극을 보는 일은 무서운 일"이라고 했으며 "무섭다! 시의 길"(「목성에 강이 있었다」)이라고 했다.

허만하의 시에서 "물"의 이미지는 중요한 역할을 하고 있다. 엘리아데는 물을 가리켜 "근원이자 원천으로서, 모든 존재 가능성의 저장소"라고 했다.[1] 이어 "물의 상징은 죽음과 재상을 모두 내포하고 있다. 물과의 접촉은 항상 재생을 함축한다. 해체 뒤에는 "새로운 탄생"이 뒤따르기 때문이기도 하고, 침수는 생명의 잠재력을 풍부하게 하고 증대시키기 때문이기도 하다. (…중략…) 형태를 통해서 표명될 수 없기 때문에, 창조를 선행하고 또 창조를 소멸시키는 것이 그 운명일 수밖에 없다"고 했다.

엘리아데가 말하는 상징의 구조는 문학의 작품 속에서도 그대로 운용된다. 물을 통해서 시적 세계관의 상징적인 전말이 드러난다는 점은 상기할 만하다. 허만하는 우선 "물은 순수하다"고 하면서 "나는 시에 물을 타지 않는다"라고 했다(「빙하에서 피는 꽃」). 즉 물은 순수의 결정체이기도 하지만, 그 결정체는 때론 무서움을 주기도 한다. 시집의 첫머리에 수록된 「목성에 강이 있었다」는 이러한 전말을 잘 전해준다. 목성이라는 태양계의 혹성은 실체는 있지만, 그곳에 가 닿을 수 없는 미지의 세계이다. "실체가 없는 흔적이/먼저 실체가 되는/무기질 세계의 순수"는 허만하의 시적 세계가 닿고자 하는 열망을 대변한다. 또한 "부패성 물질이 없는/무기질 세계의 순수"는 언어의 순수성에 닿고자 하는 관념의 본질을 물질이라는 연금술로 연마하려는 시인의 욕망과도 연결된다. 이 모든 것을 이어주는 매개적 물질은 바로 '물'이다. 시에서는 "아득함을 혼자 흘렀을 물길"이라 하면서 이러한 물길이 바로

1) 엘리아데, 「이미지와 상징」, 까치, 1998, 165쪽.

"시의 길"임을 시사한다. 시인은 물길을 통해 시의 길을 타진하고 있다.

> 최초의 인간이 흘렸던 한 방울 눈물 안에 모든 시대의 슬픔이 녹아 있듯 바다에는 소금이 녹아 있다. 빰을 흘러내리는 최초의 한 방울이 머금고 있었던 가장 순결한 푸름. 바람이 불타는 누런 보리밭에서 낫질하는 사람 이마에서 떨어지는 땀방울 안에 바다가 있다. 낯선 도시 밤하늘 먼 별빛을 바라보는 눈에 고이는 눈물 안에 바다가 있다.
>
> 바다(海) 안에는 어머니(母)가 있다. 발가숭이 알몸의 내가 최초의 물을 온몸으로 느꼈던 기억 이전의 바다. 내 목숨 최초의 열 달을 한 마리 물고기처럼 캄캄한 그 안에서 촉감으로 사귀었던 태초의 바다. 어머니 사랑처럼 한계가 없는 아, 눈부신 바다.
>
> ▶▶▶「바다의 성분」 전문

물은 창조의 신비, 탄생, 죽음, 소생, 정화, 속죄, 풍요의 원형적 이미지를 가지고 있다. 물 혹은 바다는 모성적 세계로서의 어머니, 죽음과 재생, 무한성, 영혼의 원형적 이미지를 복합적으로 가지고 있는 신화적 공간이다. 위의 시에서는 한 방울의 눈물과 한 방울의 땀방울에서 발견할 수 있는 물질인 "소금"에 주목한다. 염분은 눈물과 땀에서도 찾을 수 있는 물질이지만, "바다"의 공간에 녹아 있는 "소금"에 가장 많이 포함되어 있다. 시인은 한 방울의 눈물과 땀에 "바다"가 있다고 믿는다. 바다에는 어머니가 있기 때문이다. 바다와 어머니에 한자를 병기한 것 또한 의도적인 의미화이다. 어머니는 태초의 시원으로 들어가는 문(門)과 같다. 즉 "알몸의 내가 최초의 물을 온몸으로 느꼈던 기억 이전의 바다"가 바로 그 공간이다. 그곳은 한계가 없는 눈부신 공간이기도 하다.

허만하에게 물의 공간은 여러 시편에서 지속적으로 드러난다. 「사금」에서 사금은 물 속에서 발생한다. 금이라는 순도 높은 반짝임의 기원이 물을 통해 건져 올려지는 것이다. 즉 물을 가진 바다는 "기원"을 품고 있는 대상이다. 「강설기의 언어」에서 또한 물을 통해 사물의 시원 혹은 순수 이전의 세계를 탐하고 있다. 세계의 이곳저곳을 탐지할 수 있는 능력을 "물빛 바람"처럼 물과 관련되어 있는 시적 대상을 통해 형상화한다. 시인이 확인할 수 있는 세계의 "틈새"를 통해 "땅 깊이 묻힌 하천의 폐허에 새로운 물길"이 되살아나는 것을 확인하고 있다.

하지만 물의 불가시적인 형상이 어느 곳이든지 가능한 것은 아니다. "물은 틈새를 허용하지 않"기 때문이다(「바다의 문체」). 시인은 "바다의 균열"에 물이 대처하는 상황을 묘사하면서 "형태가 없는 물은 눈 먼 몸으로 언제나 현재보다 낮은 자리를 찾는다"고 말한다. 이러한 물의 속성을 통해 "정신도 물처럼" 같은 속성의 지위에 있음을 설파한다. 물은 인간에게 늘 건강한 유용성만을 전해주지 않는다. "물은 불안하"며, "오염 직전이"고 가끔씩은 "물 냄새의 저주에" 홀리기도 한다(「물 냄새」). 냄새가 없을 것 같은 물은 어떤 경우에는 "냉혹한 물질"로 변하기도 한다.

이렇듯 허만하의 시에서는 물, 바다, 강 등의 이미지가 지속적으로 드러난다. 물이 가지는 속성을 취하기도 하면서 또한 물이 관념과 만나 새로운 인식적 깨달음을 전하기도 한다. 물을 통한 시적 성숙의 기저는 무게로 재단하는 질량의 시편들을 우리에게 선사한다. 새의 본질적 특징으로 하강할 때는 새도 "언제나 한 마리 몸무게가 된다"는 사실을 전하거나(「새에 관한 관찰」), "흩날리는 눈송이에도 무게가 있다"(「가벼움은 무게다」)는 인식에 이르기도 한다. 「구름의 무게」에서는 "새털구름 한 자락 무게"가 "새끼 고래 한 마리 무게와 맞먹는다"는 재밌는 발상에서부터 "마르크스에게 사상의 무게는 있지만 육체의 무게는 없다"고 전하기도 한다(「마르크스의 목욕」).

허만하의 시는 사물의 근원을 찾아 올라가는 기원을 향한 여정을 지속적으로 보여준다. 강한 철을 만들기 위한 철의 제작방식을 하나씩 거슬러 올라가는 연마의 반추를 보여주면서 독자들에게 인식적 성숙을 하게 한다. 허만하에게 중요한 것은 시적 인식으로 담금질하는 언어의 합금 방식이 아니다. 그 언어가 담고 있는 가시적인 사물의 형상이 아니라, 형상 안에 존재해 있는 본질의 요소들이 뜨겁게 용해되어 있음이 더욱 중요하다. 허만하의 시가 뜨거운 고압의 인식으로 묵직하게 닿는 것은 이런 이유 때문이다. 선생이 추구하고 도달하는 시적 여정을 계속 훔쳐볼 수 있어 참으로 가슴 뜨거운 날들이다.

통찰의 시학

: 임강빈 시집 『이삭줍기』, 마종기 시집 『하늘의 맨살』

시에서의 통찰력은 사물과 교섭하는 시적 주체의 능력과 태도에 따른 것이다. 시적 주체가 통찰이라는 의욕적인 목표를 가질 때에는 주체와 통섭하는 시적 대상과 그것을 바라보는 독자들의 시선과의 관계도 중요하다. 통찰의 견지에서 보면 대상을 압도하거나, 적극적인 일그러짐의 형상화를 꾀하는 방법은 긍정적인 효과를 보기 어렵다. 오히려 대상을 그대로 놓아두고, 그것이 그대로 풍화하는 과정을 지켜보는 쪽이 훨씬 좋은 편이다. 대상에 대한 관람의 시간이 지속됨으로써, 시인이 대상을 보는 세계관이 통찰의 견지로써 형성되는 것이다. 즉 억지로 만들어내는 통찰은 분명 쉽게 드러나며, 우격다짐의 완고한 세계는 시인만의 해석으로 끝나버리기 쉽다. 시의 주체가 대상과 자연스럽게 습합하고, 소통하며, 그것이 내면화되어 새로운 시각으로 드러내어질 때 우리는 새로운 감각적 통찰을 경험하게 된다.

한국 시단의 원로라 할 수 있는 임강빈과 마종기의 신작시집을 대할 때면, 이러한 통찰의 연륜이 묵직하게 가슴에 전해진다. 잘 알려져 있다시피, 임강빈과 마종기는 많은 이들이 존경해마지않는 인품과 광활한 시적 세계를 담지하고 있다. 임강빈 선생은 대전·충남 시단의 가장 큰 어른으로써 시인으로서 지켜야 할 자세와 기품으로 많은 후학들이 존경하는 시단의 어른이시고, 마종기 선생은 일찍이 이민자의 삶을 시작했지만 그가 구현하는 모국에의 아름다움과 사유의 깊이로 인해 많은 독자들과 후학들의 사랑을 받는 시인이다.

임강빈의 『이삭줍기』는 소박한 여백의 미를 보여준다. 시의 언어는 불필요한 대부분의 말들을 거세하고, 꼭 필요한 말만으로 놓여진다. 또한 의도적인 낯섦의 언어를 배제하고, 우리가 자주 쓰는 일상어를 주로 사용한다. 시적 세계는 노년의 일상과 그 주변을 통해 우리에게 소박한 삶의 위대함을 느끼게 해준다. 즉 '이삭줍기'는 영혼의 속삭임을 줍는 행위를 통해 구현해 낸 소산물이다.

임강빈의 시적 인식은 조화와 상생으로 나아가고자 하는 안온의 심성이 주를 이룬다. 시인이 듣는 풍문들은, 풍문이 늘 그렇듯, 슬픈 말들은 "멀리멀리 떠돌았으면" 하며, "바람이 절름발이 되어/제발 더디 왔으면 한다"고(「풍문」) 감각적으로 말한다.

시인은 비루하고 천한 자리에 있는 존재들에 대한 애정을 스스럼없이 드러낸다. 뜰 어디에도 가면 흔히 만날 수 있는 "민들레"를 쉽사리 지나치지 않는다(「승천」). 민들레가 가진 궁핍을 시인은 줄곧 걱정으로 바라본다. 시인은 낮은 자리에 있는 모든 존재들에게 "승천할 차례"임을 역설한다. 세상사에 찌들면서 우리가 가졌던 "헛된 시름"을 털어버리라고 위로하고, 이제 "가벼이 승천할 차례"라고 운명적 의지로 희망을 보여준다. 이렇듯 시인이 보는 모든 꽃은 아름다운 꽃이다. 그에게 꽃은 "순수하지 않은 꽃이 어디 있으랴/꽃은 허구가 없다"는 인식 속에 자리 잡혀 있다(「만개(滿開)」).

임강빈은 이번 시집에서 원로의 시쓰기에 대한 자세와 고민의 흔적을 가감없이 보여준다. “시가 쉽게 되었는데/요새 와서는 그렇지가 않습니다/점점 어렵습니다”고 토로하며 시쓰기에 대한 고난함을 보여준다. 시쓰기에 일생을 바쳐온 시인의 시쓰기에도 “이것도 세상 살아가는 즐거움이라면/감수할 일입니다/집중이 안 됩니다”고 말하는 게 시쓰기이다(「새벽에」). 이는 시쓰기에 대한 태도가 항상 신인의 마음과 같다는 ‘시인으로서의 자세’를 보여주는 대목이다. 그러다 “한 편의 시가 되었을 때/우선은 반갑”다고 행복해하는 그는 천상 시인이다. 그렇게 어렵게 쓴 시를 단 몇 초 만에 읽어버릴 때에는 그 눈빛이 서운하다는 것 또한 그의 시에 대한 심성이 아직 초심에 있음을 느끼게 한다. 시를 마주하는 자세와 태도가 언제나 한결같음을 느끼게 하는 대목이다. 시인은 이미 작고하신 고 김구용 선생과의 일화를 통해, 시쓰기가 자신에게는 운명 같은 약속이었음을 말한다(「약속」). 그리고 구용 선생과 했던 약속이 이제는 지켜진 셈이라고 말한다. 시인에게 오래전 약속은 다름 아닌 시를 업(業)으로 삼겠다는 시인으로서의 의지를 지킨 것이다.

시인은 겸손의 자세도 잊지 않는다. 시 「귓속」을 보면 “귀 기울이기가 아직도 부족해서 그런가/경청을 소홀히 한 탓인가”라고 한다. 문명 자본주의가 해를 거듭할수록 우리 인간들의 삶은 분열과 다툼만이 더 가속화되어 가고 있다. 이런 원로 시인의 말을 귀 기울인다면 얼마나 좋을까. 시인은 “귓속을 말끔히 청소해야”겠다고 다짐한다. 그래야 남의 말을 귀 기울일 수 있으며, 그 소통으로 인해 자신을 성찰할 수 있다.

바둑판처럼 반듯합니다
마을마다
나락이 익고 있습니다
초록이다가 노란빛으로 바뀌고 있습니다

한 폭 그림입니다
기적도 숨죽이고
미끄러지듯 기차는 달립니다
허수아비도 만날 수 없는 이 적막에
느릿느릿한 것 같지만
열차는 직선으로 달리고 있습니다
질주하고 있습니다
이 넓은 평야에 마침내 황금빛 일색입니다
참, 조용한 평화입니다.

▶▶▶「평화」 전문

결국 시인은 꿈꾸는 것은 무엇인가. 시인은 "참, 조용한 평화"를 소망한다. 시인은 이미 조용한 평화 속에 들어서 있는지도 모른다. 넓은 평야와 황금빛 곡식은 풍요로운 평화의 상징이다. 시인은 그동안 "짓눌려 사느라 많은 것을 잃었다"고 했다(「센티멘털리스트」). 그러나 시인은 "그 잃은 것을 위해/누구나 한번은 센티멘털리스트가 되자"고 한다. 시인의 시선이 가닿는 자리는 작고, 소외되고, 짓눌리고, 늘 혼자인 자리이다. 그곳에는 눈물이 많다. 시인은 그 외로움을 안다. 우리 외로운 존재들은 임강빈의 시를 읽으며 위로를 받는다. 인생 팔십이 되어 말하는 것은 지나간 시간에 대한 회억뿐만 아니다. 시인은 "시간이 얼마 남지 않았어요/이승에서 생긴 노여움은 이승에서"(「노여움」) 풀고 싶은 조화와 평화의 마음을 간절하게 원하는 것이다.

임강빈은 말한다. "작고 그늘진 곳에 눈을 돌리자/뭉클해지다/한숨이 되자/눈물이 되자"라고. 임강빈은 누구보다 여린 감수성으로 조화와 상생을 노래한다. 지금도 그럴 것이며 앞으로도 계속 그러하리라.

마종기의 시집 『하늘의 맨살』은 풍경과 조우하여, 풍경 속에서 시인의 자의식이 풍경과 습합한다. 시인이 보는 풍경은 늘, 시인의 내면을 통과하여 배태된, 이른바 걸러진 풍경이다. 또한 시인의 풍경은 보편적 풍경이 아니라, 구체적인 명명을 입은 풍경이다.

이런 점은 하나의 풍경이 누구나 목도하고 인식하는 보편적 단일체가 아니라, 시인이 구체적으로 감각하고 인식한 개별성이라는 점을 강조한다. 이를 통해 시적 주체가 갖고 있는 시적 세계를 더 효과적이고 확고하게 드러낸다. 시인에게 폭포는 그냥 단순한 폭포가 아니라 "노르웨이 폭포"이며, 이 폭포는 "네 얼굴과 내 얼굴이 겹치고 엉겨/한 개의 얼굴이 되는 곳을 아느냐. 내 목숨과 네 목숨이 서로 붙잡고/한 개의 숨소리만 내는 곳을 아느냐."(「노르웨이 폭포」)고 물을 수 있는 고유성을 담보한 폭포이다.

마종기의 시집에는 시속에서 마주하는 거의 모든 풍경에 시인의 영혼과 땀내가 묻어난다. 그냥 유리창으로 본 세계가 아니라, 시인이 직접 살갗으로 체험한 바람, 물, 하늘이 고스란히 독자들에게 전해진다. 시인에게 "새벽 두 시도 대낮같이 밝은/쓸쓸한 북해와 노르웨이가 만나는 곳"은 보편적인 이국의 땅이지만, 시인은 그것을 그냥 바라만 보지 않는다. "바람이 늘 흐느낀다는 마을,/이 길목에 와서야 겨우 알겠다."(「길목에 서 있는 바람」)는 체험적 감각으로 모든 풍경들을 전한다.

이제야 사람이 꽃에 비유되는 이유를 알 것 같네요.
자신을 오랜만에 드러내는 돌과 돌 사이의 체온
단 열흘을 살면서 백 년의 침묵을 남기는 꽃,
말을 아껴 옷을 만들어 입는 사람들이라
그 목소리가 오다가 얼고 내 앞에서도 부서지네요
추운 꽃은 웃지 않고도 나를 너무 잘 알고 있어요.

반년이 넘었는데도 손톱, 발톱은 자라지 않고

머리털도 여기저기 반 이상이 빠져버렸습니다
희박한 산소 때문이라느니 부실한 영양 때문이라 하지만
그간에 간직해온 내 몸의 복잡한 부품은 다 버리고
생명의 중심에 있는 야생화, 길고 뜨겁고 신비한
그 환생이 내 이름이고 마침내 끝이고 싶습니다.

유장천이라는 곳을 혹 아시는지요?
하늘에 피는 연꽃이 피었다가 잠드는 곳,
모든 하늘 중에서 제일 생각이 깊은 하늘이지요.
우리가 그림자만으로 한생을 사는 것 잘 아시듯
그 싱싱하고 평화로운 곳까지 무사히 가기 위해
공기를 낱알같이 한 개씩 먹는 법을 익히고 있습니다

드디어 하늘의 맨살에 도착한 것 같습니다.
공기의 위에서 내가 가벼워지기 시작합니다.
사면과 팔방이 하얗게 밝아집니다.
모든 소원이 이제야 피어나기 시작하네요.

▶▶▶「네팔에서 온 편지」 전문

시 「하늘의 맨살」은 시인의 온몸으로 시적 대상을 만지며 자신의 오감으로 사유한다. 시인이 풍경과 조우하는 단면을 감동적으로 선사해준다. 시인이 네팔에서 본 풍경의 대상물들은 모두 시인의 시각으로 바라본 인격화된 대상들이다. 사람이 꽃이라거나, 돌과 돌 사이에 체온을 감지하는 감각은 시인의 시각을 보편적으로 드러내는 구절들이다. 이것뿐 아니라, 네팔이라는 변방의 땅에서 피어나는 꽃에 시인은 동일화되어 스스로 사유한다. "단 열흘을 살면서 백 년의 침묵을 남기는 꽃"들을 보면서도 "생명의 중심에 있는 야생화, 길고 뜨겁고 신비한/그 환생이 내 이름이고 마침내 끝이고 싶"다는 고백은 이를 증명한다.

네팔이라는 땅은 히말라야 산맥 고원에 자리잡은 척박한 땅이다. 그 땅에 사는 사람들은 영혼이 맑으며, 고유한 종교적 정신적 신념이 있는 사람들이다. 그러한 공간에서 함께 호흡한 시간들을 통해 시인은 육체적 고난함이 정신적 지평 앞에서는 아무 것도 아님을 체험한다. 또한 간절한 영혼의 간구는, 풍경과 늘 사유하고 교섭하는 시적 주체에게 새로운 정신적 가능성을 열어 준다. 시인은 "하늘의 맨살"에 도착한 것 같다고 한다. 하늘은 어떠한 공간인가. 우리는 세계 곳곳, 이 땅 어디에서나 하늘을 볼 수 있다. 하지만, 그 하늘의 속살을 볼 수 있는 눈은 아무나 가지는 것이 아니다. 그 눈은 진리에 대한 간구가 가득한 특별한 영혼에게만 허락된다. 시집 속에 등장하는 여러 공간과 별과 어둠과 하늘은, 스스로 가벼워지기 위한 수행의 도정이다. 시인의 내밀하고 감각적인 사유와 풍경이 빚어내는 여행의 길목을 오래도록 수행하고 싶다. 더불어 '아름답다'는 말을 깊은 밤 별과 함께 마종기의 시를 읽으며 되뇌어보고 싶다.

고요한 내레이터와 신명나는 퍼포먼스

: 정희성 시집 『돌아다보면 문득』, 신현정 시집 『바보사막』

1. 정희성 시집정희성 시집 『돌아다보면 문득』

정희성은 잘 알려진 대로 1970년대 산업사회의 모순을 새로운 이미지와 통찰로 묘파해낸 시인이다. '저문강에 삽을 씻고'로 대변되는 당대 민중의 문학적 행위는 하나의 상징이었다. 또한 그의 시는 감정적 과잉이 없고 절제된 시의 미학적 특성을 드러내면서도 당대의 계급적 모순과 슬픔을 잘 구현해 낸 시인인데 그의 최근작에서는 또 다른 면모를 보여주고 있다. 이전 시집에서부터 보여 왔던 현자의 언어가 소박한 언어를 통해 묵직하게 우리의 가슴을 눌러준다.

시에 등장하는 시적 자아의 모습은 쓸쓸하면서도 조용히 세상을 관조하고 있다. 시적 자아가 시를 발견하는 공간은 침묵과 어둠의 공간이다. 어둠은 빛 안에 있었으며 불을 끄자 비로소 어둠을 볼 수 있다.

세상의 밝은 일들과 절연한 순간 "집은 조용했고/바람이 불었"으며 시적 화자는 쓸쓸했다(「어둠속에서」). 언어의 살이 거의 발라진 채 뼈만 남아 있는 순일(純一)한 말들이 우리 앞에 툭 던져졌다. 쓸쓸함은 외로움과 짝패어이다. 시인에게 '외로움'은 언제나 자신보다 먼저 온다. 정동진에 가면 그 사실을 알 수 있다. "너보다 먼저 온 외로움이/너를 기다리고" 있음을(「바닷가 벤치」).

> 어머니가 떠난 자리에
> 어머니가 벗어놓은 그림자만 남아 있다
> 저승으로 거처를 옮기신 지 2년인데
> 서울특별시 강서구청장이 보낸
> 체납주민세 납부청구서가 날아들었다
> 화곡동 어디 자식들 몰래 살아 계신가 싶어
> 가슴이 마구 뛰었다

▶▶▶「흔적」 전문

또한 어머니의 흔적을 짚어본다. 시 「흔적」에서 어머니가 떠난 자리에 남아 있는 그림자에 시선을 오래도록 머문다. 그림자만 남은 어머니의 자리는 부재의 자리다. 그 자리에 현실의 공문서가 날아들었을 때 또다시 어머니의 부재가 떠오르는 것이다. 몰래 살아 계신가 싶어 가슴이 뛰는 것은 어머니에 대한 그리움과 부재 때문이다. 이 부재의 안타까움을 가슴뜀으로 대신 증언하고 있다.

정희성의 이번 시집에는 노년으로 가는 길목에서 지나온 삶들을 회억(回憶)하거나 생의 무상성을 담담히 받아들이는 시적 화자가 자주 등장한다. "어느덧 혼자 있을 준비를" 해야 하는 화자는 "저만치 우두커니 서 있는" 시간 앞에 있다. 그러나 화자는 "11월은 모두 다 사라진 것은 아닌 달"이라고 말한다(「11월은 모두 다 사라진 것은 아닌 달」). "돈도/

남편도 없"이 "자식만 둘 있는" 여자들이 흔하디 흔한 게 서민들의 삶이다. 그렇지만 "슬픔 때문에/허리띠가 남아도는" 그 여자는 "가진 게 너무나 많"다고 생각한다(「그 여자」). 그것은 중년 이후 삶의 규모 속에서 체득할 수 있는 의중이다. 자신이 살아온 생의 내력을 되짚어보는 행위를 통해 시적 화자는 지혜의 말을 터득한다.

이러한 내면적 정황의 표출은 구체적인 삶의 사건들을 통해 가시화된다. 가벼운 장기판을 두고 맞대결을 벌이는 아버지와 나의 이야기는 해학적인 웃음을 선사한다. 가벼운 장기판 대신 무거운 판으로 만든 바둑을 두겠다는 이야기나(「맞수」) 단골 술집 주모와 하룻밤을 얻기 위해 벌였던 일화(「내가 아는 선배는」), 새우젓 사러 광천에 간 이야기(「새우젓 사러 광천에 가서」), 양말 깁는 어머니의 애틋한 풍경(「양말 깁는 어머니」) 등은 이러한 점을 입증한다.

> 신들의 도시 앙코르톰
> 소년 하나가 물이 말라가는 못에서 연꽃 한 송이를 꺾어 들고 나온다
> 나는 소리를 질렀다
> 내 말을 못 알아들은 탓일까
> 놀라 돌아다보는 소년의 눈에 언뜻 비친 눈부처!
>
> ▶▶▶「소년」 전문

시인은 신들의 도시에서부터 시작하여 우리 땅과 세계의 이곳저곳을 관람한다. 위 시의 배경은 이미 '신들의 도시'이다. 옛 영혼의 가운이 남아 있는 공간에서 '소년'을 만난다. 소년은 아직 미성숙의 남아이지만 순결한 남자이기도 하다. 물이 말라가고 있는 못은 우리의 현실과 다를 바 없다. 그곳에서 "연꽃 한 송이"를 들고 나오는 소년에서 어떤 구도자의 인상을 풍기는 것은 왜일까. 소년에게 소리 지르는 자아는 진리에 목마른 우리들의 자화상이다. 놀라 돌아다보는 소년은

실상 놀라지 않았다. 이미 알고 있었던 것이다. "언뜻 비친 눈부처"가 그 사실을 말해 준다.

이러한 순간의 시학은 시행과 시행 사이를 넘어가면서 큰 사유의 보폭을 전해준다. 이러한 내적인 에너지의 원천은 "일하고 돌아와/발 씻고/나를 마주해 앉"는 성찰의 자세가 있기 때문이다(「독경」). 이러한 태도가 있기에 빈 마음자리에 "빛"이 차오르는 것이다.

딱히 어디로 가자고 한 것도 아니었다
늙은 릭샤꾼은 힘에 겨운 듯
야무나 강변에 나를 내려놓고 담배에 불을 붙였다
강 건너 편으로 죽은 자를 위한
화려한 집 타지마할이 한눈에 들어오고
강 이 쪽은 눈길을 주기가 민망할 빈민들의 거처였다
이 묘한 지점에 나를 세워두고 어쩌자는 것일까
나는 늙은 릭샤꾼의 눈을 들어다보았다
그는 나를 향해 서 있었지만 나를 보고 있지는 않았다
그의 눈길은 나를 지나
내 뒤의 무엇을 향해 있었는데
퀭한 눈으로 그가 건너다보는 세상이
어떤 것인지 알 수가 없었다
어깨 너머로 노을이 지고 있을 뿐이었다.

▶▶▶「늙은 릭샤꾼」 전문

여행을 통해 시인은 불멸을 엿보고 있다. 시의 화자가 체험한 "늙은 릭샤꾼"은 어떠한가. 그가 체험한 여행은 거대한 충격과 감동을 주는 화려한 풍경이 아니다. 아주 일상적인 풍경의 이미지를 통해 사유의 새로운 공간을 제공해준다. 시에서 늙은 릭샤꾼은 아무 것도 모른 체하고 있다. 릭샤꾼은 태연한 척 그가 보는 세상이 어떤 것인지 알 수가 없다고 했다. 실제로 릭샤꾼의 행위에 진실유무가 중요한 것은 아니다. 우연인지 필연인지 "묘한 지점"에 다다른 그 순간이 중요한 것이며, 그 순간을 일상적 이미지를 통해 의미화하는 내면이 더 중요한 것이다.

시인은 이 현실에서 자행되는 일들을 그냥 보고 지나칠 수 없다. 내면에서 바깥의 현실로 시선을 돌린다. 현실은 그야말로 그악하다. 시인은 새만금과 한미 FTA를 완수한 위정자들의 태도가 발전이라는 명분하에 이루어지는 생명말살 정책임을 폭로한다. 위정자들의 거짓된 믿음은 전 국토를 시멘트로 발라야 직성이 풀리는가 보다. 시인은 "이제 머지 않아 이 바닥에는 손들어/이의를 제기할 생명체가 사라"진다고 말한다. 극단적인 결말이 현실임을 보여주면서 위기의 각성을 촉구한다. 마지막 생명의 발언까지도 "집게손을 힘없이 늘어뜨리는 순간"으로 변모한다(「2007년 6월의 마지막 날」). 대통령도 할 일이 없어졌다는, 보시기에 평화로웠다는 이 거대한 역설은 우리를 얼마나 서늘하게 하는가.

결국 시인이 보려는 것은 '희망'이다. 이 단순한 교훈 앞에 우리는 모두 고개를 끄떡인다. 그 희망이 아무에게나 보이는 것은 아니기 때문이다. 그 희망은 "어둠속에서 조용히/자기를 들여다볼 줄 아는 사람의 눈에나 모습을 드러"낸다. 자신의 내면을 닦고 눈여겨보는 성찰을 통한 과정이 담보되었을 때 비로소 희망이 보이는 것이다.

2. 신현정 시집 『바보사막』

신현정의 시집 『바보사막』은 유쾌하고 다양한 퍼포먼스를 보는 듯하다. 낯선 세계와 만나는 이 기묘한 상황과 이미지들의 체험은 읽는 즐거움을 선사해 준다. 이때 이 퍼포먼스를 관람하는 관객은 그 이미지를 그냥 즐기면 된다. 딱히 어떤 의미를 덧씌우고, 상징의 코드를 다는 행위도 허망한 수사에 지나지 않는다. 그럼에도 불구하고 쓸 수밖에 없는 이유는 어린이의 상상력을 가진 이 순진무구한 어른의 화자가 범상치 않기 때문이다. 특히 이번 시집 『바보사막』에는 '사막', '모자', '고래', '해태' 등등의 시적 대상들이 반복적으로 드러난다. 이러한 반복적 시적 대상의 사용은 어떤 개인적 상징의 범주로 상상하게 만드는 요인이 되고 있다. "사막"은 삶의 운명성에 대한 천착이며, "모자"는 이러한 운명에 맞서는 시인의 저항적 태도를 은유한다. 또한 "고래"는 신성한 가치를 가진 동물을 사유하고, "해태"라는 상상의 동물을 통해 일상적 그리움을 대변하고 있다.

오늘 사막이라는 머나먼 여행길에 오르는 것이니

출발하기에 앞서

사막은 가도가도 사막이라는 것

해 별 낙타 이런 순서로 줄지어 가되

이 행렬이 조금의 흐트러짐이 있어도

또 자리가 뒤바뀌어도 안 된다는 것

아 그리고 그러고는 난생처음 낙타를 타본다는 것

허리엔 가죽 수통을 찬다는 것

달무리 같은 크고 둥근 터번을 쓰고 간다는 것

그리고 사막 한가운데에 이르러서

단검을 높이 쳐들어

낙타를 죽이고는

굳기름을 꺼내 먹는다는 것이다

오, 모래 위의 향연이여

▶▶▶「바보사막」 전문

위 시의 시제는 '사막'이지만, 사막 앞에 '바보'라 칭했다. 시인은 사막을 여행길이라 했다. 이것은 인생에 대한 은유이다. '바보사막'은 사막이 보편적으로 가진 고행과 극복의 알레고리를 과감하게 탈각시켜 유희의 차원으로 이동시킨다. 그 속에서 시의 화자는 난생 처음 낙타를 타본다. 낙타를 타본다는 것은 새로운 삶에 참여한다는 시적 화자의 의지를 암시한다. 그러나 우리의 생은 어떠한가. 목이 마르면, 궁핍하고 갈급하면 자신이 타고온 낙타를 죽일 수밖에 없는 것이다. 결국 낙타를 죽이고 자신도 죽겠지만, 정작 중요한 것은 우리의 삶은 하나의 '향연'이라는 것이다. 향연은 잔치이다. 그러므로 사막 위의 향연은 소멸로 이루어진 잔치이다. 이것은 거대한 역설이다. 소멸로 이루어진 사막의 운명적 결말을 역설적으로 드러내고 있다.

그러나 시인은 운명적 결말을 두려워하거나 괜히 심통 부리지 않는다. 오히려 "바로 이 재미"라고 우리에게 가르쳐 준다. "미이라"와 사막의 "모래산"은 즐기는 것이라고 말해준다. 시인은 "해"와 "가시선인

장”과 “모래폭풍”과 “낙타 눈썹”과 심지어 “전갈”까지 즐기자라고 한다(「사막 혹은 사우나탕」).

우리들은 시의 화자가 어떠한 용기로 그 모든 소멸과 죽음의 운명적 대상을 즐기게 되었을까를 궁금해 하지 않을 수 없다. 그것은 바로 시의 화자가 ‘시인’이기 때문이다. 즐기는 시인이기 때문이다. 그래서 시인은 모자를 즐겨 쓴다.

나는 분명히 모자를 쓰고 있는데 사람들은 알아보지를 못한다

그것도 공작 깃털이 달린 것인데 말이다

아무려나 나는 모자를 썼다

레스토랑으로 밥 먹으러 가서도 모자를 쓰고 먹고

극장에서도 모자를 쓰고 영화를 보고

미술관에서도 모자를 쓰고 그림을 감상한다

나는 모자를 쓰고 콧수염에 나비넥타이까지 했다

모자를 썼으므로 난 어딜 조금만 가도 그걸 여행이거니 한다

나는 절대로 모자를 벗지 않으련다

이제부터는 인사를 할 때도 모자를 쓰고 하리라.

▶▶▶「모자」 전문

사람들은 알아보지 못하지만 시인은 모자를 쓴다. 모자를 쓴 화자는 스스로 각별한 위치에 처해 있다고 믿는다. 말하자면 모자가 자신의 존재증명인 셈이다. 모자가 있기에 어디를 가든지 "여행"이라 생각할 수 있다. 그리고 이 모자를 절대로 벗지 않겠다고 단호한 의지를 보인다. 또한 "인사를 할 때도 모자를 쓰고 하리라"는 관습과 규율에서 벗어나고픈 의지를 더 무게 있게 발언한다. 이것은 시인이 아니면 할 수 없는 태도가 아닐까.

그렇기에 난쟁이에게는 예외를 허락하는 것이다. 대통령이라도 벗지 않았을 모자를 난쟁이 앞에서는 벗겠다는 것이다(「난쟁이와 저녁 식사를」). 난쟁이는 일반 사람들보다 열등한 광대이지만 시인은 그렇게 생각하지 않는다. 오히려 그 앞에서 참된 진리를 배운다. "모자는 이렇게 바라보기만 하여도 되는 것"이라는 사실을 안 것이다. 또다시 시인은 놀 준비를 한다. 언제든 놀 준비가 되어 있다. 식탁을 돌고 문 밖의 거위까지 끼워주어서 셋이 돈다. 난쟁이와 거위와 함께 식탁을 도는 놀이는 상상만으로도 즐겁다.

> 고래를 주마고 했다
>
> 아니요 라고 했다
>
> 파이프에 갈매기를 꾹꾹 눌러 담아 피우는 그는
>
> 모자도 주마고 했다
>
> 아니요 라고 했다
>
> 삼각파도 모양의 넓은 모자였다

안경을 벗어들더니 이 안경은 어떠냐 했다

아니요 라고 했다

한 쪽에는 구름이 다른 쪽에는 섬이 떠 있는 안경이었다

병 모가지를 쥐고 병채 한입 쭈욱 들이키라고 했다

▶▶▶「백경(白鯨)」 부분

흰 고래를 잡는 것은 인간의 욕망이다. 포경은 이미 국제적으로 금지되어 있는 포획이다. 고래는 지켜야 할 동물이다. 고래, 모자, 안경을 주는 것은 인간이다. 인간은 모든 것을 다 준다고 한다. 그러나 시의 화자는 "아니요"라고 말한다. 시의 말미에까지 계속해서 "아니요"라고 한다. 이 부정의 문답법을 통해 고래는 지켜야 할 그 무엇, 지켜야 할 가치라는 점을 시사한다.

고래는 본래의 자리로 돌아가야 할 영물이다. 그렇기에 시의 화자는 "고래를 밀어본 적이 있"다고 고백한다. "아니요"가 아니라 이번에는 "네//있습니다."라고 대답한다(「먼 바다를 향해」). 부정에서 긍정의 답이 나올 수 있는 것은 질문이 다르기 때문이다. "해안으로 떠밀려온 고래를 밀어본 적이 있"냐는 질문은 고래를 본래의 자리로 옮겨야 한다는 확신적 태도이다. 세상은 말한다. "고래를 보긴 봤나요"라고. 의심으로 점철된 고래와의 문답에서 시의 화자는 "있습니다."라는 확고한 단언으로 마감한다.

그러나 고래는 아주 먼 상징으로만 우리의 곁에 존재하는 것은 아니다. 사소하고 작아 보이지만 그것도 고래였으면 하고 바랄 때가 있다. 바로 "물초롱이"를 만났을 때처럼 말이다(「낙차」). 물초롱이는 작지만 지켜야 할 가치가 있다는 점에서 고래와 상통한다. 물을 주는 생명

의 도구인 물초롱이가 고래였으면 하는 것은 소박하지만 근본적인 바람이기도 하다. 시의 화자는 말한다. "나는 고래잡이 선장이었다"고. 즉 고래를 잡은 경력이 있는, 고래의 눈을 직접 본 적이 있는 자다. 고래를 잡은 경력으로 인해 "먼 바다에서 솟아오르는 물기둥"의 아름다움을 안다. 한때는 지켜야 할 가치를 훼손하는 입장에 처했지만, 지금은 진정한 가치를 알고 이와 함께 물아일체의 경지로 다다르려 하는 화자의 내적 의지를 읽을 수 있다.

나, 집에 가다가

해태를 돌다

가방을 옆구리에 끼고 돌다

가방을 옆구리에서 내리고 보통걸음으로 돌다

해태의 뒤로 돌아가면서는 어서 오십시오를 중얼거리며 돌고

해태의 앞으로 돌아나오면서는

안녕히 가십시오를 중얼거리며 돌다

한바퀴 더 돌다

안녕히 주무십시오를 중얼거리며 돌다.

▶▶▶「해태를 돌다」 전문

귀가 전에 해태를 돈다. 해태는 상상의 동물이며, 시비와 선악을 판단하는 영물이다. 이전에 시의 화자, 즉 시인은 난쟁이와 거위와 함께 식탁을 돈 적이 있다. 시인은 도는 행위를 통해 어떤 제의적인 혹은 신명의 장(場)을 만들고 있다. 해태를 도는 이유는 무엇일까. 해태는 가장 가까운 사람이며, 때로는 지나치는 사람이기도 할 것이다. 화자는 적극적으로 해태에게 "어서 오십시요"와 "안녕히 가십시오", "안녕히 주무십시요"라고 말하고 싶은 것이다. 자신과 가장 가까운 가족과 지인과 또는 그 누군가와 함께 하고 싶은 것이다. 시인은 해태가 훌쩍 떠나버리면 어떻게 하냐고 걱정(「어서 오십시오 안녕히 가십시오」)하면서 내면에 가진 그리움의 질량을 드러낸다.

신현정은 이번 시집에서 신명나는 퍼포먼스의 공간을 제시하고 있다. 더욱 인상적인 것은 신명 속에서 가만가만 내면을 응시하고 있는 새로운 시선이다. 동화적인 상상력의 외피를 입고 해학의 미학으로 치닫는 시적 전개는 오히려 가장 역설적인 생의 실존을 은유하고 있다. 시인이 추구하고자 하는 본질이 신명나는 유희와 동화적 공간 속에서 어우러진 새로운 말이라는 점에서 이번 시집은 인상적인 풍경을 보여주고 있다.

부재의 시학

: 장석주 시집 『몽해항로』, 최준 시집 『뿔라부안라뚜 해안의 고양이』

우리는 끊임없이 길을 걷고, 그 길 위에서 질문을 던진다. 고통을 누리는 인간이라는 종족에 대해, 제 존재의 시원과 그 유용함에 대해 잡연(雜緣)의 질문들을 가득 안고 길을 나선다. 또한 길은 늘 운명과 같이 한다. 길을 나서게 된 연유와 길의 지향점은 각각 다르지만, 길을 가는 수행자에게 길의 운명은 존귀한 것이다. 장석주가 향하는 '몽해항로'는 죽음으로 향하는 길이지만, 생의 도착점이 아닌 또 다른 세계로의 도착을 일깨워주는 길이다. 최준이 가게 된 길은 현실의 부침(浮沈) 속에서 얻게 된 숙명의 길이지만, 그 길을 통해 죽음과 부재의 그늘을 살피고, 그로써 실존의 결기(決起)를 생각하게 한다.

장석주의 신작 시집 『몽해항로』에서 눈에 띄는 것은 '시'의 존재에 대한 내밀한 자의식이다. 사실 시는 상당히 일반적인 개념에 가깝다. 문학 일반과 인생과 자아의 구원 표상과 맞바꾸어도 가능한 개념이 바로 시이다. 그런 이유로 시에 대한 사유와 존재론적 가능성은 끊임없이 재생되며, 또 창조되고 있다. 장석주는 시의 몸을 가지고, 시를 운용하는 시적 주체에 대한 존재론적 자의식을 먼저 발설한다. 장석주가 말하는 시는 "나무들의 생태와 닮은 몸—사람"(「겨우」)이다. 이 언술이 시를 쓰게 하는 동력이라면, 장석주의 주체는 자연을 무비판적으로 흡입하여 예찬하는 자연주의자들과 일정한 변별점을 보여준다. 말하자면 이성적 기율(紀律)을 자연의 찬사 앞에 그물처럼 연막치기 때문이다. 장석주의 언술은 "때문이다"이며 그것으로 "깨닫는다"이다. 감정적 파토스를 직설적으로 내뱉는 시적 욕망을 억제한 채 스스로의 열망을 작고 가녀린 존재와 언어들에게 투사한다. "겨우"는 그러한 길목에서 타전된 언어이다.

또한 장석주는 자연과 반대 개념이라 할 수 있는 도시, 문명, 욕망 등에 대한 억울함이나 피해의식이 상대적으로 적다. 어떤 대안으로써 찾은 자연이 아니라, 이성적 주체가 스스로 진단하여 누릴 수 있는 몸의 가능성을 받아 들여 마련된 몸이다. 그의 몸은 "사상누각"이며 "영원하다"고 생각지 않는 존재의 껍질이다. 즉 "낙타를 만나거든 낙타가 되고/모래바람 이는 사막이 되"는 게 그의 몸이다(「시 1」). 어디나 존재하여 다른 사물로 화할 수 있는 시적 정신을 상징적으로 보여준다. 장석주는 몸을 빌어 길속에서 수행하는 "저 은둔 군자들!"을 보여준다. "누군가에게는 빛으로 발광하는" 몸들은 은둔의 주체에게 바치는 찬가들이다(「심해어」). 이러한 존재의 전치(轉置)로 장석주는 소멸로 향하는 흑해행 버스의 의미를 넌지시 각인시켜 준다.

장석주가 마련한 개오(開悟)의 언어들은 선사의 하달에서 오는 각성이라기보다, 스스로 찾은 길에 대한 내밀한 고백들로 이루어져 있다. "네 푸른 정맥과 손목의 가냘픔을 사랑했"다고 전하고 그로 인해 "겨우, 사랑을 견딜 수 있을 뿐"이라고 말한다. 그 고백은 스스로를 되묻기 이전에 독자들에게 재빠르게 각인된다. 신실한 고백은 독자로 하여금 시의 곁으로 더 가까이 가게 한다. 시인이 먹는 "간고등어"나 일상 속에서 마주하는 "파리", "모기", "쌀벌레", "비둘기" 등등은 한때는 푸르렀을 우리 모두의 고개를 주억거리게 만든다.

잡풀들이 무너져 키를 낮추고
들에 숨은 웅덩이들이 마른다.
가을 가뭄은 길고 꿈은 부쩍 많아지는데
사는 일에 신명은 준다.
탕약이 끓는데, 이렇게 살아도
되나, 옛날은 가고 도라지꽃은 지고
간고등어나 한 마리씩 먹으며 살아도 되나.
요즘 웬만한 길흉이나 굴욕은 잘 견디지만
사소한 일에 대한 인내심은 사라졌다.
어제 낮에는 핏물이 있는 고기를 씹다가
구역질이 나서 더 먹지를 못했다.
비루해, 비루해. 남의 살을 씹는 거,
내 구강(口腔)에서 날고기 비린내가 난다.
이슬람이라면 라마단 기간에 금식을 할 텐데,
금식은 얼마나 순결한가.
안성 시내에서 탄 죽산행 버스 안에서
취한 필리핀 남자 두 명을 만났다.
안성 공단에서 일하는 노동자겠지.
황국이 피는 이 낯선 땅에서 술을 마시며
헤매는 저 이방의 노동자들!

기온이 빙점으로 내려가는 밤
서재에서 국립지리학회보를 들여다보는데

뼛속의 칼슘들이 조용히 빠져나간다.
지난해 이맘때 자주 출몰하던 너구리가
올해는 보이지 않는다.
하천 양쪽으로 콘크리트 옹벽을 친 탓일까.
배나무에서 배꽃 필 무렵
잉잉대던 벌들도 올해는 드문드문 보인다.
주변에서 사라지는 것들이 많다.
가창오리들이 꾸륵꾸륵 우는 소리 들으니
집 아래 호수의 물이 어는 모양이다.
꿈속에서 모래먼지를 일으키며 달리는 버스를 탄다.
누군가 흑해행 버스라고 했다.
검은 염소들이 시끄럽게 울어 댄다.
한 주일쯤 달리면 흑해에 닿는다고 했다.
나는 참 멀리도 가는구나, 쓸쓸한 내 간을 위하여
누가 마두금이라도 울려 다오,
마두금이 없다면 뺨이라도
철썩철썩 때려 다오, 마두금이 울지 않는다면
나라도 울어야 하리!

▶▶▶「몽해항로 2: 흑해행」 전문

시인이 꿈꾸는 길은 흑해를 지나간다. 길목에는 비루한 것들이 감각을 일깨운다. "남의 살을 씹는" 비루함으로 견디는 삶. 그 삶의 곳곳에는 점점 사라지는 장면들이 배경으로 출몰한다. 때론 악공의 탄주를 듣기도 한다. 그가 듣는 탄주는 인생에 대한 주제로 향연된다. 흑해행 버스는 일주일 동안 달린다. 그 일주일은 인간의 시간이다. 그렇기에 그 시간이 어떤 시간의 연속이며, 어떤 시간의 부재인가를 생각하게 한다.

시인의 몸에 새겨진 바코드는 감각을 통어하고 시간을 집적하는 상징이다. 그의 몸에 대한 통찰은 저물어가고 어두워가는 곳에 바쳐진다. "내 몸이 그믐"이며, 그러한 곳에서 배태된 천성의 슬픔을 "혼자 찬밥을 목구멍으로/밀어 넣는" 삶의 내력으로 전한다(「그믐」). 또한 "시를 읽는 것은 내 세포에 새겨진/바코드를 읽는 것!"(「시 2」)으로 시인은 영혼이 시와 통섭되는 과정을 전한다. 장석주의 시적 영혼은 그 바코드를 읽어내는 가장 감동적인 저작도구이다. "나는 누굴까, 네게 외롭다고 말하고/서리 위에 발자국을 남긴 어린 인류를 생각하는/나는 누굴까"를 계속 질문하게 한다(「몽해항로 4」).

시인은 몽해항로를 통해 흑해에 간다고 했다. 넌지시 그 흑해는 삶의 종착점이라 일러주었다. 그러나 시인은 흑해에 당도할 목적이 있는 게 아니다. 흑해로 향하는 길목 위에서 이곳저곳을 주유하고 싶은 것이다. 그것은 시인의 숙명과 같은 것이다. 시인이 손짓하는 "저 설산 너머 고원"의 "금빛 절"(「몽해항로 5」)은 육체의 죽음으로 만나지는 공간이 아니다. 시는 여전히 소멸 자체가 아니라 소멸을 향하는 곳에 바쳐진다. 그래서 소멸은 늘 아름답고 찬란하다.

최준의 시는 부재의 시학을 가장 극적으로 보여준다. 시집은 부재와 상실의식이 그득하다. 상실의식이 투영되는 지점은 혈육의 가족뿐 아니라, 지금 이곳의 공간 안에서도 충분히 각인된다. 시인은 한국이라는 공동체를 떠나 "뿔라부안라뚜 해안"으로 대리(代理)되는 이국의 공간 속에 자신의 존재를 투영한다.

그 공간은 시인이 실존적 삶을 체험했던 인도네시아이다. 인도네시아는 시인에게 가족의 상실을 맞닥뜨리게 했던 공간이다. 이러한 공간에서 시인이 본 것은 부재로 가득찬 사람들이다. 시인이 본 "그 여자"는 "어디에나" 있다. 그 여자는 "남편 없는 아이들을 주렁주렁 매달로 있"으며, 그들의 자식들은 "양말을 신지 않"은 모습이다(「자바섬

바나나」). 이를 통해 우리는 두 가지 면에서 시인과 동일시됨을 알 수 있다. 하나는 가족의 해체를 경험한 고통이 있다는 것, 또 하나는 그러한 시간의 굴레 속에서도 자유로운 영혼이라는 점이다.

그가 그려내는 부재의 공간은 몇 개의 범주가 서로 얽혀 실존의 또 다른 국면으로 전개된다. 즉 가족과 고향이라는 두 개의 부재와 이탈이 시집의 전체를 관통한다. 단순히 여행자의 머묾이 아닌, 생활자로서 이국생활의 고독과 단절을 낭만적으로 즐기는 것이 아니라, 처절하게 단절과 고독 속으로 내려가서 자신의 실존과 맞닥뜨린다.

먼저 낯선 이방의 언어문화 속에서 살아야 하는 공동체 속에서의 이탈과 그 속에서 오는 새로운 정체성에 대한 혼란은 이국의 사람과 사물을 바라보는 시각에 적극적으로 드러난다. 시인은 시공간에 대한 실존적 체험을 거듭 느낀다. 강을 보면서도 "저 검은 침묵의 육체"를 생각한다. 또한 "강의 흐름을 바꿔 놓던 마을"이 시간의 연속성 속에서 어떤 존재로 남겨지는지를 궁구한다. 시인은 모든 존재들은 "생을 뚫고 지나간 영원의 시간"이라고 고백한다(「시간의 주름」). 부재로 단련된 시인의 자의식은 인간의 시간에 대한 의식으로까지 확장되는 것이다.

또 하나는 이 사회 속에서 시인의 시야에 들어오는 소외된 사람들, 그리고 시인의 가족사를 들 수 있다. 가족사에는 아버지의 부재로 대표되는 가족사의 결락과 균열, 부재의 시간들을 견디면서 생긴 허망함과 존재론적 고통이 뜨거운 언어로 드러난다.

시인은 긴 터널을 통과해가는 시간의 여행자와 같다. 엄마가 없는 여자아이와 아빠가 없는 남자아이는 시인과 동일시된다. 그 아이들은 "꾸닝안 사거리 흰 꽃나무"로 혹은 "차이나타운 특급 호텔 붉은 카펫"으로 변양(變樣)된다(「터널」). 이러한 동화적 상상력은 아버지의 부재가 남긴 일상 속에서 자연스럽게 체화된 결과물이다. 시인은 아버지 없는 집에서 낯선 이물감을 일상 속에서 자연스럽게 느낀다. "아버지의 집"이지만 "아버지 없는 집"에서 시인이 느끼는 감정의 편린들은 "알 수 없는 노래들"과 "암기되지 않는 암호들"과 "죽어도 천국을 노래하지 않는/흰 벽 속의 백치 천사들"의 이미지로 나타난다(「기억, 찌부불」). "아빠에게 물려받은 고깃배"로 살아가는 시인은 바다를 통해 삶의 존재를 기억해간다. 시인에게 바다는 "나를 엄마 대신/품에 안아 길렀"던 존재이다(「고기잡이 소년」).

시인은 "뿔라부안라뚜 해안"에서 무엇을 본 것일까. "그녀가 보이지 않아 세상이 텅 비"었을 시간들을 고양이로 치환시켜 그 모습을 보거나(「뿔라부안라뚜 해안의 고양이」) "하도 오래 돌아오지 않고 있어서/아들 기억이 너덜너덜해진 여자"의 신산한 일상을 들여다본다(「순다족 여자」). 시인이 바라본 사물들은 육체화되어 내밀하게 존재들을 떠받치고 있다. "포도 파는 여자"의 경우 이미 그녀의 몸속 "포도넝쿨"은 세상의 운명적 슬픔들을 수혈 받는 몸의 일부이다. "링거 꽂은 팔로 모기를 쫓고 있는 사내"와 "말라리아 예방주사를 맞은 적 없는 아이들"은 모두 "산호로 둘러싸인 섬"의 공간 속에 유폐되어 있다. 그러므로 "악으로 가득찬 포도"를 이해하기 위해 시인은 새로운 감성을 전달해 준다. 우리 인간의 존재 이유를 먼저 생각하게 한다. "태양을 공부"하고 "공기를 호흡"하는 것을 통해 우리는 무엇을 깨달을 수 있을까(「포도 파는 여자」).

젖은 모래톱 걸어간 물새 발자국
그 깊이만큼 가벼웠을 영혼의 흔적 따라
걸어가다 보면
새가 날아가는 것
날아갈 수 있게 하는 것
날개만이 아닌 것 같다 아니,
날개가 아닌 것 같다
껍질 깨고 나온 부화의 순간부터
어느 한 곳에도 붙박아 두지 않은 마음

더불어 흔들려야 하는 가지에 매달려
안간힘 쓰고 싶지 않은 욕망
마침내 그거마저 놓아버린 새의 발자국이 더는
지상에 없다 솟구쳐 올라
한 오후 한나절 한때
나에게도 있을 수 있는 착각과 환으로
잠시 기웃거리던 자기 너머 자신을
그 자취를
바람 센 날 물결이 와 지워주기 바라면서
새는,
먹이도 길도 없는 어디로 온몸으로 날아갔나
새의 발자국이 사라진 지점, 아니
그때부터 허공에 찍힌 새의 갈퀴발이
첫걸음 내디딘 자리
다시 시작인 듯, 내 안 저쪽에서
뜨겁지 않은 노을이

▶▶▶「인도양」 전문

최준의 시는 여행자가 흔히 가지는 낯선 공간에 대한 관람의 모습으로 투영되지 않는다. 오히려 낯선 공간이 이미 내재화되어 "뿔라부안라뚜 해안"에서 정착한 한 사내의 모습으로 비춰지는 게 더 정확할 것이다. 그럼에도 시인은 늘 또 다른 이방의 공간을 꿈꾼다. 시인은 애초에 자신은 "어느 한 곳에도 붙박아 두지 않는 마음"이라는 것을 자각한다. 시인이 가고자 한 동경의 지점은 단순히 이국의 땅만을 지칭하지 않는다. 인도양을 비행하는 물새의 이동경로와 그 고난스러운 존재의 비상을 동경하는 것일 수도 있다. 하지만 시인에게는 인도양은 또 다른 시작을 꿈꾸게 하는 새로운 공간 중의 하나일 뿐이다. 어떤 공간이든 시인은 “다시, 시작인듯, 내 안 저쪽에서/뜨겁지 않은 노을이/붉게 붙타”는 공간이다.

시인은 “태어나기도 전에 늙어버린 아이”를 말했지만 시인의 모습은 태어나기도 전에 꿈꾸는 아이와 같다. 늘 “극락조를 기다리며 서성거리는” 일상 속에서 노을을 등지고 서 있을 것만 같다(「밀림의 왕자」). 만약 최준의 시가 잘 만들어진 항아리로만 그쳤다면 우리는 그의 시에서 큰 감동을 받지 못했을 것이다. 우리는 최준의 시를 통해 고통스러운 삶의 구체적인 형편들이 낯선 이방의 공간과 만나 어떻게 새로운 실존으로 거듭나는지를 새삼 확인할 수 있었다. 그가 가진 시적 재능이 한 아름 더 굵어진 느낌이다. 모든 욕망들까지 놓아버린 새의 발자국을 시인은 기억했다. 그 발자국을 조용히 따라가는 느낌 또한 만만치 않을 것 같다.

소통의 연애사

: 김요일 시집 『애초의 당신』, 손현숙 시집 『손』, 김성대 시집 『귀 없는 토끼에 관한 소수 의견』

김요일의 시집 『애초의 당신』은 당신에게 바치는 한 권의 연애시다. 날선 실험의식을 극한까지 밀어붙인 김요일의 장시집 『붉은 기호등』을 기억하고 있는 독자들이라면 그의 이번 시집은 다소 당혹해할지도 모를 일이다. 박정대의 표현대로 "오랜 유랑과 순례를 마친 집시의 모습으로, 거친 바다의 풍랑을 헤치고 밀항에 성공한 고요한 난파자의 모습으로, 실패한 혁명군의 어깨를 다독이는 낭만적 음악가의 모습"을 복합적으로 보여주는 이번 시집에서 가장 눈에 띄는 것은 "당신"에게 가 닿는 시인의 태도이다.

김요일에게 "당신"은 시간의 단속(斷續)을 무화시키는 지점에 존재해 있다. '애초'라고 일컬어지는 당신의 존재증명은 "태초 이전부터" 시작된다. 태초 이전의 시간 속에서 당신의 이름을 타전하는 것은 '지금 여기'의 시간이 시인에겐 무의미함을 가리킨다. 이미 당신은 "전생의 전생에도 보이지 않으시는//우주의 바깥에 계신"(「애초의 당신」) 존재로써 자리한다. 인간의 시간에 결속되지 않으려는 '당신과 나' 사이의 관계는 시인이 인식하고 있는 실존과 무관하지 않다. 시인은 말한다. "애당초 천국이란 건 없었으니/이곳이 지옥일 리 없"(「근황」)다고. 시인에게 삶과 죽음의 경계는 가볍게 탈주할 수 있는 저 아래의 언덕과 같은 것이다. "누구든 내 영혼 사 가세요/비싸게 굴 이유가 없"(「근황」)다는 시인에게 실존의 고뇌는 한갓 관념의 치장에 지나지 않는다.

하지만 시인은 "당신"을 끊임없이 갈망하고 그리워하는 존재이다. 육신의 이력에는 관심이 없지만, 영혼의 담금질이 필요한 당신과의 관계 속에서는 자기 존재를 열정적으로 투신한다. 그러한 지점에서 김요일의 시는 보편적 정서를 확보한다. 우선, 시인은 "암굴 속에서 우는 것은 나뿐이 아니니"라는 것을 "유령의 연대 슬픔의 연대"로서 확인하려 한다(「백야(白夜)」). 이렇게 정서의 공감대를 확인한 시인은 "시커멓게 썩어 가는 그리움"의 힘으로 "살아 있는 죽음 속에/죽어 가는 삶이 퍼덕이는 풍경"을 노래한다.

여기서 생각할 수 있는 것은 "당신"의 실체에 관한 질문이다. 도대체 당신은 누구인가. 한용운의 '당신' 이후로 당신의 상징을 설명하는 일은 진부하다. 오히려 이 시집 속에서 우리는 당신의 의미보다는 당신이라는 기호, 먼 곳에서 부를 수밖에 없는 당신이라는 존재에 대한 희구(希求)에 더 주목해야 한다. 당신과는 어떤 사연이 숨어 있을까. 그 물음이 시집을 읽는 독자들에게 더 폭넓은 감상의 기회를 제공해준다. 그럼에도 불구하고 『애초의 당신』은 당신에게 향하는 사랑과 애증의 노래라는 점은 의심할 수 없을 정도다. "이쁜 여자를 바라보다가도 당신에게로만 향하는 내 발길"이라거나 "당신이 젤 좋다는 거짓말/널 위한 사랑 노래"(「선물」), "더 이상 꿈꾸지 마요 잡혀 가요/우리 생엔 혁명의 노래 부르지도 마요/모른 체하세요 그냥 손목 잡고 걸어요"(「소풍」), "거기 계세요, 제가 갈게요/당신은 바다에서 가장 높은 산/ (…중략…) / 붉은 꽃으로 치장한 통통배 타고 가장 높이 계신 당신께 오를 거예요"(「무인도」)와 같은 간지러운 애정의 심사는 읽는 자를 들뜨게 만든다. 시의 도처에 등장하는 신파적 감상성을 시적 전략으로 볼 것인지, 제어할 수 없는 감정적 누설로 봐야 하는지는 독자들의 내면적 상황에 따라 다르게 읽혀질 수 있겠다.

당신과 나 사이의 노래들이 여기저기 들려질 때 시인은 아프리카 혹은 아바나의 어딘가를 꿈꾼다.

> 카치올리 가자
> 한번 신으면 벗을 수 없는 청동구두 신고
> 시간이 지나간 길, 바람이 빠져나간 골짜기 따라
> 신이 산다는 숲 카치올리로 가자
>
> 산다는 건 진지한 코미디
> 공원의 비둘기처럼 꾸벅거리기만 하는 수궁의 삶은 재미없어
> 나는 순례자, 붉은 바람에만 편승하는 히치하이커니까
> 음습한 숲길을 저벅저벅 지날 때
> 놀란 요정 두어 마리 프투투투 날아가겠지
>
> 노래는 클래식만 홍얼댈래
> 더 새로운 음악은 없으니
>
> 빨강 머리핀 꽂은 천사도, 망사 스타킹 신은 성녀도 모두 떠난
> 쓸쓸한 성문 앞에 다다르면
> 큰소리로 신의 이름을 호명할 거야
> 가여운 그가 술 냄새 풍기며 문을 열겠지

악수를 청할까, 가벼운 목례를 할까?
모자는 벗지 않을 테야
근엄하게 굴거나 치매 걸린 척하면 한 대 갈겨 버릴지도 몰라

탄식과 절망, 분노와 한숨으로 넘쳐나는
먼지 쌓인 우편함은 못 본 체하자
풀도 알고 당나귀도 아는 곪아터진 상처를 건드릴 필요는 없지
그늘 한 점 없는 마른 나무 밑동에 기대어
그도 한잔, 나도 한잔
안주는 필요치 않아

휴가 신청을 하진 않았지만
아무도 모르게 떠나온 순간부터
순례는 시작된 거야
배낭엔 말보로 담배 가득 채우고
질문투성이의 길은 뒤로한 채
가자, 신이랑 한잔 하러

▶▶▶「순례의 노래」 전문

시인은 "신이 산다는 숲 카치올리"라는 공간을 통해 자신이 가고 싶은 지향점을 시사한다. 이미 현실 속에서 "산다는 건 진지한 코미디"이다. 시인이 부르고 싶은 이름은 "신의 이름"이다. 또한 그 신에 대해서 "근엄하게 굴거나 치매 걸린 척하면 한 대 갈겨 버릴지도" 모른다고 한다. 시인은 순례의 길을 떠나는 자이다. 이 세계를 지탱하고 버틸 마음의 가능성이 소진된 상태에서 신을 만나서, 시의 표현대로 "신이랑 한잔하러" 가고 싶은 것이다. 김요일의 시집 속에서 "신"을 만나러 가는 행위와 "당신"을 부르는 행위는 어쩐지 같은 일처럼 느껴진다.

김요일은 "당신"을 통해 시인이 가진 존재의 파토스를 실현하고 있다. 당신을 찾고 부르는 과정 속에서 시인은 살아 있고, 또한 살고 있다. 김요일이 동경하는 공간은 늘 이 땅 너머에 존재한다. 그곳이 당신이 존재하는 공간이며, 또한 함께 꿈꾸는 공간이다.

손현숙의 시집 『손』은 섬세한 여성의 언어를 보여준다. 몸으로부터 감각적으로 체득한 시적 감성을 유감없이, 진솔하면서 위트 있게 형상화한다. 사실 몸은 오래된 상상력의 기원을 가지고 있으면서도 끊임없이 반복되고 있는 시적 상상력이다. 특히 여성의 몸(육체)은 존재의 위계(位階)를 상징적으로 드러내면서 자신의 실존을 밝히는 데 유용한 시적 대상으로서의 역할을 해왔다. 「보바리 부인」 등과 같은 근대 서사물들에서 확인할 수 있는 '몸의 기호화'는 몸을 인식의 표현 대상으로 사용해 왔다.

손현숙은 에둘러가지 않는다. 「팬티와 빤스」에서 "집구석용 푸르댕댕 빤스는 벗어버리고/레이스팬티로 갈아입어야 한다/앙증맞고 맛있는 꽃무늬팬티 두 다리에 살살 끼우면/약간 마음이 간지럽고 살이 나풀댄다/나는 다시 우아하고 예쁜 레이스공주"라고 하면서 집에서 입는 속옷과 외출할 때 입는 속옷의 대비를 통해 자신의 존재증명을 고백한다. 「연애, 할래요?」에서는 "지금은 백화점 세일 기간 중/갸우뚱 들여다보지만 말고/입어보고 걸쳐보고 만져보세요/ (…중략…) /그러나 입고 벗을 때는 조심하는 거예요/어차피 내 것은 아니잖아요/ (…중략…) /감쪽같이 제자리로 돌려 놀 건데/가볍게 들고나는 거,/우리, 할래요?"라면서 연애의 감정을 백화점의 상품구입 과정에 빗대어 감각적이고 유머러스하게 표현한다. 손현숙의 시에서 두드러지는 점은 성적 메타포를 자유자재로 사용한다는 점이다. 「사랑은 없다」의 "당신과 나, 한번 섞어 볼까요?/ (…중략…) /어때요? 우린 곧 환상의 한 몸이 될 텐데/자, 설레기도 하면서/벗을 건 벗고 버릴 건 버려야지요/

적당히 눈맞은 당신과 나,/한통속으로 깨 벗고 들어갈까요?"에서도 사랑의 무위(無爲)를 성적 은유를 통해 가볍게 표출하고 있다.

손현숙의 시에서 빼놓을 수 없는 게 유머러스한 감각이다. 「화장실 앞에 차세우기」는 우리가 흔히 겪을 수 있는 일상의 경험을 통해 사랑의 다른 진면을 보여준다. 남자들은 용변이 급한 여성에게 휴게소나 갓길에 차를 세워준다. 시인은 그 광경을 "굴비 엮듯 줄줄이 여자들 끼리끼리 쪼그리고 앉아/묘하다, 묘하다"라고 말한다. 이러한 일상의 배려가 사랑의 또 다른 이름이라는 것을 "그러니까 사랑, 그거 내게는 화장실이다"는 말로 요약해준다.

인간은 자연의 현상에 의해 스스로 늙어간다. 몸은 인간이 늙는다는 것을 가장 외면적으로 보여주는 실체이다. 손현숙은 자연의 흐름에 의해 서서히 늙어가는 여성의 몸을 시집의 여기저기에 솔직하게 그려낸다. 시적 자아의 솔직한 고백을 통해 우리는 당연한 듯 여기며 그냥 스치는 여성의 몸에 대해 생각하게 한다. 사실 우리들 대부분은 여성이라는 성적 지위보다는 '아줌마'라는 또 다른 성격의 속성을 포함한 계층적 지위를 부과하면서 여성들을 폄하해 왔다. 여성의 지위가 많이 실현되었다고 하나 그것은 어디까지나 젊고, 예쁘고, 유능한 소수의 여자들에게나 가능한 일이었다. 시인은 자신의 몸 구석구석에서 일어나는 예민한 몸의 반응을 세밀히 감지한다. 자신의 새치와 피부와 주름을 감추기 위해 모자를 쓰고, 몸을 가리는 행위를 시인은 "염(殮)한다"라고 다소 강한 은유로 표현하고 있다(「나는 오늘도 나를 염한다」). 시인은 "나는 무사히… 저물고 싶지 않은" 거라고 말한다. 자신의 몸이 늙어가는 모습을 굳이 부끄러워하지 않는 시인의 태도가 시를 통해 오히려 역설적으로 드러난다.

허공으로 두 발 내디뎌야 할 것만 같은 이 시간
잠에서 깨어나는 순간, 땅거미 질 무렵, 그리고 잠자리에 들 때… 뭘까,

문득 한꺼번에 모든 것을 빼앗겨 버리는 듯
한순간,
두렵다
내 뱃속에서 그 무엇이 빠져나간 듯한 허기!
나는 배를 땅바닥에다 대고 밀면서
진흙이라도 한 줌 긁어먹고 싶어진다

자궁! 나는 이것을 비밀이라 부른다

여자는 그 속에 아기를 품고서 열 달을 견디기도 한다
그것은 쉽게 열어 보일 수도, 함부로 꺼내 가질 수도 없는, 자기 자신도 해독 불가능한 신의 영역!
거기서 여자는 생명을 낳는다
그러니까 여자는 또 다른 우주 하나를 내장하고 위태롭게 세상을 건너가야 하는 거다
세상에 태어날 때 이미 여자와 남자는 전혀 다른 종족인 것
그러니 남자여, 여자를 안다고 말하지 마라
그것은 아마도 걸어서 달까지 가는 일,
나의 허한 '여성'에 대하여 함부로 말하지 마라

▶▶▶「여자의 허기는 우주다」 전문

"여자의 허기는 우주"라고 외치는 여성성의 드러냄은 확고하다. 시인은 "내 뱃속에서 그 무엇이 빠져나간 듯한 허기!"를 느낀다. 그 느낌은 여성만이 가질 수 있는 비밀과 같은 것이다. 여성의 몸이 가질 수 있는 고유한 감각적 사유를 존재의 시원을 궁구(窮究)하는 것으로 표출한다. 시인은 "자궁! 나는 이것을 비밀이라 부른다"면서 새로운 생명을 탄생하는 가장 첨예한 몸의 부분을 통해 우주적 기원에 관해 말

한다. 잉태의 경험은 그 누구도 침범할 수 없는 소중하고도 고귀한 경험이다. 이 신비한 생명의 산고를 남자들은 알 리가 없다. 설사 깨닫는다 하더라도 온몸을 통해 인식한 여성들의 체험과는 비교할 수가 없다. 그 체험의 가장 중요한 철학은 바로 "생명을 낳는다"는 것이다. 그렇기에 "여자는 또 다른 우주 하나를 내장하고 위태롭게 세상을 건너가야 하는 거"라고 우리를 깨닫게 해준다. 손현숙의 시를 통해 많은 남성들이 여성에 대해 함부로 말해 왔던 일들에 대해 성찰할 수 있는 시간이 되었으면 바란다.

김성대의 시집 『귀 없는 토끼에 관한 소수 의견』은 소통과 단절을 말한다. 단절은 소통이 불가함을 의미하지만 시인은 끊임없이 세계와 대화하며, 소통을 갈구한다. 김성대에게 세계는 물리적인 공간만을 지칭하지 않는다. 그는 이 세계가 우주와 우주 이전의 시간까지를 모두 만날 수 있는 공간으로 이해한다. 또한 김성대는 독특한 시적 공간을 만들어낼 줄 안다. 그 공간은 이 세계와 소통하는 시적 주체의 인식적 장소로서의 역할만을 하지 않는다. 이 세계 바깥의 외계와 소통하며, 불현듯 나타난 주체와 시인은 아주 느린 속도로 모든 대상들과 만난다. 시집에 두드러진 '불구'의 시적 대상들은 소통과 단절의 상징으로 기호화된다. 김성대는 불구의 대상을 통해 시적 자아를 감정이입 시키지 않는다. 또한 불구의 대상을 통해 자신의 계몽적 전략을 실현하려는 의도 또한 보이지 않는다.

김성대가 소통하는 대상은 현실세계 속에서 찾기 어렵다. 이 현실은 "끊임없는 통화음과 부재음"이 가득한 소음의 공간이며 "모든 것이 리플레이되고 있"는 공간이다(「우주선의 추억」). 언어화되지 못한 소음이 가득한 공간 속에서 새로운 것이 창조되지 않는 복제의 일상에 우리는 노출되어 있다. 시인은 이곳을 참을 수 없다. 이미 이 공간은 "인간이 불필요한 지구"일 뿐이며 우리는 "너무 늦게 남아" 있을 뿐이다. 시인은 지구라는 세계의 공간이 아니라 우주와의 교신을 시도한다. 지구에 남아 있는 모든 인간은 떠나야 할 존재들이다. 우주의 공간은 "고요하고 기시감조차 없는 과거들"로 가득한 곳이다. 김성대는 늘 시간을 통해 이 세계를 이해한다. 우주가 "한 번도 살아 본 적 없는 과거"라고 한다면, 그는 존재의 태어남 이전을 인식적으로 탐한다. 하지만 여전히 "지금의 몸"도 중요하다. 그 몸을 싣기 위해 미미한 속도를 감당해야 한다. 그리고 "우리는 언젠가 눈을 가리고 우주를 떠돌던 일들이 모두 기억났다"고 시인은 말한다. 태어남 이전의 우주를 경험한 주체는 늘 이곳이 아닌 이전의 자신을 꿈꾼다. 급기야 도착한 새로운 우주도 지구의 또 다른 이름이었음을 깨닫는 것으로 현실과 현실 너머의 경계를 무화한다.

그는 슬로 모션으로 왔다
토끼 몇 마리가 그의 고독 주위를 천천히 돌고 있었다

둘째 주에 온 사람
그는 너무 천천히 왔기에
그가 오고 있는 게 아니라
시간이 조금씩 그를 옮기는 것처럼 보였다
그에게 감기는 시간은
벽화 속을 걷는 것처럼
그의 등 뒤에서 다시 흘렀다

둘째 주는 토끼몰이로 시작되었다
슬로 모션으로 도는 토끼들은 쉽게 몰아졌지만
너무 느리게 돌고 있었기에 우리는 계속 빨랐다
토끼와 함께 토끼 사이에서 우리는

그의 고독 주위를 빙빙 돌아야 했다
멀리서 보면 그의 고독을 숭배하는 것처럼 보였을 것이다

고독의 신도들처럼 둘째 주가 되면
우리는 그를 둘러싸고 그의 고독을 돌았다
그의 고독은 자성을 띠게 되었고
토끼의 귀 모양만으로도 둘째 주가 되었다는 것을 알 수 있었다

다시 올 건가요?
둘째 주가 지날 때마다 묻곤 했지만
떠날 때도 올 때와 같이 슬로 모션이었기에
우리는 그가 떠나는지도 몰랐다
그는 떠나지도 돌아오지도 않는데
그는 여전히 느렸고 우리는 계속 빨랐기 때문에
그가 떠나고 돌아오는 것처럼 보였는지도 모른다
떠나고 돌아오는 것은 우리였는지도

그의 고독에 감기는 시간
아주 느린 토끼들
그는 한 사람이 아닐지도
그의 고독은 하나가 아닐지도 모른다
둘째 주에 온 사람
아무리 천천히 와도 그가 누구인지 알 수 없었고
벽화 속을 사는 것처럼
둘째 주가 되면 우리는 상세해졌다

▶▶▶「둘째 주에 온 사람」 전문

김성대의 시집은 늘 '나'가 아닌 '우리'를 말한다. 1인칭의 대명사를 곁 외에 두는 것으로 이러한 시간에 대한 인식이 우리 모두의 일이라는 점을 시사한다. 우리는 토끼를 빠르고 민첩한 동물로 인식한다. 시에서는 이러한 일반적 인식과는 일정 부분 거리가 있다. 시인은 "그는 너무 천천히 왔기에/그가 오고 있는 게 아니라/시간이 조금씩 그를 옮기는 것처럼 보였다"고 말한다. 토끼의 '느림'은 상대적으로 우리가 빠르다는 것을 인식하게 한다. 같은 계열적 관계에 놓인 지시대상을 통해 자신의 본질을 깨닫는다는 기호의 특성을 시에서는 적절하게 구현해낸다. 토끼를 '빠름'이 아니라 '느림'으로 규정하면서, 우리는 '빠름'을 인식하고, 이러한 행위들을 통합해 시에서 '고독'이라는 관념어가 보편적 몸을 얻는다. 이제 우리는 토끼의 고독을 숭배하는 모습으로 비춰진다. 빠름과 느림이라는 상대적인 속도에 대한 사유는 떠나고 돌아오는 것까지도 착각하게 만드는 힘이 있다. 너무 느렸기에 떠나는지도 몰랐으며, 우리는 계속 빨랐기 때문에 토끼가 떠나고 돌아오는 것처럼 보였는지도 모른다고 한다. 결국 불확실한 대상이라고 말할 수밖에 없다. 그렇게 "그는 한사람이 아닐지도/그의 고독은 하나가 아닐지도 모른다". 그리고 우리는 "상세해졌다"고 말한다. 토끼는 누구인가. 이 소통의 알레고리는 읽는 자들의 몫일 뿐이다. 김성대의 시집을 통해 우리는 그 몫에 값하는 "둘째 주"의 시간을 기다리면 된다. 빠르지 않게 아주 느리게 기다려야 한다.

극진한 통찰과 결기(決起)

: 손택수 시집 『나무의 수사학』, 이기인 시집 『어깨 위로 떨어지는 편지』

1. 통찰과 결기의 시학: 손택수 시집 『나무의 수사학』

손택수가 서정시의 적통을 잇는 대표적인 시인이라는 점에서는 누구도 부인하지 않을 것이다. 하지만 신서정, 다른 서정, 진화된 서정 등등의 개념어로 시론적 의미의 서정이 그 개념을 확장하려는 지금에서 손택수의 작품을 서정시의 테두리에서만 그 의미를 찾기에는 뭔가 부족한 듯하다. 손택수는 서정의 자리에 몸을 딛고 있으면서도, 서정 반대편의 시인들에게도 열렬한 환호를 받는 몇 안 되는 시인이기 때문이다. 손택수는 아름다움보다는 쓸쓸한 대상에 눈을 맞추면서, 계몽적인 목소리는 접어둔 채 언제나 불안한 주체의 낮은 읊조림을 선사한다. 즉 손택수의 주체는 자연을 그리되 언제나 근원을 말하며, 조화를 꾀하되 늘 고민하는 도시 속의 은둔자를 주체로 둔다.

손택수가 이번 시집에서 돌보는 나무는 도원(桃源)의 나무가 아니라 도시의 가로수이며, 그 나무 속에서 주체가 의지하는 사유의 깊이를 유감없이 보여주고 있다(「나무의 수사학」 연작). 시인은 나무를 통해 도시가 나무에게 가르친 "반어법"의 진위를 하나씩 풀어놓는다. 시인은 도시가 가르쳐준 반어의 언어를 따라가며 도시인으로 살아가기 위한 마음의 이력을 진솔하게 말한다. 이것으로 나무와 나는 스승의 관계라고 말할 수 있는 계제가 되지만, 정작 시인은 이러한 관계를 다시 반어의 언어로 되돌려준다. 나무는 "신경증과 불면증에 시달리며 피어나는 꽃"이라는 점에서 그의 푸름이 "치욕"으로 점철한 시간의 결과물임을 고백한다. 우리는 도시 속에서 나무의 생장과 함께 변화되는 시적 주체의 정서를 따라가보면서, 시인과 공유하는 결기의 사유를 함께 느끼게 된다. 그가 나무에 '수사학'이라는 레테르를 명명한 것은, 일방적 전달의 사유가 아니라 서로 고민하여 가슴에 그리는 각자의 나무가 되기를 바라는 의미가 아닐까. '나무의 수사학'을 예로 들었지만, 손택수의 시 도처에서 발견되는 사물을 바라보는 깊은 통찰과 사유는 빈번하게 우리를 시의 언어 속에 머물게 한다.

하지만 손택수에게 일상의 세목을 통한 깨달음과 깊이뿐 아니라 더 깊은 애정을 갖게 하는 이유는 가슴을 울리는 극진함 때문이다. 이전 시집에서도 보여주었던 가족 서사와 현실을 바라보는 극진한 태도는 많은 이들에게 감동을 준 바 있다. 이번 시집에서도 이런 점은 예외가 아니다. 「육친」에서 아들의 시를 읽는 어머니를 통해 "세상엔 체액을 활자 위에 묻히지 않곤 넘어갈 수 없는 페이지가 있다"는 고백은 오래 가슴에 남게 한다. 또한 마디가 생장점인 대나무를 보면서 "얼음 속에서 뽑아 올리는 마디마디/하늘로 번져가는 수직의/단단한 파문"이라는 이미지를 조형하고 이를 통해 다리를 저는 어머니의 신산함 삶을 뼈저리게 느끼게 한다(「수직 파문」). 우리가 사는 이 세계는 얼마나 비루하고 비참한가. "저 환한 무덤 속으로 들어가기 위하여/얼마나 파닥

거리며 왔던가"(「빛의 감옥」)를 되짚어보는 게 우리의 지나간 시간들이며, "이 지긋지긋한 길이/나를 들어 올리고 있었"(「길이 나를 들어 올린다」)다고 느껴지는 게 현실이다. 이러한 현실 속에서 우리는 지나간 공동체의 소중한 정신적 자산들을 떠올려보지 않을 수 없다.

아파트 화단에 떨어져 있던 모과를 주워왔다
올겨울엔 모과차를 마시리라,
잡화꿀에 절여 쿨룩이는 겨울을 다스려보리라
도마에 올려놓고 쩍 모과를 쪼개는데
잘 익은 속살 속에서
애벌레가 꾸물거리며 기어나온다
모과 속살처럼 노래진 애벌레가
단잠을 깨고 우는 아이처럼 사방을 두리번거린다
애벌레에게 모과는 인큐베이터 같은 것
눈 내리는 겨울밤
어미 대신 자장가를 불러줄 유모의 품과 같은 것
이미 쪼개버린 모과를 다시 붙여놓을 수도 없고,
이 쌀쌀한 철에 애벌레를 업둥이처럼 내다버릴 수도 없고
내가 언제부터 이깟 애벌레 한 마리를 두고 심란해했던가
올 겨울 나는 기필코 모과차를 마시리라,
짐짓 무심하게 아내를 바라보는데
아직도 책장 어딘가에 심장이 멎은 태아의
초음파 사진을 간직하고 있는,
놓쳐버린 아기의 태기를 놓지 못하고 있는 모과
속을 드러낸 거죽에 검은 주근깨가 숭숭하다
수술실에서 나올 때 흐느끼는 내 어깨를 말없이 안아주던 너
칼자국 지나간 몸 더 거칠어가는 줄 모르고

바깥으로만 바깥으로만 떠돌던 날들이 있었는데
날을 세운 불빛에 움찔거리는 애벌레처럼 허둥거리는 한때
빈속에 쟁인 울음이 아린 향을 타고 흘러나온다

▶▶▶「모과」 전문

「모과」에서 시인은 모과 속에 들어 있는 애벌레를 통해 가엾은 영혼을 생각하는 시인의 절절한 마음을 읽을 수 있다. 모과 속의 애벌레 또한 가녀린 생명이여서 "애벌레에게 모과는 인큐베이터 같은 것"이다. 모과 속의 애벌레로 촉발된 시적 순간이지만, 그 이면에 존재한 태아와의 이별을 생각할 때 우리는 더 이상 무슨 말이 필요할까. 손택수가 현실의 고통스러운 순간들을 통해 우리에게 전해주는 것을 굳이 뭐라고 단정 지을 필요는 없다. 손택수가 전해준 수사학은 우리를 고민하게 하는 것뿐 아니라, 가슴을 먹먹하게 한다. 그것으로 거울을 통해 "한 생이 흐릿하게 지워져가는" 순간들을 잊지 않는 것만으로 그의 시는 감사하다.

2. 등뼈의 시학: 이기인 시집 『어깨 위로 떨어지는 편지』

시에서 흔히 노동이라는 개념어가 통용될 때에는 노동의 현실과 개별 삶의 세목들을 통해 자본과 문명을 성찰하려는 욕망이 숨어 있다. 더불어 성찰 이후 누릴 수 있는 변화에 대한 의협심까지 잠재해 있다. 이기인에게 노동이라는 성찰적 세계가 자주 타진되는 것은 그가 바라보는 시적 대상이 변두리의 누추한 삶들을 비추고 있기 때문이다. 가령 "무릎을 꺾고 등딱지가 딱딱한 한 마리 게처럼 철근을 메고 아슬아슬 걸어가는"(「검은 발자국 한 켤레」) 모습처럼 노동의 운명이 서러운 풍경으로 대상화되는 모습을 자주 목도한다. 하지만 변두리를 바라본다

고 해서 모두 노동의 그물망 속에 걸려지는 것은 아니다. 이기인이 그간 알레고리화했던 'ㅎ방직의 여직공'들은, 자세히 들여다보지 않으면 다소 낭만적 대상으로 오인될 수 있다. 후일담이나, 마지막 민중의 추억으로 생각할 수도 있겠지만 시를 들여다보면 사정은 그렇지 않다. 노동문제는 현재에도 지속되고 있는 진행형이기 때문이다. 이기인에게 굳이 노동이라는 별호가 주어진다면 그의 노동은 계급이라는 말이 지닌 투쟁적 의미보다는 좀 더 근원적인 것을 생각하게 한다. 이기인의 시는 분노보다는 눈물을, 흥(興)보다는 고요를 느끼게 하며, 시대를 짊어나가는 투사보다는 누이동생을 걱정하는 오빠의 정서에 더 가깝다. 이기인의 이번 시집에도 여전히 "감자 먹는 사람들"이 매일 저녁 식탁에서 달그락거리는 소리(「뭉쳐진 숨소리」)와 "코가 빨개져서 서로 웃고 지나가는"(「흐린 창문 밖으로 보니」) 가족 서사가 풍성하다.

시인은 어떠한 방식으로 자연을 통용하고 바라보는지 색다르게 보여준다. 시적 대상이 자연일 경우, 그 공간은 관조와 동일의 대상이 아니라 노동을 지탱하거나 받아들이는 공간이다. "새"는 이미 "멍든 하늘"을 날아다닌다. 자연은 이미 병든 대상이다. "별" 또한 용접기로 뜯어내야 하는 대상이다. 우리가 일상 속에서 위안 삼는 "내일은 지루하지 않을 것이다"는 말은 이 시대에 대한 역설이다(「내일은 지루하지 않을 것이다」).

또한 시인에게 자연은 "공장"이라는 자본의 실험장이다. 시인은 "자정을 넘어서 귤을 벗기고 있는 소녀와 소녀를 벗기고 있는 기계 소리"(「달의 공장」)를 아프다고 말한다. 자연의 일부도 거래와 수단의 방식으로 본다. 여기서 시인이 의도하는 의인화는 다소 '우화'적인데, 이것을 통해 자본의 폭압이 극적으로 드러나도록 모든 대상을 수렴시킨다. 시 「달의 공장」에서 소녀를 벗기는 것은 타인이 아니라, 기계 소리이다. 소녀가 먹는 것은 "귤"이라는 음식이고 소녀는 그것을 먹기 위해 "오늘 밤"이라는 시간을 제공한다. 인간의 노동이 거래로 환원하는 것은 자본의 본성적인 습성이지만, 그 노동이 소녀에게까지 세습되는 풍경은 여전히 폭력적이다. 또한 자연의 모든 대상이 “이게 모두 얼마예요”라는 교환 방식으로 정의되며, 그러한 방식의 극단은 “달빛”이라는 가장 감성적인 대상에게까지 확산된다. 이기인이 바라보는 현실은 현대 문명사회의 일원에서 소외된 변두리지역이나 동네 슈퍼, 할아버지나 소녀이지만 그가 바라보는 자연 또한 이와 다르지 않다. 「할미꽃 한 송이」에서 “할미꽃”은 재개발로 집을 잃은 할머니와 동일시된다. 이 두 “할미꽃”을 둘러싸고 있는 대상들의 표정은 모두 개발로 인해 삶의 근거지를 잃어버린 저간의 사정들로 향해 있다. “개미떼”는 “재개발지역의 주소지”로 기어올라가며, “눈 감은 개”도 잃어버린 신발 한 짝을 돌본다. “얼룩덜룩 젖은 고지서”라든가, “낮에 나온 달”도 모든 걸 잃고 텅 빈 집의 고요를 감당하는 할머니의 후경으로 존재한다.

이기인이 바라보는 개별적 삶에는 계급적 인식의 포충망이 아닌, 그 자리에서 길어올릴 수 있는 사랑에 대한 확신이라는 큰 그물망이 드리워 있다. 시인이 읊조리는 낮은 자리의 노래들은 “당신의 어깨”를 보는 따뜻함이 스며 있다(「어깨 위로 떨어지는 사소한 편지」). 시인이 입버릇처럼 “~것 같다”라고 소망하는 순간들은 화해의 몸짓이며, 결국 사소한 편지가 아니라 의미 있는 편지라는 점을 시사한다.

시인은 “당신의 등뼈”를 만지고 느끼는 사람이다(「생각지도 않은 곳에서」). ‘등뼈’라는 신체부위가 ‘입술’이나 ‘얼굴’ 혹은 ‘손’과 ‘발’에 비해 변두리 뒤편에 존재하며, 또한 온몸을 지탱하는 핵심적인 부분임을 감안할 때, 등은 얼마나 눈물나는 곳일까. 그래서 “당신의 등뼈에 붙은 살이 얼마나 얇은지 알고 있는 사랑”은 누구든 인정할 만한 보편적 정서다. 빗자루, 골목길, 면도기, 장화, 씨래기, 약과, 쌀자루, 실, 고양이나 씀바귀처럼 삶의 세세하고 구체적 편린들을 돌보는 따뜻한 시선이 시집 곳곳에 나타나는 것도 이러한 맥락의 보편적 정서와 무관하지 않다. 애정이 묻어나는 대상들에게 온통 따스한 정감을 불어넣는다. 그리고 이러한 사랑은 인간들 사이에선 늘 지속된다. 이기인이 말하는 사랑은 적어도 밝고 부유한 곳보다는 어둡고 소외된 곳에서 그 존재가 더욱 빛나는 법이니까.

상처의 경제학

: 박진성 시집 『아라리』, 신정민 시집 『꽃들이 딸꾹』

1.

박진성에게 병은 천형 같은 것이다. 병이 자아의 실존을 드러내는 적극적 방식의 에피셋이라고 말하는 세간의 평가도 과장은 아니다. 병을 통한 자아의 드러냄은 격렬함과 고압의 정서를 드러낼 가능성이 크다. 따라서 시적 자아가 안고 있는 병은 적극적 방식으로의 드러냄이라는 운명을 안고 있다. 즉 병이 가지고 있는 정서적 자장은 자극적이고 날카롭다. 마치 잘 훈련된 칼놀림처럼 우리 감성의 살결을 섬세하게 헤집는다. 그렇기에 박진성의 시는 아프다. 문제는 상처의 강도이며 아픔의 수위이다. 설득되지 못한 타인의 상처는 부담이며, 엄살로 느껴지기도 한다. 시의 언어는 상처에 예민하고 날렵하다. 몸과 연관되어 상처난 언어의 결들을 박진성은 어떠한 방식으로 내면화하여 되새김질하고 있을까.

병은 몸(신체)과 긴밀히 연관된다. 몸은 병을 통해 더욱 예민한 감수성의 촉수를 얻게 된다. 이미 박진성은 첫 시집에서 병을 받아들인 몸의 시학을 예민한 통각의 언어로 표출한 바 있다. 환부를 눌렀을 때 터져나오는 비명처럼, 그의 목소리는 통증의 언어이며 혹은 통각의 포위망에서 서성이는 언어이다. 박진성의 시가 인상적인 것은 통증과 상처가 지속되면 내성화된다는 것을 각성하기 때문이다.

시 「동백병원」에서 시인은 "아니 온 듯 다녀가십시오"라는 전언을 통해 자신의 병에 대한 객관적 거리를 가지면서 자신의 병을 들여다보고 있다. 자신의 병을 내적으로 체화하여 병과 더불어 겪는 신체의 정체성을 신랄하게 보여준다. 그러므로 "아니 온 듯 다녀가십시오"는 시인의 각성을 대표할 수 있는 전언이다. 즉 "불안이나 발작 자살 충동까지도/병원에 버리고 돌아오는 게 아니라/꽃 피듯 지듯 내 마음 진창 어딘가에/동백꽃 무너진 자리처럼 비밀로 간직하는 것"이다. 시인은 병을 극복의 대상으로 보지 않는다. 병을 대립적 위치의 대상으로 보면 병은 이겨내거나 혹은 포기해야 하는 이분법적 운명의 위치에 놓인다. 박진성에게 병은 이미 자신의 몸 안에 투신하여 또 다른 자신이 되어 있는 존재이다. 많은 시에서 병과 더불어 사는 몸의 온기를 기억하며 그 내상을 증언하고 있다.

늙은 여자들 평상에 앉아 화투친다

꽃들은 다투어 피고 다투어 지고 봄인데 바람 불어 난분분 꽃잎 흩날리는데 까르르르르 다투어 공중으로 화투패를 들고

똥을 쌌다고 이 나이에 아무 데나 아무 때나 똥을 싼다고 웃고 웃고

흔들었다고 늙은 엉덩일 흔들흔들 몸빼바지는 헐렁한 경로당 바람 깔고 앉아 들썩이고

피는 쌍피가 좋다고 사슴 피보다 좋다고 햇볕이 수혈받은 실정맥처럼 바쁘게 평상을 기어다니고 퍼지고 흩어지고
향기도 없는데 모란에 나비가 앉고 저도 늙고 싶고
온갖 잡새들이 모여들어 났다 났어 백동전들 알처럼 뒹굴고 치마 속에서 부화하고
봄바람 머금어 치마는 부풀어 오르고 하늘은 흉단처럼 붉어지고
꽃들은 지고 피고 자꾸 어두워지고

홍성댁 정읍댁 함흥댁 고성댁…… 우리가 잊은 꽃들이여

났고 났고 아라리가 났어도 영원히 떼이는 어머니들이여

더 어두워지기 전에
읽던 시집 내려놓고
光팔고 싶습니다

▶▶▶「화투치는 여자들」 전문

「화투치는 여자들」에서 화자는 관찰자의 입장에 서 있다. 화자는 서정시의 원리대로 시인 자신이라 할 수 있는데, 화자는 시집을 읽으며 평상에 앉아 화투치는 여자들을 본다. "똥을 싸고" "흔들고" "쌍피가 좋다고" "모란에 나비가 앉고" "황단처럼 붉어지고" 등의 화투패에 담긴 기표를 늙은 여자들의 기의 속에 중첩시켜 새로운 의미의 진폭을 만들어낸다. 또한 화투가 가진 '꽃'의 이미지는 붉은 여자들의 질편한 삶과 대비되면서, 꽃의 의미를 새롭게 개화한다. 시인은 화투의 꽃패를 쥔 늙은 여자들이 화투의 법칙과 용해되면서 이를 동일시시킨다. "우리가 잊은 꽃들이여"는 자칫 사족처럼 느껴질 수 있으나, 이 시행을 통해 늙은 여자들과 화투의 이질적 대상을 동일시시키려는 시인의

의중을 적극적으로 드러내는 것이다.

박진성은 환부를 대상화하여 그것을 통한 통증의 언어를 발성하는 것에 그치지 않고, 통증을 지속적으로 견딘 몸이 발화하는 환시와 편통까지 짚는다. 더욱 눈여겨 볼 것은 지속적인 고통을 '아라리'로 대표되는 '흥(興)'의 시적 장(場)으로 확대시키려는 점이다. 그의 시가 '신명'까지 이르렀다는 것은 다소 과장이지만, 그러한 맥락 속에 언어의 휘장이 드리워져 있는 점은 확실해 보인다. 여기서 과장이라는 말은 흔히 말하는 신경림의 시학처럼 공동체적 어우러짐의 신명이라기보다 박진성에게 신명은 내면으로부터 출발해서 결국 내면으로 되돌아오기 때문이다. 신명의 상징어인 '아라리'는 자조의 흥을 통해 통증을 무화시키려는 의도도 있겠지만, 개인의 상처로 가득한 시적 공간을 더 넓은 지점으로 확대시키려는 역할도 하고 있다.

이러한 방증으로 '아라리' 시편들은 상처를 입고 있는 타인의 삶을 시 공간 속에서 형상화하고 있다. 마치 한 편의 연극을 보는 것 같은 「모하메드 이야기」에서는 '모하메드'라는 이방의 소수자를 엿보고, 또한 이와 함께 살고 있다. 시인은 아랍인 노동자인 모하메드의 싸움판에 끼어 들어 가슴을 치는 경험을 한다. 모하메드가 부르는 아리랑은 상처와 한을 흥으로 극복하려는 적극적인 방식의 표출이다. 시인은 모하메드의 노래를 통해, 모하메드가 가지고 있는 울분을 자신의 정서와 합치시킨다. 동질의 상처와 고통은 아닐지라도 동류의 상처는 된다는 시인의 믿음이 "가슴을 스리랑 스리랑 치는" 것이다.

정신병원피해자인권찾기모임에서 만난 한국인 경필이 또한 "우울증 환자"라는 동류의 정서가 깊이 배어 있는 시이다(「한국인 경필이: 아라리 4」). 우울증이라는 극한의 정신적 상황 속에서 "봄날"의 감각을 누구보다 예민하게 느끼는 자아의 심성에서 "아라리"의 페이소스가 극적으로 전달된다. 이러한 시적 세계는 노숙자 「봉구 이야기: 아라리 5」나 「대평리 약사: 아라리 6」, 「할머니의 카세트: 아라리 7」 등을 통해 가시화된다.

시인이 몸으로 체득한 상처의 경제는 나무의 경제와도 비견된다. 시인은 "나무의 경제는 햇빛과 물과 공기를 제 몸으로 운용하는 것"(「나무의 경제」)이라고 말한다. 그것은 시인의 몸에 천형처럼 붙어 떨어지지 않는 병의 운용과도 부합한다. 상처의 치유가 아니라 상처를 끌어안고 사는 자족의 경지를 엿본 시인은 세속과는 절연된 자연의 치유법을 터득하고자 한다. 짐작한 대로 자연의 치유는 육체의 치유가 아니라 영혼의 치유이다.

> 퇴촌에 가기 위해서는 아라리에 대해 이야기해야 한다 경안천과 나무 사이 넓은 습지를 가진 곳, 습생하는 것들이 한껏 뿜어낸 공기로 퇴촌은 벌써부터 격렬하다
>
> 강과 나무 사이, 라고 말했던 지점이 저녁 逆光을 받고 몸을 뒤섞는다, 저 뒤섞음이 내 호흡을 고르게 하는, 지금은 거룩한 저녁의 시간
>
> 의사의 처방전도 퇴촌에서는 백지가 된다 어두워지는 생태환경공원 속 깊은 곳에서 바람 맞으며 습생 목숨들 가쁜 숨 맞으며 나 오래도록 밀린 시를 쓰는데
>
> 저기 저 수초를 밀고 나오는 두꺼비 눈알의 굵은 힘줄! 두꺼비의 아라리가 밀고 있는 알 수 없는 힘이 팔당 물줄기를 죄다 고요로 바꾸고 있다, 아라리는 힘이 세다

▶▶▶「퇴촌에서 놀다」 전문

시인은 "퇴촌에 가기 위해서는 아라리에 대해 이야기해야 한다"고 말한다. 퇴촌은 경기도 광주에 있는 작은 마을이며, 상수원보호구역이다. 퇴촌은 시인에게 육체의 병을 잊고, 병과 함께 살아갈 수 있는 영혼의 담금질을 할 수 있는 공간이며, 그곳이 시인에게 가장 안락한 공간이라는 점 또한 느낀다. "강과 나무의 사이"라고 말하는 지점은 자

연의 시간과 인간의 시간이 서로 혼융하고 이해하는 지점이다. 이 지점 속에서 시인은 육체의 소용이 아니라 마음의 소용을 믿는다. "의사의 처방전도 퇴촌에서는 백지가 된다"는 것은 세속에서의 치유가 시인에게는 도움이 안 된다는 말과 다름 아니다. 그의 치유, 치유의 경제학은 "어두워지는 생태환경공원 속 깊은 곳에서 바람 맞으며 습생 목숨들 가쁜 숨 맞으며" 시를 쓰는 일이다. 시로 환생된 상처의 말들은 "아라리"의 리듬을 탄다. 그것으로 아리리는 힘이 센 것이다.

2.

신정민의 시는 발견의 미학이 시 속에서 다양한 형상과 색깔로 드러난다. 발끝으로 지구를 돌릴 수는 없지만 그의 시는 "거리의 무용수"가 "발끝으로 지구를 돌리는"(「발끝으로 지구를 돌리다」) 시선처럼, 이 세계를 새롭게 바라보려는 시적 열망으로 가득 채워져 있다. 신정민에게 발견이란, 이미 있던 것의 버림으로 시작되며 그 버림을 통해 얻는 자각으로부터 출발한다. 버림의 의미 속에는 그동안의 상처와의 결별을 뜻하지만, 사실 상처와의 결별을 통해 또다시 새로운 상처가 형성된다는 점도 간과해서는 안 된다. 신정민은 늘 '희망'이라는 부표를 바라보며 긴 시간의 터널을 지나왔지만, 세상은 그리 달라지지 않았다. 그가 오래도록 보아온 "희망여인숙"의 공간을 얘기하는 것은 '희망'이라는 애매하고도 투박한 관념의 말들을 사랑해서가 아니라 "이 길이 50년 전에 기찻길이었다는 당신의 말을" 떠올렸기 때문이다(「희망여인숙」). 희망이라는 너무나 흔한 말이 우리가 가장 간절히 바라는 말이라는 비유가 시에서는 시간과 공간의 접붙임을 통해 확장되어 드러난다.

신정민에게 가능한 상처의 치유는 말이 가진 소통의 방식을 몸의 발현으로 대상화하여 극복하려 한다. 꽃들이 "딸꾹"하는 딸꾹질은 시적 자아의 딸꾹질과 윤창되면서 가능한 여백을 마련한다(「꽃들이 딸꾹」). "딸꾹"의 말 속에 드러나는 숨김과 지연의 발화는, 그 상처의 순도(純度)를 짐작하고도 남는다. 엄마와의 결별이 시적 자아에게 어떠한 상처의 강도로 다가왔으며, 그것을 오래도록 마음에 묻고 살아왔음을 짐작하게 한다. 꽃잎을 몰래 먹고 꽃이 되려는 엄마의 사연과 자아의 관계 속에서 "세상은 온통 꽃무늬뿐"이라는 이미지를 발견함으로써 새로운 개안을 한다.

사과는
사과꽃에 앉은 별의 더듬이가
맨 처음 닿은 곳에서 썩기 시작한다
바람이 스쳐간 곳,
햇볕이 드나들며 단맛이 돌기 시작한 곳,
맨 처음 빗방울이 떨어진 곳,
사과는
먼 기찻길에서 들려온 기적소리,
사과의 귀가 맨 처음 열린 곳에서 썩기 시작한다

익어가는 거야,

씨앗을 품고 붉어지기 시작한 곳에서
사과는 썩기 시작한다
썩고 있는 체온으로 벌레를 키워
몸 밖으로의 비행을 꿈꾼다
온 힘을 다해 썩은 사과는
비로소 사과가 된다

▶▶▶「맨 처음」 전문

시인은 「맨 처음」이라는 시에서 썩는 부패의 과정을 시간의 적층으로 보는 시선을 거부하고 있다. 썩는 과정, 즉 부패의 계기적 시간성 속에 제일 첫머리를 먼저 상정한다. 이렇듯 '맨 처음'에 시적 방점을 찍는 이유는 사물의 존재가 서로 만나는 처음의 순간이 새로운 창조의 순간임을 직시하기 위해서이다. 보들레르의 오래된 미학과 달리 '부패의 아름다움'을 '추의 미학'으로 보여주지 않고, 맨 "처음 귀가 열리는 곳"의 아름다움을 전하는 것에 초점을 맞춘다. 시에서 "썩기 시작한다"는 과정은 결국 "익어가는 거야"를 말하기 위한 옹알이이다. 또한 이러한 시적 상징은 우리네 보편적 인생의 흐름과도 닮았다. 썩고 있는 인고의 시간은 상처를 경제적으로 치유하기 위한 열정적인 몸부림이며. 새로운 세계의 비행을 위한 예비적 과정인 것이다.

말이 좋아 삭힌 거고 숙성이지 결국은 조금 상한 것 아니겠는가
시들어 꽃답고 늙어 사람답고 막다른 골목이 길답고
깨어 헛것일 때 꿈답던 꿈

우리의 한 시절은 모두 비非철에 이루어진다
냉동실에 안치된 채 구천을 떠돌고 있는 박봉규씨만 봐도 그렇다
노점공구상 그가 폭력적인 단속에 항의하다 분신, 목숨을 잃자
사람들은 그를 열사라 불렀다 우리 모두 열사가 될 수 있는 시대

그는 추리소설의 시작처럼 죽었고 덕분에 살아남은 우리들이 판을 쳤다

어둠아, 사람만큼 상한 영혼을 가진 물건이 어딨더냐
죽을똥 살똥 살아도 허구헌 날, 그날이 그날인 사람아

▶▶▶「홍어」 전문

이러한 썩는 과정과 보편적 인간 삶에 대한 유비적 드러냄은 '홍어'에서 더욱 구체적으로 드러난다. 홍어는 결국 조금 상한 것 아니겠는가라는 말 속에서 시에 등장하는 "박봉규씨"의 삶이 그대로 노출된다. "박봉규씨"는 누구인가. "분신"으로 "열사"의 칭호를 얻은 대중들의 영웅아니던가. 하지만 그것은 결국 "삭힌 거"와 "숙성"의 또 다른 이름과 다름 아니다. "사람만큼 상한 영혼을 가진 물건"은 없다는 언명은 "사람"의 운명과 그것을 책임지는 허울 좋은 명명에 대해 회의하고 있는 부분이다.

신정민이 일상 속에서 시를 쓰는 과정은 스웨터를 짜는 행위와 흡사하다. "구멍이 구멍을 향해 꼬이는 동안 이를 닦고 쓰레기를 버리고 달력을 넘기면서 스웨터를 짜"는 행위는 시를 쓰는 행위와 비견된다(「스웨터」). 그 스웨터를 짜는 손은 "누군가의 따귀를 친 손"이다. 일상의 굴레 속에서 느슨해지면 풀고 촘촘해지면 다시 푸는 스웨터의 짜임처럼, 시인의 자의식 또한 이와 같다.

또한 신정민은 먹는 '입'이 아니라, 말하는 입에 대한 존재론적 자의식을 드러낸다. "얼굴에서 입을 지웠다"(「입」)는 담담한 어조에서 언어를 재료로 사용하는 자신의 미적 지향점에 대한 고민의 흔적을 엿볼 수 있다. 입은 얼굴에서 손으로, 석고상으로, 바닥으로 이동한다. 입의 공간이 이동하며, 입을 존재케 하는 사물이 변화되는 것이다. 이것은 입이 토해내는 말의 성격과 존재 이유가 끊임없이 유동된다는 것을 말해준다. 종내 입은 발바닥에 달라붙는다. 얼굴에서 발바닥으로 이동한 입은 "걸을 때마다 울어"대는 상처받는 존재로 탈바꿈한다. 상처를 체감하고, 이를 운용하여 극복하는 것은 '말'의 노동과 그 경제와도 일견 상통하는 것이다.

신정민은 시적 발견 속에서 상처를 버리고 다시 새로운 상처를 껴안는 과정을 거친다. 일출의 과정에 참여하면서 "깊은 바다 어딘가에 해를 만드는 대장간이 있다"(「해」)고 그 이미지의 이면을 상상한다. 해는 고요히 떠오른다. 그러나 시인의 귀에는 "쇳덩이 두들기는 메질소리"와 "어둠 두들기는 소리"로 가득하다. 해는 붉고 뜨겁다. 가장 강한 붉고 뜨거운 상징인 해를 보며 시인은 담금질을 생각한다. 담금질은 맞을수록 강해지는 법이다. 이 뜨거운 삶의 법칙을 끝없이 사유한다. 시인은 말한다. "모든 문장은 마침표를 향하고 있다"(「공원묘지」)고. 그리고 "죽음은 얼마나 많은 문장을 가졌"다고. 죽음은 끝이 아니며, 다시 새로운 시작인 순환의 원리가 우리가 골몰하는 문장에까지 와 앉아 있다. 한 문장이 끝나고 마침표를 찍으면 또 다른 문장이 시작된다는 본질의 문제가 앞으로 신정민의 시에서 활짝 개화되기를 기다려본다.

통각을 딛고 일어서는 성찰의 시학

: 고석종 시집『말단 형사와 낡은 폐선』

고석종에게는 늘 강력반 형사, 한국의 몇 안 되는 마약전문수사관이라는 직업적 호칭이 따라다닌다. 그가 안고 있는 직업의 특수성은 여타의 직업에 비해 상대적으로 큰 놀람과 반향을 전해준다. 형사라는 직업은 거친 범죄현장의 현실을 매일 경험해야 하는 실존적 정황 속에 노출된다. 그러한 환경 속에서 시를 쓴다는 것은 부단한 자기성찰과 적극적인 인간에 대한 이해가 수반되지 않고는 어려운 일일 것이다.

고석종은 두 가지 실존적 체험 속에 스스로를 연단하고 새로운 세계를 밝혀보려 한다. 하나는 현역 형사로서의 자의식이다. 그는 자신이 형사라는 직업을 적극적으로 드러낸다. 일상의 순간들이 매양 범죄의 사건과 긴밀히 연결되어 있는 직업의 특수성을 마치, 영화의 한 장면을 보듯 섬세하게 표출한다. 고석종에게 그런 일상의 사건들은 무엇을 의미하는지 우리는 고민하게 되고 자신의 내면을 다시 발견하게 된다. 삶과 죽음에 대한 목도, 상처와 거짓으로 점철된 치졸한 사건의 현장, 막장의 삶속을 아무런 반성도 없이 살아가는 족속들, 한 줌의 희망도 없이 감내해가는 욕망의 잔해물들, 이 같은 삶이 우리에게 선사하는 가장 극악한 결과물들을 매순간 지켜보면서 형사라는 실존적 자아의 내면을 적극적으로 드러낸다.

또 하나는 위선이나 거짓과 맞서 싸워야 하는 현실 속에서 인간의 가장 섬세한 정서와 감수성을 길어 올려야 하는 시인으로서의 자의식이다. 고석종에게 형사라는 직업과 시는 서로 길항하며, 서로 맞선 실존의 정황 속을 오고가다, 합(合)하고 스며들어 가장 정직한 언어들을 풀어 놓는다. 이로써 고석종의 시는 단순한 범죄현장이라는 소재의 차원에 머무르지 않고 인간의 본질을 향한 메시지를 강력하게 전하고 있다. 즉 자신이 바라보는 범죄현장을 형사라는 직업적 시선이 아니라 객관적인 이미지로 관찰하고, 범죄를 저지르는 인간의 내면 속으로 파고 들어가 시적자아와 동일시를 시켜버린다.

나는 떼끼다

굶주린 악어처럼 내 후각은 예민하다
먹잇감 앞에서
한 치의 오차도 없이 상황을 예측해야 한다
실수는 절대 용납할 수 없다
노려보는 눈과 눈을 감쪽같이 따돌릴 때
찌르르, 온몸을 타고 흐르는 전류
그 아찔한 손맛
그래서 떼끼는 순간의 예술이다
헛물을 켤 때면
내 그림자는 낡은 헝겊처럼 흔들린다

되돌아보니 등 기댔던 언덕은 모래더미였다

급경사면으로 불어 닥친 편서풍
밑동은 푸석푸석 메말라 갔다

오른손에 성경을 쥐게 해달라는 기도가 채
식기도 전에 떼끼 칼을 쥐어버린 손
거둬들일 수 없는 손

▶▶▶「습벽」 전문

떼끼는 소매치기라는 범죄현장의 용어이다. 고석종의 시에는 일반인들이 잘 모르는 범죄현장에서 사용하는 은어나 용어들이 많이 등장한다. 소매치기라는 범죄자와 시적 자아는 동일시를 이루어 시인은 이미 소매치기의 내면 속으로 들어가 있다. 소매치기의 내면을 통해 시인의 내면을 드러내고, 또한 그 드러냄으로 시를 읽는 자의 내면을 비추게 한다. 즉 시에 등장하는 대상을 내면화하여, 내면화된 대상을 자신의 세계와 함께 직조해낸다. 고석종의 시는 이러한 면에서 타고난 감수성을 가지고 있다.

시에서 시적 자아는 자신을 소매치기라고 폭로한다. 그것은 자신의 범죄를 이미 토로하고, 분석하겠다는 의지라고 볼 수 있다. 소매치기는 예민한 후각과 한 치의 오차도 없는 상황 예측과 실수 없이 눈과 눈을 감쪽같이 따돌리는 자이다. 그래서 시인은 이를 가리켜 '순간의 예술'이라고 한다. 그러나 소매치기의 지나간 삶은 무력하고 허무하다. 되돌아봐야 "등 기댔던 언덕은 모래더미"라는 것을 깨닫는다. 모래더미는 바람을 맞고 서서히 메말라 간다. 소매치기에게 "성경을 쥐게 해달라는 기도"는 하나의 바람일 뿐이다. 기도가 끝나기도 전에 몸은 이미 소매치기를 하기 위해 칼을 들고 있다. 우리는 "거둬들일 수 없는 손"을 가진 소매치기의 현실을 통해 우리 삶의 신산함을 되돌아본다. 의미 있는 삶이라고 단언할 수 있는 우리의 일상은 그리 많지 않기 때문이다.

이렇듯 고석종은 범죄현장의 경험 속에서 만난 여러 군상들을 통해 자신이 바라보는 삶에 대한 태도와 세계관을 드러낸다. 즉 타인의 목소리를 빌어 자아를 되돌아보게 한다. 이런 지점에서 고석종의 시는 긴장을 발생한다. "어둠 속을 기웃거리는 아리랑치기처럼/평생 엄마의 등골을 빼먹은 나는 장르가 비슷한 부축빼기"(「어둠의 여로」) 혹은 "번뜩이는 눈빛에 늘 감시당하고 있는 나는 뻥쟁이"(「백색가루 1: 길 없는 강」)는 "메아리가 오지 않는 절벽만이 내 앞에 있을 뿐"이라는 것을 깨닫는다. "매캐한 떨"이라는 대마초를 흡입한 자는 "들어 봐, 좀 벌레가 내 등을 갉아먹는 소리"를 들으며 자신의 삶을 반성한다(「백색가루 2: 질경이」). "지게꾼"이라고 하는 마약운반책은 자신의 질 안에 마약을 은닉하여 운반한다. 그러한 지게꾼을 "일류 대리모"라 부른다는 데 지게꾼은 자신의 질 속에 마약을 넣고 다니면서 "만삭의 몸으로 수없이 건너다니던 길/진창이었다"고 고백한다(「백색가루 4: 지게꾼」).

고석종이 골목삼촌이라는 건달의 말을 빌어 전하는 마약쟁이들의 내면은 또한 어떠한가. "잔술"이라는 1회 투약분의 히로뽕을 여자들에게 흡입시키는 골목 삼촌은 "나는 그녀의 비린 신음소리를 먹고 사는 골목 삼촌"이라고 자신을 소개하면서 "나는 언제나 이 골목의 진정한 삼촌이었다"라고 말한다(「잔술: 골목 삼촌의 말 1」). 연작시인 골목삼촌의 인생사는 마약을 삼키고 살아야만 하는 인간들의 모습이 구체적으로 투영되어 있다. 골목 삼촌은 "똘마니부터 바닥을 훑고 올"라온 조직폭력배이다. 그에게는 "불시에 들이닥칠 단속반을 감시"하고 "쾌락에 찔린 내 몸은 벌집"이라고 말하며 "꿈속에서도 누군가에게 쫓겨다"니는 삶을 살고 있다(「크리스탈: 골목삼촌의 말 2」). 골목 삼촌은 "베갯잇 적신 눈물도 아랫입술 깨물며 끊겠다던 다짐도/빙수처럼 녹아버린 별들의 밤"을 매일 살아간다(「박치기: 골목삼촌의 말 4」). 그러한 골목 삼촌에게도 "이제 그만, 골목을 떠나야 할 때"라고 생각할 때가 있다. 그런 이유는 "껍데기로 살아왔던/나를 안고 아침을 맞이하고 싶"은 것이다(「폐옥의 뜰: 골목삼촌의 말 5」).

실상 범죄자들이 이런 마음을 갖게 된다고 예측하기는 힘들다. 하지만 고석종의 시적 자아는 강력히 이런 마음일 거라고 이해하고 바란다. 고석종의 시에 드러나는 범죄자들의 목소리에는 애달픈 시인의 정서가 스며들어 있다.

고석종은 범죄인들의 내면 속에서 자신의 젊었던 시절부터 지금까지의 신산한 삶을 회억하고 반성하며, 삶의 가치와 의미를 이러 저리 타진하고 있다.

> 나는 덜컹거리는 한 시절의 봇짐을 짊어지고
> 도시로 흘러들었지, 겁도 없이
> 모퉁이를 돌아 개처럼 뒷골목에 오줌을 갈겼어
> 이제부터 이곳은 내가 접수한다
> 으르렁
> 이빨을 세우며 닥치는 대로 물어뜯었지
> 큭, 큭, 빈 접시도 핥았어
> 도시의 숲속, 화려한 진열장을 기웃거릴 때마다
> 입안에 가득 고인 침
> 희열 같은 신음을 끝없이 뱉어냈지
> — 벌어먹을
> 아무래도 그 진열장의 문을 열 수 없다는 걸
> 깨달은 거야
> 황량한 바람이 뼛속까지 파고들었어
> 쓰레기통을 뒤지며 헐벗음을 채우던 습성

그것을 벗겨 내기란
맨발로 언 자갈밭을 걷는 것보다 더 혹독했지
다가갈수록 멀어져 간 건물들은
금단현상처럼
시퍼런 발톱을 들어내며 잔인하게 웃더군
손가락 사이로 빠져나간 하얀 시간들
나는 지금도 아스팔트 위를 덜컹거리고 있다

▶▶▶「서시」 전문

위의 시는 범죄자의 자화상으로도 읽혀지지만 실상 그 목소리를 빌어 시인 자신의 삶을 드러내려고 한다. 시인의 자화상으로 비춰지는 위의 시는 고석종이 처했던 지난한 삶의 서사를 파노라마처럼 보여주고 있다. 고석종은 전남 완도의 작은 섬인 고금도 출신이다. 시인은 "덜컹거리는 시절" 도시로 흘러들어 거친 삶을 살았다. 시의 화자는 자신의 삶을 가리켜 "개처럼 뒷골목에 오줌을 갈겼어/이제부터 이곳은 내가 접수한다"고 말한다. 그리곤 "이빨을 세우며 닥치는 대로 물어뜯었지"라고 고백한다. 실상 우리의 삶은 타인을 물어뜯고 살아가야만 하는 순간 속에 늘 머물러 있다. 도시 문명 속에서의 인간은 경쟁 속에 담겨져 누군가를 짓밟아야만 일어날 수 있는 조건들 속에서 자유롭지 못하다. 시인은 도시에서의 지나간 삶을 질펀한 언어로 고백하고, 성찰하고 있다. 이러한 성찰의 방식은 오히려 시인의 삶을 더 설득력 있고 이해하게 만든다. 시속에서 어떠한 대처를 마련하기보다 있는 그대로의 자신을 보여주는 태도는 시인이 생각하는 삶을 더욱 긍정적으로 신뢰하게 한다.

내가 보기에 세상의 모든 폐선들은
지 몸 어디엔가 안락의 베개를 베고 누워 있다

(…중략…)
다 닳은 빗자루처럼
허우대만 멀쩡한 말단 형사인 나는
폐선이다, 그러므로
내 몸 어디엔가 안락의 베개가 있을 것이다
오, 생의 막장에서부터 밀려오는 통증
나는 왜, 이 기쁨을 즐기지 않고
세파에 떠내려가지 않으려
입에다 진통제를 한 주먹씩 털어 넣고
긴 목을 빼내어 썰물 같은 신트림만 하는가

▶▶▶「외갓집 가는 길에 폐선이 있다」 부분

고석종이 결국 만나고 싶어 하는 지점은 어디일까. 고석종은 시 속에서 늘 잊지 않고 하늘을 본다. 수사회의와 범죄현장에서의 긴장된 일상 속에서도 "별아, 너는 지금 어디에 있니?"(「별」)라고 묻는다. 고석종에게 별은 지금 여기의 현실을 되새기게 하는 반영의 대상이다. "나는 개다"라고 말하는 시인은 "향락의 구멍에서 주검이 매장된다는" 사실을 알고 있다(「나는 개다」). 내 목줄을 묶어두고 자신을 해부하듯 성찰하는 시인의 의식 속에는 늘 "외갓집"으로 가는 폐선의 심정이 녹아 있다(「외갓집 가는 길에 폐선이 있다」). "안락의 베개를 베고 누워 있다"는 폐선이 시인의 몸이라면 "생의 막장에서부터 밀려오는 통증"을 감지하는 것 또한 시인의 섬세한 의식이다.

고석종의 성찰은 회한과 실망에서 오는 게 아니라 절실한 내면의 실존적 고통 속에서 태어난다. 그럼으로 우리는 고석종의 시를 통해 가장 극적으로 현실을 사랑하는 법을 배울지도 모르겠다.

제3부
part 3

소외와 말줄임의 수사학
: 조현석 시집 『울다, 염소』

공중에 풀린 영원성의 시학
: 박남희 시집 『고장 난 아침』

상처받은 꽃말과 몸말의 소리
: 한문석 시집 『바람개비』

관계의 복원에서 상생의 열림으로
: 조혜전 시집 『기린산방』

그리움으로 향하는 꽃길의 시
: 강수완 시집 『꽃, 모여서 산다』

농담의 수사와 할(喝)의 시학
: 황상순 시집 『농담』

그저 달콤하기만 한 문명의 정치학
: 신혜정 시집 『라면의 정치학』

고통을 딛고 일어선 비상의 꿈
: 손계정 시집 『솔개』

신생의 꿈을 향한 시적 순례
: 이민화 시집 『화몽』

역전(逆轉)을 통한 비움의 길 찾기
: 엄혜숙 시집 『도문(道門)』

흔적의 시학
: 하상만 시집 『간장』

소외와 말줄임의 수사학

: 조현석 시집 『울다, 염소』

소외를 말하는 자에게는 늘 소외를 불러일으키는 외적 혹은 내적 동인(動因)의 그물망이 논평의 뒤를 따라다니곤 한다. 가령, 소외의 언어가 거느리고 있는 사회학적 상상력은 늘 자본과 인간의 상하관계 속에서 타진된다. 이것은 마르크스의 오래된 얘기지만, 소외는 결국 물질 획득을 위한 사회적 교류와 유대 속에서 발생한다. 노동자는 자신의 노동력을 투입한 생산물이 자신과는 상관없는 가치를 위해 쓰여진다는 것을 안다. 이 객체화 현상(objectification)은 노동하는 인간을 폭력적으로 만든다. 객체화가 주체의 소외를 낳을 때, 시의 언어는 인간 본성에 폭력적으로 가한 권위를 응전의 태도로서 드러낸다. 이것이 소외가 창조를 낳는 순간이다. 그렇기에 소외를 말하는 일련의 언술들은 인간 본성의 회복을 반증의 어법으로 표출한다. 또한 소외의 현상이 발생하는 언어적 파장은 소외 이외의 것들을 생각지 못하게 하는 정서적 자장(磁場)을 함유(含有)하고 있다. 그만큼 소외는 절실한 삶을 생각하게 하는 충격적 반응이며, 존재 자체를 무화시킬 수도 있는 강력한 실존의 무기이기도 하다. 다만, 소외의 언어를 바라보고 내면으로 체화하는 과정 속에서 윤리적인 각성으로 빠지지 않기를 바랄 뿐이다.

한 마디로 말해 조현석은 소외의 시인이다. 그가 구현한 소외의 언어들은 정서적 카오스 상태에서 방금 빠져나와 더운 김을 내며 수런거리고 있다. 수사적 치장을 하지 않은 언어들은 서로의 어깨에 몸을 기대고 충혈된 눈으로 낯선 말을 중얼거린다. 새벽이슬이 내릴 때까지 사물거리는 감정의 편린들은 너무 큰 무게로 시인에게 연속적으로 떨어져 내려, 시인은 끝내 말을 마치지 못하고 또 다른 말을 이어간다. 그의 시편들 대다수에 차지하는 말줄임의 어법은 소외로 얽힌 내적 상황을 증언해주고 있는 방법론이다. 그럼 먼저 소외의 언어를 가지게 된 내면적 상흔을 시 속에서 찾거나 그 내력을 짚어보는 작업이 선행되어야 할 것이다.

현대사회는 소외를 경험할 수밖에 없는 공간이다. 일찍이 막스 베버는 관료제를 현대사회의 가장 큰 특징으로 들었다. 즉 합리적 원칙에 의해 조직되는 관료제는 사회의 모든 구조를 원활하게 지탱해나가는 가장 편리한 장치이다. 그러나 이 조직화된 관료제는 개인을 소외시킨다. 굳이 이론을 거론하지 않더라도 문명 도시 속에서 개인이 가지는 소외와 고독과 절망은 자본 문명이 우리에게 가져다준 혹독한 정신적 부산물이다.

말하자면 그는 울분의 힘으로 살아가는 것이다. 그 울분은 자본주의 사회에서 도시인으로 살아갈 수밖에 없는 문명인의 운명 때문만은 아니다. 그것이 억울하다면 인간을 잡아먹는 이 거대한 문명도시를 버리면 그뿐이다. 그의 울분은 문명인이기 이전에 혼돈의 내적 상황을 시로 옮겨 적어야 하는 시인의 운명과도 일부분 결부되어 있다. 조현석은 일찍이 스스로를 '불법체류자'라고 지칭하며 도시 속에서 이방인임을 자처해 왔다. 또한 두 권의 시집을 통해 도시의 현대적 삶을 살아가는 인간의 내면을 구체적인 일상의 세목을 통해 표출하였다. 그가 이전에 펴낸 시집 『불법, ……체류자』는 그러한 시인의 정체성을 '서울'이라는 도시 속에서의 삶을 하나의 허구로 인식하는 시적 테마를 통해 표출하였다.

그가 첫 번째 시집 『에드바르트 뭉크의 꿈꾸는 겨울 스케치』에서부터 두 번째 시집 『불법, ……체류자』를 통과해 이어져온 도시인의 소외와 절망적 인식은 이번 시집을 통해 더욱 그 외연이 확장된 면모를 보이고 있다. 그것은 생물학적인 나이로 불혹을 넘긴 시인이 이제 세상을 살아가는 방법을 깨우치면서, 더욱 시인으로서 가지는 본질에 대한 갈망이 큰 실존의 무게로 다가왔기 때문이다.

> 이곳저곳, 혹은 보이지 않는 곳에까지
> 흩어져 있는, 함부로 뱉은 욕지거리와
> 근사하게 포장된 칭찬들, 그리고
> 떨어지지 않는 입술 움찔거린 청탁(請託)과
> 떼로 굴러가게 만들었던 밀어(密語)들이여
>
> 화려한 수식어 덕지덕지 늘여 붙이며
> 공포스러운 백지에서 벗어나기 위해
> 어쩌지 못하고 써 내려갔던
> 마구 갈겨온 단어와 문장들이여
>
> 뒤흔들면 한 자도 남김없이 떨어져나갈
> 비계덩어리 살점들로
> 수만의 밤과 낮을 태워도 이젠 쓸모없다

볼펜 쥐어야 할 손에 다시 든
술 한 잔 또 한 잔에 늘어나기만 하는
이 검은 오물들, 냄새나는 말 쓰레기들

▶▶▶「지껄이다」 전문

그가 삶 속에서 터득한 것은 지껄임이다. 그 지껄임은 현명한 구실을 하는 방법이 아니라 스스로를 쓸모없다고 생각하게 만드는 반성적 도구일 뿐이다. "함부로 뱉은 욕지거리"와 "근사하게 포장된 칭찬들", "청탁(請託)"과 "밀어(密語)들", "마구 갈겨온 단어와 문장들"은 모두 시인의 내면과 삶의 주변을 감싸고 있는 부정적 지껄임의 증거들이다. 시인은 이 "냄새나는 말 쓰레기들"을 태우기 위해 볼펜을 쥐어야 할 손에 '술 한 잔'을 든다. 시집 첫머리에 등장하는 이 지껄임에 대한 반성은 시인이 계속해서 시의 언어를 망설이게 만드는 내면적 이유이기도 하다.

줄 세운 바지와 와이셔츠만 입은
한 사내가 담배를 연신 물고
입에서 내뿜는 연기의 꼬리가 잘릴 때마다
용틀임하는 바람의 반대로 뒤틀려 사라지고
덜컹대는 길이 그 끝에 끌려온다
기다리는 버스는 도무지 오지 않는다
시간은 담배를 쥔 손가락에 붙들려 있고
계속 피워대는 담배에 살 없는 볼만 더 패일 뿐
간혹 마른기침 커억, 컥 대고
피 섞인 침을 길바닥에 내뱉는다
버스 정거장 뒤편 대리석 의자에 앉아
신문을 펼쳐들면 끌려온 길이

그리로 꼬깃꼬깃 접혀 들어오고
감옥 같은 오피스텔에서 석방된 사람들은
폐병 걸린 버스에 실려 서울로 나가고
사내가 기다리는 통근버스는 오지 않는다
먼지 쌓인 구두 앞에 필터 끝까지 탄 수북한 꽁초들
해는 어느새 현기증 나는 정수리 위로
또다시 남배를 꾀워 문 사내의 몸은
신문지 뒤로 길처럼 자꾸 오그라지고
하얀 와이셔츠는 검은 먼지만 들러붙고
아침부터 그림자 길어지는 퇴근 시간까지
굶은 그 사내의 키는 아침보다 작아지고
사내가 앉은 정거장 길 건너로 라이트를 켠 버스들이
쏜살같이 달려간다, 곧 하루가 저물 것이다
통근버스는 언제 오려는지, 사내는 궁금하지 않은 듯
더 넓게 펼쳐진 신문 뒤에서 머리를 내밀거나
애처로운 눈빛도 보여주지 않는다

▶▶▶「출근하다」 전문

조현석은 많은 시편에서 출근하고 퇴근하는 일상적 삶의 모습을 영화를 찍듯 구체적으로 묘사하고 있다. 위의 시도 도시의 일상을 살아가는 한 사내의 고독과 소외, 불안을 그리고 있다. 출근하는 모습의 "한 사내"는 우리가 주변에서 흔히 볼 수 있는 사내의 모습이다. 피로에 찌든 모습의 사내는 결국 일상이라는 굴레를 벗어날 수 없는 범속한 문명인이다. 문명인의 실상은 "계속 피워대는 담배"로 피로를 참으며, "피 섞인 침을 길바닥에 내뱉"는 건강을 지니고 있다. 출근하는 자들은 "감옥 같은 오피스텔"에 갇혀 있다. 버스는 "폐병 걸린" 병든 물건이다. 오지 않는 통근버스도 마찬가지이다. 하루는 곧 저문다. 사내는 통근버스를 궁금해 하지 않는다. 즉, 일상으로 다시 매몰될 시간을 벗어나고픈 욕망에서 비롯된 것이다.

물러설 수 없어… 다가서는 아찔한… 노란 벽
받아들일 수 없어… 긴, 타인에 의한 쉼이라니
지난 이십 몇 년보다 길었던… 오늘… 하루, … 기나긴
회색 손때와 볼펜똥 덕지덕지한 책상 한가운데 덩그라니
던져진 희디흰… 봉투, … 한 일년쯤, 푹… 쉬라는 말씀
볼썽사나운 불순물처럼 생활 위를 떠다니던 만성…, 피로
언제쯤 푹 쉬어보나 수없이 되뇌이며 쳇바퀴 돌았는데
번개처럼 내려온 강…, 제… 무급휴직

(…중략…)

새벽… 같이, 오래 묵은 습관으로 떠지는
말똥말똥한 눈과 정신…은, 아 어…쩌란 말인가
식은 새벽밥 우겨 넣고 내일도 출근할 거야, 변함없이!
정말 물러날 수 없어… 제일 먼저 사무실 문 열며
출근하는 꿈, 눈앞에 어른거리는데… 받아들일 수 없어…
지난 이십 몇 년보다 길었던… 오늘… 퇴근하는 하루

▶▶▶「아른거리다」 부분

문명사회의 한 개체로 살아가기 위해서는 직업이 필수적이다. 무직으로 인한 정신적, 물질적 피해는 삶을 더 이상 영위할 수 없게 만들 수도 있다. 특히 우리 사회 중년의 실업은 청년 실업 못지않게 큰 문제점으로 부각되고 있다. 위의 시는 무급휴직으로 불안한 중년의 모습을 신랄하게 담고 있다. 시에서는 중얼거림의 어법을 말줄임의 수

사를 통해 표출한다. 끊어지는 말들과 말들 사이에서 불안의 심리적 상태가 더욱 강렬하게 작용되어 느껴진다. 말줄임을 통해 불안한 감정적 편린들이 시 속에 고스란히 모여 있다. 앞에서 살펴보았던 「출근하다」의 그 사내는 불안한 중년의 삶을 살아가는 이 땅의 평범한 직장인일 것이다. 「아른거리다」는 그러한 평범한 사내가 실직의 과정을 통해 겪는 심리적 불안을 그려내고 있다. 사오정, 오륙도 등의 단어가 이른 나이에 정년을 겪는 중년을 상징하는 신조어가 된 것은 이미 잘 아는 사실이다. 45세에 정년을 하고 56세까지 직장에 다니면 '도둑놈' 소리를 듣는다는 이 말은 지금의 우리 사회가 '경쟁'에서 살아남는 자만이 인정을 받는 한 단면을 반영하고 있다. 위의 시에서도 강제 무급휴직을 당하는 장면을 사실적으로 묘사하고 있다. 새벽같이 눈이 떠지는 오래된 직장인의 습관을 토로하는 시적 자아의 자의식 속에는 다른 심오한 이성이 끼어들 여지가 없다. 오직 정당한 노동을 통해 자기 존재의 의미를 확인하고 싶다는 생각뿐이다. 사실 노동 말고는 먹고 살아가는 재화를 획득할 방법은 없다. 그렇기에 휴직이나 실직은 이 사회 구조에서의 이탈을 의미한다. 사회라는 공동구성체 속에서 이탈된 상황을 의미한다. 이탈된 자가 느끼는 불안과 소외의식은 위의 불안한 심리를 통해 잘 드러나고 있다.

실내를 휘젓던 음악마저 죽여버리면
더욱 커지는 침묵… 웅크렸다가 머리 드는
아니, 고요함을 뛰어넘는 정적
그 무게에 짓눌리기 싫어
30촉 짜리 갓등 켜고 앉는다

(…중략…)

남들 출근하는 이 새벽에는
정말이지 갈 곳은 없다는…
생각에… 깊고 깊은 자괴감이 밀려든다
이 우울 어디다 벗어놔야 할까…
사람 붐비는 지하철 역사를 벗어나
지상으로 올라가니
어느새 태양은 머리 위에 있다…

▶▶▶「타고 싶다」 부분

시인(시적 자아)은 침묵을 견디지 못하는 나날 속에서 침묵을 견뎌야만 한다. 더욱 고독한 내면과 현실로부터의 소외가 현실임을 경험해야 한다. 결국 할 수 있는 일은 고요함의 무게를 견디기 위해 "30촉짜리 갓등 켜고 앉는" 일이다. 이번 시에서도 말줄임표와 쉼표들이 반복되면서 혼잣말과 끊지 못하는 언어 사이를 종횡으로 옮겨다니고 있다. 도시를 살아가는 한 개체의 고독과 우울은 "남들 출근하는 이 새벽"에 "정말이지 갈 곳은 없다는…" 고백을 통해 드러난다. 마지막에 "어느새 태양은 머리 위에 있"는 장면을 통해 한 개인의 소외는 아무 일도 없다는 듯 모든 것은 어제처럼 굴러가는 현실을 반영한다.

출근하는 자도 출근하지 못하는 자도 공통적으로 느끼는 것은 소외의식이다. 문명사회에서 인간이 자기동일성을 잃어버리고 자기 자신이나 세계, 공동체 집단, 사물로부터 단절되어 있는 불안한 상태를 언제든지 느끼는 것이다. 소외를 불러일으키는 원인과 이유는 문명사회가 안고 있는 구조적인 문제 때문이겠지만 또 하나의 원인은 시인으로서 가지는 자의식 때문이다. 시인은 출근길처럼 "늘 소화불량"이며 "분주하다"(「뒤틀리다」). 현실은 상황이 어찌되었든 "소화불량은 계속"되는 멈출 수 없는 시간을 제공해준다. 이런 현실 속에서 시인이 맡는 공기는 "비린내가 진하고 역한 도저히 맡을 수 없는 냄새"이다. 시인이 생각하는 현실 또한 "역시 바깥은 치열하지 않으면 안 되는 거"라는 "발을 떼어 앞으로 나아가지 못하게 만드는 진한 피비린내"(「덤벼든다」)라는 것이 현실이라는 점도 잘 인식하고 있다.

그러나 시인은 이러한 사회에 살아가면서도 종내에는 편입되지 않고 이탈하고 싶은 생각에 휩싸인다. 시인은 한밤 내 "세상의 온갖 말"을 듣는 존재이기 때문이다. "뿌리 내리지 못한 공중의 나무들"이 시인이며 "밤이 되어서야" "얼어붙었던 입을 푸는" 나무들 같은 존재이다. 시인이 가진 "해독할 수 없는 지하의 언어들"(「되피우다」)을 어떤 방식으로든지 풀어내지 않으면 안 되는 존재가 바로 시인이다. 침묵을 통해 말을 참는 법을 배우지만 긴 침묵은 또 다른 발화의 욕망만을 낳을 뿐이다. 참지 못해 뿜어져 나오는 시인의 발화는 정상적인 문장이 되지 못하고 불편한 문장이 끊어질 듯 이어지는 방법을 통해 표출된다.

> 어떻게… 이런 곳에까지
> 앞뒤가 떠오르지… 않는다
> 도무지… 믿어지질 않는다
> 천연색 꿈이 꾸어지던… 그날도
> 검은… 것이… 나를 지배했다
> 만약 눈을 감고도 볼 수 있다면
> …태양도 검고 …건물도 검고
> 타들어 가는 피부마저… 검을까
> 하나밖에 없는… 거울도 검고
> 거울에 비치는 눈의 흰자위도 온통
> 검을까… 검은… 슬픔과 고독
> 검은 비애… 검은 울음은 어떨까
> 어떻게… 이런 곳에까지
> 앞뒤가 떠오르지… 않는다

도무지… 믿어지질 않는다
숨을 잠시 멈추었던 것뿐인데
머리… 속은 온통 검은 것뿐
검은 과거만… 떠오르고
검은 현실 난데없이 펼쳐지고
돌아갈 수 없는, 아 피할 수 없는
검은 미래만이 여기에서…

▶▶▶「검다」 전문

대표적으로 말줄임의 수사를 보여주고 있는 위의 시는 불안하고 절망적인 자아의 심리를 표현한 시이다. 끊어질 듯 이어지는 중얼거림은 시적 자아의 분열적이고 황폐화된 정신을 나타내는 것만을 표출하는 것은 아니다. 자신이 갖고 있는 내면의 상흔과 정서를 토로할 수 있는 가장 적극적인 언어 표출방식이다. 말줄임표 사이에 숨어 있는 행간은 더욱 중요한 시인의 삶의 이력이 될 것이다. 말줄임의 정서가 배태되기까지 구체적 삶의 예증은 시에 나타나지 않는다. 시에는 정서의 드러냄만 보일 뿐이다. 소외가 가져다 준 분열적 상황을 극복할 만한 방안이 시 속에서 적극적으로 드러나는 것은 아니다. 오히려 소외를 극복하고 내면을 치유할 방안을 찾았다면 굳이 시가 필요하지 않을 수도 있다.

조현석은 이번 시집에서 독특한 시제 짓기의 방법을 보여주고 있다. 몇 시를 제외하고는 모두 "~다"로 끝나는 서술형을 시집의 제목으로 삼고 있다. 서술의 제목이 시집의 통일성에도 적지 않은 영향을 주었겠지만 더욱 중요한 것은 서술형의 제목을 통해 소외를 감싸안는 내면의 고통과 우울은 계속해서 진행되고 있다는 암시이다. 과거에도 진행되었으며 현재에도 앞으로의 미래에도 진행되고 있다는 암시는 시제의 서술형을 통해 드러나고 있는 것이다. 좀 과장된 해석이라 할지라도 그것이 조현석의 시를 윤리적 해석의 그물망에서 자유롭게 하는 부분이라 생각한다.

또한 조현석은 시집의 3부에서 다수의 연시(戀詩)를 선보이고 있다. 그대에게 보내는 연서 혹은 편지를 날것의 언어를 통해 보여준다. 자칫 3부에 놓여진 연시를 통해 소외 극복의 방안으로 오해할 수도 있겠지만, 이번 연시는 또 다른 소외를 불러일으키는 하나의 사건에 지나지 않는다. 일상적인 아픔과 절망이 '사랑'이라는 이름으로 하나 더 보태어지는 것이다. 그가 깨우친 사랑은 이별의 방식을 통해서이다. 즉 기대하지 않는 것, 절망을 일찍 깨우치는 것을 통해 사랑의 의미를 대략 짚어보는 것이다.

조현석이 시 속에서 내놓은 소외 극복의 방식을 굳이 말한다면, 그것은 성찰의 방식을 통해서일 것이다. 성찰의 방식은 아주 평범한 일상의 사건을 통해 이루어진다.

마음보다 몸이 먼저 화들짝 놀란다
사방이 겨우 1미터도 안 되는 샤워부스 안
알몸으로 서면 온몸에 닭살이 돋아난다
이제 성수聖水를 맞으며 고백할 시간이다
오늘 안일했지만 무사함에 역시 감사해 하며
눈앞을 가리며 사각斜角으로 끊이지 않고
쏟아지는 차디찬 물은 이미 낡은 축복이다
차고 넘치기에, 혹여 분에 넘친 저주일지도 모른다
정수리 끝에 덕지덕지 묻혀온 반나절 동안의 비굴과
머리카락에 껌처럼 매달린, 나머지 반나절의 위선과
조금 살찐 목살에 들러붙은 구역질나던 욕지거리와
토실한 견장뼈 위에 내려앉은 능청스러움 따위가
거품에 스며들어 부풀어 오르다가 하수구로 쓸려갈 것이다

비릿한 장마처럼 퍼붓는 세찬 물줄기에도 등 뒤에 달라붙은
물이끼 같은 치욕은 떨어지지 않아 움찔움찔 사타구니가 지린다
가끔 심장이 멈출 만한 회한이 왼쪽 가슴을 짓누르고
부르르 몸을 끓게 하는 상대를 모를 적대감에 놀라기도 하지만
잠깐 생각을 멈추면 다시 속은 냉랭해진다
물방울 뚝뚝 흐르는 유리문 열고 전신거울 앞에 서면
소화되지 못한 욕정에 불룩해진 뱃살이 건드릴수록
더 출렁거리는 욕심이 가슴을 마구 짓눌러온다
비쩍 말라버린 비정상의 두 다리가 한눈에 들어온다
경건하기도 고통스럽기도 한 샤워로 몸은 말끔해지지만
늘 불안한 마음은 씻어지지 않는다

▶▶▶「말끔하다」 전문

조현석에게 반성의 시간은 몸을 닦는 행위를 통해 가시화된다. 마음보다 몸이 먼저 성찰을 느끼는 것으로 시작한다. 샤워 부스에서 쏟아지는 물을 '성수(聖水)'라고 생각하는 것에는 지금 현실의 삶을 고백하고 싶은 내면적 욕망 때문이다. 차고 넘치는 샤워기의 물은 "이미 낡은 축복"이라 말한다. 그의 몸에 매달린 것은 무엇인가. "비굴"과 "위선"과 "욕지거리"와 "능청스러움 따위"가 몸 구석구석에 붙어 있다. 잘 떨어지지 않는 "물이끼 같은 치욕"도 벗겨낸다. 그럼에도 "소화되지 못한 욕정"은 남아 있다. 더 출렁거리는 욕심이 가슴을 짓누르는 것이다. 샤워를 통해 몸을 씻어내는 행위는 시인이 터득한 성찰과 고백의 시간을 마련해준다. 그러나 이것으로 문명인이 가지는 지난한 삶에 대한 모든 죄책감이 사라지는 것은 아니다. 시인이 거행한 샤워는 "경건하기도 고통스럽기도 한" 사건이다. "몸은 말끔해지지만/늘 불안한 마음은 씻어지지 않는" 굴레 속에 또다시 들어가야 하는 운명을 아는 것이다.

비어 있던 속, 기름기 없던 뱃속으로
푹 삶아진 염소가 갈기갈기 찢겨져 들어왔다
술 몇 잔과 더불어 신선한 공기도 몇 됫박
소독되지 않은 단양 하선암 생수도 몇 컵
해체된 염소 몸이 남긴 갖은 부속물을
소주 반 잔과 함께 목구멍으로 넘기어
배 속 깊은 곳에 가두었다
밤새 되새김질하는 염소가 운다
울음이 깊을 때마다 몸이 요동쳤다
속 편해지려고 되지도 않은 되새김질을
나도 여러 번, 하고 또 했지만
날카로운 뿔에 받혀 상처가 난 듯 꾸르르륵…
더부룩했다, 밤새 염소가 풀밭이 아닌
융단 같은 위 속에서 이리저리 뛰어놀았다
낮에 몸 부딪는 축구를 해서인지
왼쪽 어깨가 아파 오른쪽으로 돌아눕고
등이 배겨 배를 깔고 돌아누웠던, 아침이
다가오는 몇 시간 동안 쉬지 않고 그 놈이 울었다
비가 부슬부슬 내리는 먼동 무렵에
잠 깨어 물안개 피어오른 계곡을 거닐 때
예전에 잠시 그곳에서 뛰놀던 염소가
세차게 방파제를 때리던 태풍 속 파도처럼 요동쳤다
빠르게 달려간 구식 화장실에 엉덩이를 까고 앉아
시끄럽게 괴롭히던 염소를 끄집어냈다
쫘르르 쏴아아아아아… 자신이 놀던 곳으로 염소는
회오리 물살에 묻혀 돌아가려던 것이다
찬바람 불고 찬비 내리는 단양 하선암 계곡

물가에 자리 잡고 앉아 몇몇이 두런거렸던 그날

▶▶▶「울다, 염소」 전문

시에서 염소는 죽은 고깃덩이에 불과하다. 하지만 시인의 상상력은 죽은 고깃덩이에도 영혼이 있을 거라는 믿음에서 비롯된다. 살아 있는 염소와 음식을 구분하지 않는 시적자아는 결국 시원(始原)을 갈구하는 영혼을 지닌 자이다. 시인은 염소의 부속물을 뱃속에 '가두었다'고 했다. 그것은 자아가 타자인 염소를 장악하는 방법이다. 좀 더 의미를 넓혀 말하면 시인은 살아 있는, 생명을 죽여 그것을 음식물로 섭생하는 인간의 폭력성을 스스로의 몸을 통해 느끼고 있다. 이러한 육식의 폭력성은 본능적인 것이다. 그러나 본능적인 것은 인간의 이성 속에서는 늘 불편한 죄책감을 불러일으키기 마련이다. 죄책감은 인간의 몸을 통해 이성으로 전달된다. 위 속에서 염소는 "몇 시간 동안 쉬지 않고" 운다. 염소의 원래 자리는 "풀밭"이며 "물안개 피어오른 계곡"이다. 있어야 할 자리에 있지 않고 시인의 뱃속에 들어찬 염소의 살점을 참지 못해한다. 결국 배변을 통해 염소를 배출해 낸다. 이것은 상징적인 장면이다. '배변'은 생리적인 현상을 넘어 본성의 지점, 본래의 자리로 되돌아가고픈 시인의 지향점과 욕망을 잘 표현해 준다.

조현석은 이번 시집을 통해 문명인으로서 살아가는 자아의 내면을 말줄임의 수사를 통해 보여준다. 눈여겨 볼 것은 시집의 후반부로 갈수록 자신을 해부하듯 그려내고 있는 소외의 발화가 점차 사물로 전이됨을 볼 수 있다. 말하고 있는 자는 여전히 시인이지만, 말하는 자가 그려내는 대상은 '안'에서 '바깥'으로 옮겨가고 '자아'에서 '타자'로 이동된다. 자아가 바라보는 풍경 또한 자아의 심적 상태와 세계관으로 삼투되어 발현되고 있다. "달디단 잠을 청해야 하는 새벽 4시"(「뒤뚱거리다, 비둘기」)의 시간에 깨지 않고 있는 시인의 뒷모습이 시집의 곳곳에 스며있다. 시인은 이 거대한 도시를 "허옇게 녹아 내린 도시"라고,

"그날 얘기는 누구나 할 것이다"고 말한다. 하지만 "숨막힌 연무(煙霧) 속에서/녹아들었던 희망"을 슬쩍 얘기하는 시인은 시 때문에 비로소 꿈꿀 수 있는 것이다.

공중에 풀린 영원성의 시학

: 박남희 시집 『고장 난 아침』

박남희는 늘 그늘진 곳에 가리어진 작은 존재에 대해 탐색해 왔다. 이를테면 문명 속에서 길을 잃은 '폐차장'의 주소를 복원하여, 그 자리가 훼손된 자리가 아닌 우리가 잠시 잊고 있었던 자리라는 점을 감동적으로 보여주었다. 지금의 문명은 파괴된 자리가 새로운 자리이며, 보존하는 자리가 구태한 자리라는 엉뚱한 윤리의식을 강요케 한다. 그런 의미에서 오랫동안 박남희가 견지해온 정적(靜寂)의 공간들은 이미 속도에 적응된 우리들에게 설득력 있는 성찰의 기회를 마련해 주었다. 그러나 그의 관심사는 소외된 존재를 영웅화시키는 시적 '세계화'에 있지 않다. 박남희의 시는 강한 자장으로 충격을 가하는 일종의 '환기' 역할보다는 사유의 촉수가 사물 속으로 파고들어가 진맥하는 광경을 더 많이 보여준다. 그의 시선이 가닿는 공간과 사물들은 조용히 수런거리다 스스로의 존재를 되묻기도 하며, 때론 생(生)과 멸(滅)의 고단함에 슬쩍 눈을 감기도 한다. 즉 박남희의 시적 공간 속에서 꿈틀거리는 사물이나, 배경으로 병풍쳐진 자연은 모두 시인의 오랜 사유 속에서 숙성되어 배출된 이른바 삭힌 언어들이다. 박남희의 시 속에 자주 출몰하는 아포리즘과 오도(悟道)의 방백들은 자주 우리를 시속에서 서성거리게 만든다. 이렇게 오랫동안 곰삭은 사유의 편린들은 스스로의 내압을 견디지 못하고 뛰쳐나와 시의 언어들을 한 마디씩 거드는 것이다.

박남희의 이번 시집은 "폐차장 근처"에 가닿은 존재에 대한 애정이 "이불 속의 쥐"라는 작은 생명을 만나 누리게 된 특별한 경험이 내면화되어 있다. 그 경험은 새로운 시간에 대한 통정(通情)을 보여주는 시적 상황으로 드러난다. 박남희가 발굴해낸 소외의 공간들은 숨겨둔 공간을 유물화시켜 발굴한 공간이 아니라, 시적 주체의 사유가 빚어낸 은유로서의 공간이다. 결국 박남희의 소외된 공간은 주체의 사유가 적극적으로 개입한 '사유(思惟)의 사유지(私有地)'이다. 박남희는 시적 대상이 마련한 소외의 세계 속에 '시간'이라는 그물을 투망질한다.

> 그해 겨울 강물은 구름 밑 산자락에
> 멱살만 남겨놓고
> 어디론가 흘러갔어요
>
> 쌀 독 깊이 파고들던 쌀벌레들이
> 몸이 추워, 쌀독 밖으로 기어 나오고
> 사춘기를 갓 지나던 내 청춘은
> 찬 바람이 정의하던 시대를 거슬러
> 마당가 붉은 흙을 녹이던
> 햇살 한줌으로 머물고 싶었어요

무언가 멱살이 필요하던 시대
나무들은 바람에게 멱살을 잡혀
사정없이 흔들리다
우수수 이파리들을 모두 떨구며
제 뿌리를 아파했어요

거리마다 말들은 무성했으나
그것은 단지 행방을 알 수 없는 낙엽이거나
휴지조각이 되어가던 채권일 뿐
좀처럼 멱살의 정체를 알 수 없었어요

겨울바람은 그 때 나에게
구름의 멱살을 잡는 법을 가르쳐 주었어요
어느 순간 하얀 쌀밥이 되었다가 돌연
글썽글썽 눈물이 되어 떨어지던 구름은
한순간, 바람에게 멱살이 잡혀 끌려 다니다가
끝내 멱살만 남곤 했어요

그 때부터 일기장을 채워가던 내 안의 말들은
스스로 알 수 없는 행렬을 갖추더니
번지를 알 수 없는 멱살이 되었어요
시가 되었어요

내 청춘의 일기장엔 끝내
멱살만 남았어요

▶▶▶「멱살만 남았어요」 전문

위의 시에서는 박남희의 시적 정체성을 보여주고 있다. 정체를 알 수 없는 울분이 시가 되었다는 고백을 사회적 시간 속에서 탐망한다. 사회적 시간은 우리 공동체가 겪은 시간과 그 속에서 개인이 겪은 특별한 경험들이 모두 투영된 시간이다. 멱살만 남은 시대는 화려한 것들은 모두 지나간 시간이다. 자연이 남기고 간 것은 "겨울 강물"이며, 시인에게 남은 것은 "멱살"로 말해지는 정체를 알 수 없는 울분이다. 시 속에서 울분의 정확한 사연은 알 수 없지만, 울분의 연유가 될 만한 주체의 사정은 짐작할 수 있다.

"찬바람이 정의하던 시대"는 아마 냉혹한 현실이었을 테고, 그 냉혹함을 감당하기 힘든 시대였을 것이다. 시인의 "청춘"은 이제 막 사춘기를 지나고 있는 순수한 영혼이다. 이미 그의 영혼에 깃든 것은 야망과 희망이 아니라 "햇살 한줌으로 머물고 싶"다는 것이다. 이 여린 청춘에게 "햇살 한 줌"이면 된다고 마음먹게 한 것은 다름 아닌 "멱살이 필요하던 시대"이다. 결국 시인이 찾은 방법은 "구름의 멱살을 잡는 법"을 배우는 것이다. 그 내공의 말들이 축적되어 "시"가 되었다는 고백은 그의 시적 지향점을 상징적으로 보여주는 증언이다. 시인이라는 천형을 짊어지게 된 시적 주체의 내면은 늘 고통스럽다. 그 고통의 발원지를 시인은 어디에서 찾는가.

어깨와 허리가 결리기 시작한 것은
사고가 난 후 며칠만의 일이다
큰 차와 작은 차의 충돌이나
피해자와 가해자라는 입장만으로는
통증이 잘 설명되지 않는다

통증은 허공으로부터 온다
허공끼리의 충돌이 통증을 불러온다

허공은 무수한 통증을 숨기고 있다가
딱딱한 물체끼리 충돌하는 순간
딱딱한 감촉 속으로 스며들어온다

공중에 떠돌아다니는 통증은
이전에 누군가 버린 것들이다
통증은 스스로가 있던 몸의 부위를
잘도 기억해낸다
허공과 허공이 부딪히는 순간
본래의 자리를 찾아가는 기억합금처럼
통증은 딱딱한 몸으로 스민다

딱딱해진다는 게 문제다
몸은 어떤 물체와 충돌하는 순간 딱딱해진다
부드러움을 잃는다는 것이 사실은 통증이다
사고가 난 후 며칠 만에 찾아온 통증은
이전의 누군가의 상처와 이별하느라고
무척이나 힘들었을 것이다

나는 이왕에 딱딱해졌으니
당분간은 통증과 친해져 볼 생각이다
내 안에서 와글와글
통증이 새로운 언어를 찾는 소리가 들린다

시가 써질 모양이다

▶▶▶「통증은 허공으로부터 온다」 전문

형상기억합금은 가공된 어떤 물체가 망가지거나 변형되어도 끓는 물 등으로 열을 가하면 원래의 형상으로 되돌아가는 합금을 말한다. 박남희는 출처를 알 수 없는 통각을 예민한 감수성으로 느낀다. 통증이 허공으로부터 온다는 시인의 경험은 시인이라는 주체가 겪은 특별한 감각에서 연유된다. 교통사고로 야기된 통증의 원인이 "허공끼리의 충돌"이라는 다소 과학적 이유를 시인은 설득력 있게 진술한다.

공중에 통증이 떠돌아다니는 것은, 이 세계에 존재하는 사람들이 버린 고통의 폐기물들 때문이다. 시인에게 통증은 "부드러움을 잃는" 것이다. "잃는 것"은 또한 이별의 경험이며, 그 경험은 고통을 수반한다. 시인이 기억하고 있는 것은 부드러움을 잃은 몸이며, 그 상실의 기억으로 인해 통증은 더 감각적으로 느껴진다. 시인은 육체적 고통보다 정신적인 고통의 수위가 더 깊이 감응되는 감각기관을 가진 존재이다. 그가 고백하는 통증의 기원은, 상실의 고통으로부터 "본래의 자리를 찾아가는" 과정 속에서 부침되어져 오랜 시간 돌보아온 통각이다.

시인이 말한 환지통의 고백은 "새로운 언어를 찾는 소리"라는 본질을 말하기 위해 추수된 것이다. 시인은 결국 "시"라는 본질에 대해 고백하고 있다. 위 두 편의 시는 이번 시집에서 말하고자 하는 시적 정체성을 대표적으로 보여주고 있다.

박남희가 이번에 마련한 공간은 이미 한 바퀴 돌아본 일상적 공간의 어디쯤이 아니다. 시인에게 시는 고통과 통증의 흔적이며, 또한 통증으로부터 구해낼 절박한 도구이다. 박남희는 이제 "허공"에 존재의 무게를 던져놓는다. 허공은 시간이 다른 방향으로 흘러갈 수 있는 곳이다. 계기된 시간성이 탈각된 허공은 "바람 같은 것"이며, "상징 같은 것"인 "비문"이다(「비문」). 허공 속에서 "온몸으로 말을 하려는 것"이다. 즉 "스스로가 경전"인 시간과 공간을 그려보고 싶은 욕망이 이곳저곳에서 꿈틀거린다.

어쩐 일인지 나의 아침은 해가 뜨지 않고 해가 진다
그러므로 조금 전 내가 먹는 밥은 아침밥이 아니고 저녁밥인 모양이다
아침을 기다리듯 지금 내가 기다리는 여인은
손예진 같이 생긴 젊은 애인이 아니고 마흔이 넘은 아내다
아내는 조금 전 내가 알지 못하는 길 쪽으로 걸어와
어둠보다 늦게 도착했다 그러나 다행히 새벽은 아니다
내가 읽은 책은 자꾸만 인생을 말하려고만 하고
나는 아침에 넘긴 책장 부근에서 자꾸 서쪽 하늘을 보게 된다
요즘은 거꾸로 나이를 먹는 파도가 반갑고
밀려왔다가 금방 다시 밀려가서
모래 위의 흔적을 지우는 것들의 단호함이 부럽다
동쪽 해가 하늘을 비껴 아름다울 때 내 그림자가 다른 그림자와
자주 겹쳐지는 것을 좋아하는 것을 보면 분명 아침은 아침인데,
한밤중이 다 되어서야 학교 갔다 돌아오는 고3 아들을 보니
내 아침은 참으로 고장 난 아침이다

▶▶▶「고장 난 아침」 전문

새로운 "허공의 시간"을 감각한 시인은 특별한 아침을 맞이한다. 바로 "고장 난 아침"이다. "해가 지는 아침"이라는 불구의 시간을 시인은 담담히 받아들이면서 즐기고 있다. "어쩐 일인지"라며 뜬금없는 표정을 보이다가 "내가 먹는 밥은 아침밥이 아니고 저녁밥인 모양이다"라며 천연덕스러운 태도를 보인다. 시인에게 시간이 뒤바뀌니 "해가 지는 아침"은 이제 일상적인 일이 된 모양이다. 일상의 일들이 뒤바뀐 시간 속에서 굴러가고 있는 모습을 보여주며, 시인이 가진 내면이 세파 속에서 녹록치 않음을 보여준다. 이제 담담히 받아들이면서 싫으면 싫고, 부러우면 부러운 산책자로 와 있다. 시인은 세상을 보이는 대로 보고 느끼는 대로 느끼며 산다. 그러나 세상의 지식인 책은 자꾸만

타인의 인생을 설명하려 한다. 시인에게는 "파도"가 반갑고 파도가 만들어내는 단호함이 부럽다. 시인은 고장 난 아침에 살고 있지만, 자연이 주는 교훈은 잊지 않는다.

박남희의 자연은 주체와 대상의 관계 속에서 길항하거나 서로 화해하는 전형적인 모습이라기보다 시인의 생각대로 조금씩 자연의 새로운 형상을 보여주는 비밀의 속삭임에 가깝다.

달이 둥글다고 달빛도 둥근 것이 아니야
실타래가 실을 술술 풀어내듯
달이 제 몸을 풀어내는 것이 달빛이 아니야

달빛은 달의 것이 아니야
달 뒤에 숨은 어둠의 것이야
동백 이파리에 깃든 저 달빛 좀 봐
멀리 멀리
달의 그늘을 끌어당기고 있는 것 좀 봐

빛을 떼어낸 자리에 어둠이 있다는 거
이미 온 몸으로 체득하였다는 듯이
먼 어둠을 향해 빛을 퉁겨내고 있는 것 좀 봐

달빛을 끌어당겨 활짝 꽃 피우고
다시 빛을 놓아주는 저 동백의 모가지 좀 봐

달빛이 어떻게 생겨나 어디로 흘러가는지
언제 흘러와 어떻게 꽃피고 열매 맺는지
삼라만상에 출렁이는 꽃과 나무,

강물과 바닷물을 보고 있으면
달빛의 구조를 알 수 있어

그러므로 달빛은 달의 것이 아니야
달이 밝다고 달빛도 밝은 것이 아니야
달빛을 보려면
삼라만상에 그득한 생명들의 표정을 보면 돼

자, 이제 내 얼굴에서 달빛을 찾아 봐

▶▶▶「달빛의 구조」 전문

이제 시인은 자연을 새롭게 바라보려는 시선을 보여준다. 달빛이라는 형상을 구조의 용어로 객관화시키려는 시인의 의지가 엿보이는 작품이다. 시각을 공간화시켜 설득하는 시인의 사유를 따라가 보는 재미가 만만치 않다. 시인은 달빛이 달의 일부분이라는 보편적 생각을 탈피한다. 이전에는 없었던 자연의 이면을 생각하고 그것의 새로운 본질을 발견해내려고 한다. 시인은 달빛은 "어둠의 것"이라고 한다. 그 달빛의 정체를 파악할 수 있는 비교대상으로 "동백꽃"을 등장시킨다. 동백꽃이 피고 지는 과정을 달빛의 힘이 작용한 결과로 생각한다. 동백의 개화는 "달빛을 뜰어당"긴 결과이고, 지는 순간은 "다시 빛을 놓아주는" 결과이다. 달빛의 구조는 동백뿐 아니라 "삼라만상에 출렁이는 꽃과 나무"를 통해 알 수 있다. 자연의 일부를 통해 본질을 꿰뚫어보려는 시인의 시선 속에 오래된 동양의 본질적 사상을 엿볼 수 있다. 하지만 박남희에게는 사상의 표출보다는 달빛이 거느린 어둠을 발견해내는 직관의 힘이 더욱 중요하다.

사랑이란 그런 것이다

구름 곁에 구름을 세워두는 일
구름과 구름이 만나 빗줄기를 쏟아내는 일
천지에 천둥과 번개를 가득 채우는 일

그런 계절을 그냥 여름이라고만 말해서는 안된다
뜨겁다고 축축하다고 다 여름은 아니니까
그러므로 여름이 비를 몰고 온 건 아니다
그건 모두 알 수 없는 구름의 일

가령 꽃 같은 것이 문득 구름을 아무데나
우두커니 세워두는 일을
계절의 언어로는 쉽게 해명할 수 없다

구름 밑의 흙이 축축해지는 것도 구름의 일
그러니까 사랑은 구름의 일

그 후에도 구름은 종종
그곳에 빗줄기를 오래 세워둔 적이 있다

▶▶▶「사랑은 구름의 일」 부분

구름을 통해 "사랑"을 말하는 방식 또한 새롭다. 사랑이라는 보편적 정서를 구름을 통해 이야기한다. 시에서 구름은 시인의 사유에 덧입혀져 의인화되어 있다. 구름의 속성은 많은 부피의 몸을 가지고 있다는 것이고, 그 몸은 언젠가는 쏟아내야 할 부피의 운명을 가지고 있다. 시인은 구름의 형상이 "생각"이거나 "할 말들"이라고 한다. 구름은 쏟아내야 할 운명이므로, 사랑 또한 구름과 같다고 생각한다. 그러나 구름이 그냥 쏟아버리는 것만은 아니다. "구름 곁에 구름을 세워두기도" 하고, 구름과 구름이 서로 만나 빗줄기를 쏟아내기도 하며, 천둥과 번개를 가득 채우기도 한다. 이 모든 자연현상들이 사랑의 일과 닮았다는 사유는 자연을 통해, 막연한 정서를 구체적인 감각으로 보듬어 제시하는 방법이다.

물고기들은 물속을 헤엄치다가 이따금씩 물 위로 뛰어오른다
물고기들도 가끔은 물 위의 세계가 그리운 것이다
하지만 幻이 거느리고 있는 것은 생보다는 죽음인 경우가 많다
물 밖의 세계가 그렇다, 쏘가리나 꺽지 같은
어비산(漁飛山) 민물고기들은
물 밖의 생을 그리며 공중으로 날아오르려고 몸부림치지만
그들이 날아오른 곳은 종종 죽음의 땅이다

나는 오늘도 밤하늘을 보며
물고기자리 근처에 있는 幻의 지느러미를 본다
지상에서 幻을 꿈꾸다 죽은 것들로 이루어진 저 별들은
또 무엇을 향해 헤엄치고 있는 것일까

幻의 지느러미가 수놓은 반짝이는 물살이
어두운 밤하늘을 이끌고 어디론가 가고 있다

▶▶▶「환의 지느러미」 부분

어느 날 하늘은 내 청춘과 함께
어둠을 이고, 바다를 이고
불을 이고, 속도를 이고

어디론가 가고 있었다

하늘은 점 점 몸이 달아올랐다

드디어 하늘은 엽서를 쓰기 시작했다
이메일을 쓰고 문자를 날렸다
마음속을 빠져나간 하늘은
컴퓨터 속으로 들어와 있었다
하늘은 어느새 복제 되어 짝퉁이 되어 있었다

자세히 보니 하늘은
상표가 붙어 있었다
옥션에 신상품으로 올라있었다

클릭, 클릭, 클릭...
순식간에 하늘이 품절되었다

▶▶▶「하늘 변천사」 부분

박남희가 자연을 통해 말하고자 했던 것은 자연의 뒤쪽편이 가진 형상이다. 그 형상을 통해 새로운 존재의 본질을 탐하려는 것이다. 이 세계는 환멸이 판을 치는 세계이다. 그러나 우리는 이 세계를 떠날 수 없다. 이 세계를 떠나는 꿈을 "환"이라고 한다면, 시인의 말대로 "물고기들도 가끔은 물 위의 세계가 그리운 것이다". 그러나 우리 인간처럼 "幻이 거느리고 있는 것은 생보다는 죽음인 경우가 많다"는 것이 지금의 현실이다.

시인은 "환"의 차원에서 자연을 이상적인 세계로만 칭송하지 않는다. 가령 「하늘 변천사」에서는 스스로 감각한 하늘에 대한 변천사를 개별적인 기호를 통해 드러내고 있다. 하늘이 어머니이자, 새총이고, 구슬이었던 시인에게 하늘의 몸은 점점 달아올라가는 속도의 욕망으로 변화된다. 자연을 통해 이 땅에 존재하는 문명에 대한 사유를 풀어낸다. 시에서 하늘은 시인의 마음속을 빠져나가 "컴퓨터 속"으로 들어가고 기어이 복제되어 짝퉁이 된다. 그리고 하늘마저 자본주의의 실험물이 되어 상품화된다. 물도 상품화되고 공기도 상품화되는 물질문명 시대에 하늘 또한 옥션에서 상품화되는 시대가 오지 않으리란 법도 없다.

명왕성 근처에서 보면 지구가
창백한 푸른 점으로 보이는 것은
작은 점에 불과한 지구가
어느 별에게도 말할 수 없는 큰 비밀을 가지고
덜덜 떨고 있기 때문이다

악몽이 멈추지 않고 반복되듯
마침표이면서도 쉽게 마쳐지지 않는
먼지이면서도 아주 사라지지 않는
견딜 수 없이 뼈아픈,

저 작은 점은

과연 누가 써 놓은 어떤 문장의 마침표일까?

▶▶▶「창백한 푸른 점」 부분

동굴을 살려주세요
동굴 속에 살던 이름들을 살려주세요

그 이름들이 끌고 세상으로 뻗어나간
길들을 살려주세요
허공을 날아가는 화살 길이 거느리고 있는
순간순간의 바람을 살려주세요

화살이 뚫어놓은 동굴 속에는
호랑이도 곰도 없는데 웬일인지
아주 오래된 이야기라도 하나 거느리려는 듯
자꾸만 웅웅거리는 저 울음을,

살려주세요
아파트도 타워팰리스도 없이
동굴 하나로 여태껏 살아가는
이 땅의 가난한 웅녀를 살려주세요

어둠이 전 재산이었던 저 가엾은 동굴을,

▶▶▶「동굴을 살려 주세요」 부분

지구는 먼 우주에서 보면 아주 작은 점에 지나지 않는다. 천문학자 칼 세이건이 쓴 「창백한 푸른 점」은 지구의 모습을 명왕성 근처에서 본 모습이다. 점은 아주 간단히 레이저로 뺄 수 있다. 이러한 점 속에 모든 문명사회의 결과물들이 함께 존재해 있다. 시인은 지구하는 "저 작은 점"이 "먼지이면서도 아주 사라지지 않는/견딜 수 없이 뼈아픈" 존재라고 말했다. 또한 그 점은 문장의 마침표와 같다. 점이 사라지지 않는 한, 문장의 마침표도 사라지지 않을 것이다.

박남희가 궁구했던 시간에 대한 개별적 체험이 이제는 문명의 한복판을 어루만진다. 문명의 중심에까지 관통하고 있는 시간의 화살은 현재에도 “허공을 날아가며” 계속 진행되고 있다. 그 화살은 “수많은 피를 흘리게 한 화살”이다. 인류의 희생을 담보로 이루어낸 문명의 축적술은 시인에게 “동굴의 끝”을 짐작해보게 한다. 시에서 “동굴”은 아직 문명의 손길이 채 닿지 않은 원시적 공간이다. 고유한 원시성을 지키고 있는 공간은 순수한 시원의 공간이며, 결코 훼손해서는 안 되는 공간이다. 동굴의 공간을 뚫고 가는 화살은 인간이 만들어낸 파괴의 욕망을 상징한다. 시인은 시간의 화살이 동굴에까지 관통하여 도달한 끝의 지점을 이미 짐작하고 있다. 그곳은 “멧돼지”도 “물빛 맑은 호수”도 “먹구름”도 없는 잿빛 풍경이 아닐까.

시인이 꿈꾸는 세계는 다시 “오래전 혈거시대”로 되돌아가자는 것은 아닐 것이다. 남아 있는 것들을 내버려두자는 전언이 시를 통해 드러난다. 동굴 속에 살고 있는 “이 땅의 가난한 웅녀를 살려주세요”라고 “동굴 속에 살던 이름들을” 다시 호명하고 있다.

오늘은 아버지 기일이다

임진강변에 와보니, 물을 박차고 새가 날아간다

물이 상처를 입고 어디론가 흘러간다

물을 벗어나는 일이 상처 입는 일이라는 것도 모른 채

새는 울면서 어디론가 날아간다

날개달린 상처도 날아가다가 어느 마을엔가 깃들 것이다

오랜 시간이 지나면

날개는 다시 물을 찾아가서 제 상처의 근원을 어루만질 것이다

하지만 날개는 상처가 아문 물 위를 평화롭게 헤엄치다가

어느 날 또 다시 새로운 발톱 자국을 물에 새길 것이다

▶▶▶「물이 아픈 이유」 전문

박남희는 자연을 시인의 이념에 봉사하는 데만 사용하지 않는다. 자연을 통해 뼈아픈 성찰의 시간과 과정을 거친다. 시인이 자연을 올곧게 만나는 때는 "아버지 기일"이 있었던 때와 같은, 상처를 치유하기 위해서이다. 그러나 정작 자연 또한 상처를 입고 있다는 사실을 깨닫는다. 시에서 "물"은 상처를 입은 채로 계속 시간의 물길에 흘러가는 모습을 보여준다. 물과 함께 살아가는 새 또한 마찬가지이다. 우는 이유를 모른 채 새는 날아가겠지만, 새에게는 "물을 벗어나는 일이 상처 입는 일"이라는 명백한 이유가 있다. 그럼에도 불구하고 상처 입은 자연은 상처 입은 생명에 의해 위로받고 새로운 힘을 낸다는 것을 "새의 날개"를 통해 깨닫는다. "날개는 다시 물을 찾아가서 제 상처의 근원을 어루만"지는 것이다. 그러나 반전은 또 있다. 위로의 대상인 물(자연)과 새(생명)는 "또다시 새로운 발톱 자국을 물에 새길 것"이라는 사실이다. 시간은 계속해서 새로운 상처를 만들어낸다.

문명 이후의 성찰에 몸담은 자아는 자신의 내면을 천천히 응시한다. 내면 속에 감추어진 "부유하는 죽음의 알"(「아포토시스」)을 보며 스스로를 파괴시켜 겨우 제 존재를 "지탱하려는 몸부림을 본다". 내면에 본능처럼 잠자고 있다 문득 나타나는 죽음의 여러 양상들을 시인은 모두 받아들인다.

시인이 죽음에 대한 혹은 죽음이 거느리고 있는 생의 비밀들에 대한 내면의 일들이 파도처럼 일렁이는 것은 시인에게 있는 "숨겨진 어

떤 회로" 때문이다(「부끄러움의 회로」). 시인은 그 회로를 "부끄러움의 회로"라고 칭한다. 술 마시는 일상의 일들마저 "금단의 열매를 따먹듯" 하는 예민함이 부끄러움의 감각을 만나게 된 것이다. 그 부끄러움의 정체는 "온갖 잡동사니"에 대한, 즉 중심이 아니라 그 주변, "일과 밖의 경계가 모호"한 것들에 의해 자신에게 발각된다.

시인은 자신의 내면을 동굴 탐사하듯 관찰한다. 내면의 풍경은 어둠처럼 깜깜하고, 이 어둠 때문에 마음은 늘 불편하다. 또한 이 마음이 터널을 만든다(「터널」). 시인은 자신의 시적 기반이 "흙과 공기와 물들의 표정을 읽는 일"이라고 한다. 즉 그것은 터널 속에서의 일들이다. 그동안 불편한 마음을 딛고 뚫었던 무수한 터널들이 시인이 되기 위한 이유였던 것이다.

고이는 것과 흘러가는 것 사이에 내가 있다
나는 그동안 버려야 할 것들을 너무 많이 데리고 살았다
고여 있다는 것은 흘러가고 싶다는 것이고
흘러간다는 것은 고이고 싶다는 것인 줄도 모르고
나는 그동안 때 없이 고이고 때 없이 흘러가고자 했다
그리하여 나는 어느새 자꾸만 과거로 거슬러 올라가
옛 웅덩이에 고여 있던 하늘을 우러르는 버릇이 생겼다
그러면 하늘은 금세 흐려져 오래 고여 있던 것들을
지상으로 흘려보냈다 태고 적 나를 흘려보냈다
그렇게 하늘은 태고 적 나와 지금의 나를 만나게 해주었다
수천 년을 내려오는 동안 내가 거쳐했던 수많은 집들을 보여주었다
하지만 나는 지금 그 집들을 함부로 아비라 어미라 부를 수 없다
집은 다만 무언가를 담고 흘려보내는 것일 뿐
고이는 것과 흘러가는 것 사이에 내가 있다

▶▶▶「눈물」 전문

박남희가 수행한 성찰의 근원적 회로를 눈물을 통해 다시금 다짐한다. 이 다짐으로 내면이 이루어낸 성찰의 형식을 더 견고하게 쌓아간다. 어두운 터널을 계속해서 탐사하는 작업으로 의미 있는 시편들을 생산해냈겠지만, "버려야 할 것들을 너무 많이 데리고" 살고 있는 오점도 가지게 되었다. 시인이 과거를 자주 돌이키게 되는 이유는 위안의 차원이 아니다. 하늘을 우러르면서 근원을 끊임없이 추구하려는 몸짓을 보여주려 한다. 하늘이 가진 근원의 힘으로 시인은 "태고적 나", 즉 자신의 기원을 찾아보려는 적극적 노력으로 함께 한다.

박남희는 이번 시집에서 구석의 내밀한 자리에서 공중의 먼 지평으로 시선을 선회하여 바라보고 있다. 시의 언어 속에는 공중의 공간이 빚어내어 시인에게 전해주는 다양한 사유의 편린들이 빛을 내고 있다. 시에 나타난 영원성은 죽음 이후의 영생만을 의미하지는 않는다. 죽음 이후의 삶과 삶 이후의 죽음이라는 순환의 의미가 공존해 있으며, 인간의 사유가 끊임없이 이어지리라는 이성에 대한 확고한 물음도 함께 실재해 있다. 먼발치에서 조용히 존재를 드러내고 있지만, 가까이 다가서면 묵직한 내공으로 큰 숨을 고르고 있는 시인의 시를 곱씹으며 공중의 무한한 생각들을 공글려 본다.

상처받은 꽃말과 몸말의 소리

: 한문석 시집『바람개비』

랭보가 말한 '견자(見者)'는 시에서 중요한 문법의 상징어다. 시인은 사물의 이면을 새롭게 발견하는 발견자이다. 또한 시인은 견자의 시적 인식을 시인으로 갖추어야 할 중요한 덕목 중의 하나로 생각한다. 시인은 견자의 길로 가기 위해 예민한 감성적 촉수를 세계의 이곳저곳에 갖다 댄다. 여기서 눈여겨볼 것은 사물이나 세계를 이전에 없던 완전한 창조의 공간이나 개체로 만들려는 게 견자의 의미가 가진 본분의 다는 아니라는 점이다. 완전한 창조보다는 있는 사물의 개념을 시인의 자의식이 협력하여 새로운 의미로 만들 때 그것이 바로 견자가 지향하는 의미일 것이다. 즉 시적 대상과 관계 맺는 자아의 태도와 감성적 특질의 새로움이 바로 견자의 내면적 의미일 것이다.

한문석은 사물들의 새로운 이면을 찾아내려는 견자의 시인이다. 한문석의 시는 사물들의 존재와 움직임, 소리를 오감으로 받아들여 삶의 지혜를 터득한다. 그가 관계 맺는 사물은 작고 이름 없는 꽃들과 벌레들, 무심코 지나치고 마는 자연현상들이다. 이러한 평범하면서도 우리가 주위에서 항상 접하는 사물들과 눈을 마주침으로서 시적 관계망을 형성한다. 평범한 일상 속에서 범속하지 않은 의미를 생산해내며 삶의 의미를 다시금 되새기게 한다. 즉 한문석의 시는 지나온 삶의 회환과 사연을 시적대상을 통해 구체적인 관념으로 복원한다. 더군다나 작고 여린 존재가 가진 상처의 몸을 열고 들어가, 상처가 자아내는 몸짓과 말들을 듣는다. 그의 시는 작은 존재가 내는 상처의 소리에 귀를 기울여 만든 목소리이다. 그 소리가 내는 꽃의 말과 몸의 말을 온몸으로 받아들인다. 상처의 말들은 뼈들의 소리처럼 둔탁하고 건조하지만, 그 발라내어진 상처의 속살을 헤집는 시인의 눈과 감성은 촉촉하고 풍성하다.

> 날개를 펴고 푸드덕 날고 싶은 소망
> 장대 끝에서 물소리를 내고 바람소리가 된다
> 막 백일 지난 갓난애에게 젖을 물리다 말고
> 사립문을 뛰쳐나온 갓 스물 새댁
> 다시는 아프지 않으리라 다짐했던 기억의
> 가슴 한 쪽이 또 우지끈 무너진다
> 찢기고 부러진 무수한 삭정이들의 잔해를 위해
> 마을을 한 바퀴 빙 돈다
> 눈 들어 멀리 산을 넘고 들을 달린다
> 그날의 모갑(某甲)이 패들이 이곳을 지나고
> 달빛이 울음을 쏟아낼 때면
> 더욱 낮아지던 날개의 겸손한 자세
> 삶의 질곡에 따라 밝아지고 어두워지는
> 수만 개의 빛을 뿌린다

새로운 세계로 나가고 싶은 간절함이 피워낸
수만 개의 소리를 듣는다
소리와 빛은 언제나 마음 안에 있는 것이려니
굳게 다문 입술이 필사적이다

▶▶▶「솟대」 전문

위의 시는 솟대를 통해 비상의 욕망을 환기하고 있다. 이 욕망은 솟대가 가진 의미의 차원으로 환원되는 것이 아니라 우리들 주변 삶의 세목들을 통해 더 넓은 지평으로 은유한다. "갓 스물 새댁"이 체험한 운명적 체험은 "찢기고 부러진 무수한 삭정이"처럼 솟대 주변에 널브러져 있는 것이다. '날개'는 솟대가 표상하는 정점의 지점을 더 넓은 공간으로 확장시키는 역할을 한다. 주목할 점은 이 '날개'에 시인이 품은 삶의 가치가 함유되어 있다는 점이다. 날개는 더욱 낮아지는 겸손함을 가지고 있다. 겸손함의 자세는 삶의 질곡을 유유히 극복할 수 있는 동력이다. 또한 "수만 개의 소리를" 들을 수 있는 귀를 가지게 된다. 이 모든 것들은 마음 안에서 비롯된다. 이러한 마음이 가진 힘을 시인은 "굳게 다문 입술"을 통해 보여준다.

입술의 이미지를 굳이 '필사적'이라고 한 까닭은 그만큼 시인의 의지가 명징하다는 것을 증명하기 위해서이다. 솟대는 원래 민속신앙에서 새해의 풍년을 기원하며 세우거나 마을 입구에 마을의 수호신의 상징으로 세운 긴 나무 장대를 말한다. 즉 솟대는 소망의 의미가 강한 상징물이다. 위의 시에서도 시인이 지향하고자 하는 세계의 지점을 솟대의 상징을 통해 말해주고 있다.

저것 봐라 희미한 어둠을 움직이고 있는
작은 목숨들의 놀라운 힘
가슴이 숨차 커졌다 줄어든다

누가 내 안에 푸른 신전을 짓고
비단침대 위에 새살림을 차렸느냐
살랑살랑 머리를 흔들며 걸어 나가는 발
젖은 발의 그 뜨거운 울림을 보았느냐
새벽이 눈뜰 때까지 떠도는 바람
타다 남은 내 늑골 사이에 핀
송이송이 흩날리는 바람꽃을 보았느냐
온몸에 매달려있는 애착과 욕망의
부푼 때 한 꺼풀을 벗는다
가장 낮은 곳에 순하게 스며들어
강한 뿌리의 힘으로 살아가는 것이려니
내 숨결 온전히 받아줄 수 있는
저것들 착한 몸으로 돌아가는 것이려니
사각사각 베어 먹은 잎들의 초록 비명
눈먼 내 귀가 소란스럽다

▶▶▶「누에」 전문

누에는 작고 여린 존재이다. 또한 느린 존재이다. 있는 듯 없는 듯 움직이는 누에의 꿈틀거림은 아름다운 실을 만든다. 누에가 서로의 몸을 뒤엉켜 만들어내는 삶의 과정은 흡사 우리의 인생과도 닮아 있다. 그것을 시인은 "작은 목숨들의 놀라운 힘"이라고 하였다. 「누에」라는 시는 '누에'가 운명적으로 지닌 몸의 특성을 기반으로 삶의 지혜에 빗댄다. 시 곳곳에 지혜의 언어가 새알처럼 고스란히 모여 있다. 누에는 어둠 속에서도 희미하게 조용히 움직인다. 그 움직임을 보려면 누에가 움직이는 몸의 속도에 맞추어야 한다. 시인의 시선은 천천히, 누에가 일으키는 느린 보폭을 따라가고 있다. 그러면 작고 느리게 꿈틀거리는 누에가 실상은 정력적으로 자신의 삶을 지탱해나간다는 걸

확인할 수 있다. 시인은 누에의 보폭을 "살랑살랑 머리를 흔들며 걸어나가는 발"이라고 하면서 그 "젖은 발"을 "뜨거운 울림"이라고 한다.

존재를 지탱해가는 몸의 움직임처럼 뜨거운 것이 어디 있을까. 시인은 누에의 움직임을 통해 자신의 몸속에 저장되어 있는 "애착과 욕망"을 본다. 그리고 누에의 삶을 통해 우리 삶의 지향점을 제시한다. "가장 낮은 곳에 순하게 스며들어/강한 뿌리의 힘으로 살아가는 것"이 일상인들이 겪어가야 할 인생인 것이다. 시인은 이로써 끝나지 않는다. 누에의 느린 움직임 속에는 "사각사각 베어 먹은" 소리가 함께 존재하는 것이다. 눈으로 본 대상의 이면 속에 '비명'이라고 느낄 수 있는 삶의 치열함이 공존해 있다. 그렇기에 시인의 귀는 소란스러운 것이다.

눈먼 화공이 밤새워 그려놓은 수채화 한 폭
가슴 탁 트이는 호숫가 어디쯤
조용히 살고 싶은 영혼의 꽃잎이다
처음 만난 숲속 외진 산책길에서
어쩌다가 살짝 옷깃을 스친 것도 같은데
지나간 발자국에도 향기가 묻어나는 것일까
어둠의 빛이 구부러진 허리를 감싸고
치마폭을 들추어 달을 꺼내놓는다
굽이굽이 휘어지며 무너지는 강물
배란기를 놓친 물고기들의 반란이 시작되고
늑골을 파고드는 아가미의 비명소리
꽃잎 자궁속이 온통 새벽을 앓는다
터진 단추 구멍을 애써 숨기지 마라
태어나면서 이미 누군가에 압류당한 몸이다
떠나간 사람들의 사연을 가슴에 품은 채
울음을 재촉하고 있는 빨간 우체통

어디론가 또 다른 사람을 찾아나서야 하나
꽃 진 자리에 옮겨 다니는 새소리 슬프고
몸 빠져나가는 물소리가 아프다
강물이 천천히 색소폰 소리를 타고 흐른다

▶▶▶「허리가 구부러진 배롱나무」 전문

시인은 누에의 몸처럼 "조용히 살고 싶은 영혼의 꽃잎"을 배롱나무를 통해 엿본다. 배롱나무를 둘러싸고 있는 호숫가에는 온갖 생명이 꿈틀거리는 소리를 들을 수 있다. "어둠의 빛"은 "달을 꺼내 놓고" 강물은 "굽이굽이 휘어"진다. "배란기를 놓친 물고기들"은 반란을 하고, "꽃잎 자궁속"은 새벽을 맞이한다. 배롱나무는 허리가 구부러져 있다. 구부린 허리로 "울음을 재촉하고 있는 빨간 우체통"을 보고 "꽃 진 자리에 옮겨 다니는 새소리"를 듣는다. 이러한 모든 움직임과 소리를 통해 "태어나면서 이미 누군가에 압류당한 몸"을 몸소 체험한다.

이렇듯 한문석의 시에서는 작고 여린 존재들이 빚어내는 일상들이 곳곳에 스며 있다. 그 일상은 흡사 우리네 평범한 삶의 모습과 닮아 있다. 한문석의 시에서는 인간 세속의 삶과 자연의 삶을 동일시함으로써 자연이 가진 가치와 유연함을 교훈으로 삼는다.

얼마만큼의 아픔을 견뎌냈을까
피부가 가을빛보다 붉다
안으로 가득 채워진 단물은
여름내 고인 눈물이다
세상에 단 한 번도 내보이지 않고 익은
수줍은 속살이다
햇살 찬연하게 부픈 가지에서
누군가를 읽고 있는 소리

맑고 그 깊은 소리

▶▶▶「능금」 전문

능금을 보는 시인의 시선에서도 마찬가지이다. 시인은 붉은 능금을 그냥 아름답게만 보지 않는다. 오랜 시간 햇볕을 받아 자신의 몸을 치장한 능금의 피부를 삶의 고통과 견주어 본다. 즉 능금은 인고의 세월을 통해 아픔을 겪고 난 후의 결과물인 것이다. 능금의 안쪽 열매는 "여름내 고인 눈물"이며 "세상에 단 한 번도 내보이지 않고 익은/수줍은 속살이다". 이 속살은 상처의 즙과도 같다. 자신의 상처는 쉽게 타인들에게 보여주지 않는 법이다. 세상 밖으로 보여주지 않고 스스로 감내하여 이룩한 열매는 아름다운 것이다. 그 능금에게 가 닿는 시인의 시선은 능금을 읽고 있는 소리를 낸다. 능금의 상처를 한순간에 읽어 버린 소리는 "맑고 깊은 소리"일 수밖에 없다.

색깔이 희끗한 몸에 칼을 댄다

순간 깊은 안쪽에서 민감하게 밀어닥치는 열꽃
꽃잎을 디딘 발이 몹시 뜨겁다

세상에 살아있는 모든 것들의 몸속은
누구나 뜨겁게 녹아있는 것일까
삶이 이처럼 뜨거운 그 무엇이었다는 것일까
이처럼 뜨겁게 진저리치며 살아야 한다는 것일까

쫓겨 내몰린 것들을 껴안고 울어본 이는 알 것이다
떨어져 나간 자리에 아물지 못하는 상처
머리도 가슴도 녹아내린 투명한 눈물자위를

목숨 바쳐서 피워낸 사랑이라니
빛나는 생명이라니

▶▶▶「감자」 전문

능금의 피부와 속살을 읽어 낸 시인은 감자의 속살로 시선을 옮겨 간다. 감자의 속살은 뜨겁다. 맨 먼저 만나는 것은 "밀어닥치는 열꽃"이다. 열꽃을 디딘 발은 몹시 뜨겁다. 시인은 감자의 속이 뜨거운 것처럼 "세상에 살아 있는 모든 것들의 몸속은/누구나 뜨겁게 녹아 있는 것일까"라고 자문한다. 이 자문은 삶의 뜨거움과 상통하는 물음이다. 시인은 "내몰린 것들을 껴안고 울어본" 자이다. "아물지 못하는 상처" 때문에 "머리도 가슴도 녹아내린 투명한 눈물자위"를 아는 이가 바로 시인이다. 사랑은 몸속의 뜨거움을 거름으로 만든 빛나는 말이다. 빛나는 생명의 말이다.

한문석은 이번 시집의 많은 시편들에서 '꽃'을 사유하고 이를 인간의 삶과 존재에 빗대어 표현하고 있다. 시인은 꽃들이 가진 개별성을 존중하면서 그 꽃이 개성으로 갖고 있는 몸의 말을 만들어낸다. 「영산홍」에서는 "바람 소란한 허공에서 폭발하는/붉은 입술"을 바라보며 "꽃잎들의 숨 막히는 반란"을 지켜본다. 꽃이 일으키는 반란은 재로 남은 가슴뼈를 일으켜 "벌거벗은 목숨"을 날것으로 피워올리는 일이다. 「벚꽃」에서 '벚꽃'은 "왁자지껄 만발한 몸"을 가지고 있다. 벚꽃의 몸은 소란스러운 몸이다. "첨벙첨벙 물장구치는 소리 요란한" 몸이며 "수줍음도 모르는 폭발적인 벌떼"이다.

'나팔꽃'은 어떠한가. "어둠과 빛이 함께 연주하는 소리들의 화음"(「나팔꽃 피는 사연」)을 통해 보랏빛 향기 은은한 나팔꽃을 피운다. '봉숭아'는 "서로를 부둥켜 안고 뒹구는 착한 몸들"(「봉숭아」)이다. 서로의 몸끼리 향기를 불어 넣어 "사랑은 결코 혼자서 싹트지 못한다"는 것을 몸소 보여준다. '산수유나무'는 "겨우내 신열에 시달리다 토해낸 열꽃들”(「산수유나무」)이다. 또한 나무의 뿌리는 “자갈밭에 구불구불 뻗어/ 마치 고행하는 성자의 머리칼” 같다. 해당화는 “진홍의 눈빛마저 혼절해버리는 영혼”이다. 해당화의 향기는 “빛나는 상처에서 솟아” 오른다. 상처 속에서 길어올린 향기를 품은 꽃의 속살은 “발그레 피를 머금”고 있다.

새벽마다 즐거운 폭죽이 터지고
가슴속 고이는 눈물은
고요가 깊어 다 채울 수 없다

풀잎 위를 구르는 이슬을 보라
작은 공기방울로 허공을 떠돌면서 부딪쳐
깨지고 금간 상처에서 솟아난 눈물방울이다
맑고 깨끗하다

사랑하기에 그 불후의 약속을 지키기 위해
서둘러 스스럼없이 벗어던진
처음의 속옷처럼
태어나면서 이미 소멸하기 시작한 생명의
근원적 고독이다

고독이 소멸하는 순간이 이토록 아름답다

늘상 빗나가는 생각의 아둔한 감각 때문일까
바이러스에 감염된 내가 열병을 앓는다

▶▶▶「아내 눈물은 1」 전문

꽃의 몸을 통해 깨달은 생의 지혜는 아내의 눈물을 통해 더욱 깊어진다. 시집에서 아내의 눈물에 대한 근원적 감정의 소회를 다룬 연작이 세 편이나 된다는 사실은 주목할 만하다. 아내는 가장 가까이에 존재하면서도 평소에는 그 의미가 크게 부각되지 않는 존재이다. 가장 가까이에 있는 아내의 눈물은 "고요가 깊어 다 채울 수 없는" 이슬과도 같다. '사랑'이라는 낱말 하나로 "서둘러 스스럼없이 벗어던진 처음의 속옷처럼" 아내의 눈물은 '근원적 고독'이다. 물론 고독의 씨앗은 사랑이라는 이름으로 모든 걸 버리고, 사랑을 대물림한 남편의 생애 속에서 발아하였을 것이다. 하지만 고독으로 남겨 두진 않는다. 고독이 소멸하는 순간이 아름답다는 것을 시인은 알기 때문이다.

단순한 고통을 아픔이라 말할 수는 없다
때 아닌 폭설이 내리고
쌓인 눈 위로 꿈틀거리는 새벽
빗장 열고 삐걱거리는 뼈마디들의 외침은
네발로 기며 쏟아낸 불덩이
그때 벌어진 상처를 열고 숨어든
눈먼 짐승의 울음이다
큰소리로 우는 것은 진정한 울음이 아니다
보라 큰 가슴으로 부르짖을 때
질긴 핏줄이 목을 감아 핏발서는 돌개바람을
난해한 혀가 칼날을 세우고
신앙의 순교처럼 목이 잘려나간 인간들
쓰러진 채 머리칼을 풀풀 날리고 있다

그냥 지나치지 못하고 한참을 서있지만
몸져누운 세상의 저 많은 뼈들

이미 어둠속으로 던져진 저들의 몸을
무슨 힘으로 일으켜 세울 것이냐
집이 없어 쉬지도 못하는 저들의 마음
무슨 수로 다독이고 안아줄 것이냐
채 못다 핀 꽃망울이 펑펑 터지고
주사자국이 닥지닥지 꽂혀있는 저 하늘
젖먹이를 등에 맨 젊은 아낙네의
허리가 꽃처럼 붉다

▶▶▶「바람개비」 부분

시인은 상처를 극복하는 방식의 하나로 이번 시집을 채웠다. 이미 "단순한 고통을 아픔이라 말할 수" 없다고 시인은 단언한다. 시인은 몸속에서 덜그럭대며 울리는 "뼈마디의 외침"에 청력을 쏟아내었다. 뼈들의 외침은 "불덩이"이며 "벌어진 상처를 열고 숨어든/눈먼 짐승의 울음"이다. 자신의 목을 돌려 존재를 증명하는 게 바람개비이다. 이처럼 "세상의 저 많은 뼈들"도 자신의 존재를 증명하기 위해 몸져누워 있다. 시인은 몸져누운 몸을 어떻게 해야 할까 걱정한다. "무슨 힘으로 일으켜 세울 것"이며 "무슨 수로 다독이고 안아줄 것"이냐고 골몰한다. 시인은 바람개비처럼 바람에게 온전히 몸을 맡긴다. 온전히 맡긴 몸이 가진 언어는 두려울 게 없다. 그러므로 바람개비의 몸은 "신앙의 순교처럼 목이 잘려나간 인간들"의 몸과 다를 게 없는 것이다. 바람개비는 희생을 통해 순교의 정신을 증언하는 대리적 존재물이다. 시인은 바람개비를 통해 자신의 신념을 표출하고 있다.

"젖먹이를 등에 맨 젊은 아낙네의 허리"는 시집 앞부분에 실려 있는 시 「솟대」에서 아프지 않으리라 다짐했던 갓 스물 새댁의 허리와도 같다. 만개한 꽃잎이 하늘로 날려 비상하는 것처럼, 꽃의 생애도, 젊은 아낙네의 생애도, 우리의 생애도 비상할 것이다.

한문석의 시는 상처받은 몸들에 대한 처연한 연가이다. 채 못다 핀 꽃망울이 터지는 울음을 온몸으로 듣고, 그 존재의 몸속을 직접 들어가 상처의 무게를 가늠한다. 그리고 상처가 스스로 아물어서 세상 밖으로 날려가도록 아주 느린 속도로 바라본다. 그것을 통해 정화되는 치유의 감각은 지혜의 언어를 통해 표출된다. 이 지혜의 언어는 결국 사랑의 큰 품으로 가기 위한 꽃말은 아닐까. 앞으로도 이러한 지혜의 말이 더욱 풍성해지고 깊어져 비상하기를 바라본다.

관계의 복원에서 상생의 열림으로

: 조혜전 시집 『기린산방』

자연은 우리에게 늘 인간이 채울 수 없는 갈증을 채워준다. 인간은 자연을 통해 우주의 운행질서와 상생의 위의(威儀)에 대해 깨닫게 해준다. 인간은 항상 자연을 배면(背面)에 두고, 자연과 인간의 관계 속에서, 성찰의 기준과 선(善)의 이치에 대해 타진한다. 하지만 인간이 삶을 살기 시작한 이후로, 자연과 인간의 관계는 조금씩 깨지고, 약속은 파기되며, 순리는 위배된다. 그동안 우리는 개발과 안락의 허명(虛名)하에 언제나 개오(開悟)의 석좌에 있던 자연을 허물고 파괴하고 짓이겼다. 자연과 인간의 균열이 생기고 이기의 틈입이 생기는 결과에까지 다다르고 있다.

일찍이 사회생태학자 머레이 북친은 "인간의 자연 지배는 인간의 인간 지배에서 생겨난다"고 말한 바 있다. 이런 논리는 위계와 상하질서에 대한 억압의 반발과 반성 속에서 자발적으로 생성된 것이지만,

정작 가장 중요한 점은 관계에 대한 중요성을 역설한다는 것이다. 자연은 진화하고 환경에 따라 유기적으로 변화하며, 그 속에서 우리 인간은 성장하고 발전한다. 자연에 대한 인간의 변화와 발전은 이러한 이유 속에서 태어난다.

조혜전은 관계의 소중함이 얼마나 중요한지를 시로써 증명하고 있다. 그가 쌓아 올리는 "시의 집"은 자연과 인간의 관계뿐 아니라, 인간과 인간의 인연을 생각하는 관계로까지 나아가는 집적체이다. 시의 언어로 "촘촘한 그물을 깁"는 이유는 "인연의 고요"를 세상에 알리고 해체된 관계를 다시 씨줄과 날줄로 엮으려는 시인의 의지와도 상관된다. 시인이 쌓으려는 시의 성채(城砦)는 "실체가 없는 그림자"(「신기루」)가 아니다. 오히려 가장 적극적으로 현실과 맞부딪히는 싸움이다. 조혜전 시인이 서두에서 말한 "자연과 그물이 되어/한 코 풀리면 해체되는/관계의 소중함"은 인간이 문명화된 현실 속에서 살아가는 극진한 체험에 다름 아니다. 이런 경험들 속에서 시인은 오래전 '골목'을 기억하여 반추해낸다.

어둡고 눅눅한 골목은 설령
구렁이 한 마리 스며든다 해도
무방하였다.

무수히 숨어든 골목 끝으로
비집고 들어 선 바다를 만난 건
찰나였다.

위태롭게 기댄 담 사이 용케 견딘 나팔꽃에 핀 바다는 청어 떼 그리는 낡은 배가 뒹굴어도 슬렁슬렁 뒷짐 진다 앞마당이 된 모래톱에 아이들이 몰려다니고 개들이 줄레줄레 따라 붙는다

쓰레기 태우는 매운 연기에 취한 동네를 순식간에 막았다가 열어 놓는 시내버스 오가는 길과 편한 바다를 물고 시름하며 생긴 좁고 어둔 길

삭아 내린 양철지붕 이마 위로
낮달 흘러가는 하늘
아직 따뜻한 발자국 남아 있을
두호동 골목
지우는 것도 찰나였다.

▶▶▶「두호동 골목」 전문

과거 이전 공간으로의 회귀는 시인에게 새로운 길로 가기 위한 통과의례 같은 것이다. 특히 자신이 몸담고 살아갔던 공간은 그 의미가 더욱 남다를 것이다. 시에 등장하는 "두호동 골목" 또한 이와 같다. 그 골목은 "어둡고 눅눅한 골목"이다. 구렁이가 스며들어도 무방할 만큼, 아직 원시적인 공간이다. 그 골목 끝으로 "바다"를 만난다. 바다는 어둡고 눅눅한 공간 속에서 "푸르게" 반짝이는 공간이다.

위 시는 한 개인이 운명처럼 받아들이는 과거의 인과적 관계를 긍정적으로 바라보고 있다. 시인은 과거 속의 상징적 공간을 상정하여, 따스함이 남아 있던 시간으로 회귀하면서 사유를 일구어 낸다. 시에서 바다는 "위태롭게 견딘 나팔꽃"에도 피고, "슬렁슬렁 뒷짐"도 질 줄 아는 여유도 부린다. 이제 바다가 된 공간은 아이들이 뛰어다니고, 개들이 따라붙는 활기차고 역동적인 공간으로 변화한다. 시내버스가 오고가게 되는 바다의 길을 "두호동 골목"은 보여준다. 시인에게 "두호동 골목"은 아직 "따뜻한 발자국 남아 있을" 공간이다. 중요한 것은 이 공간을 소환하고 기억하는 것이 "찰나"에 불과하다는 인식이다. 이 "찰나"는 망각하는 것도 마찬가지의 방식이다. 문명인으로 살아가며 온갖 삶의 질곡에 매몰되어 살아가는 우리에게 이 "찰나"는 어쩔 수

없는 선택인 것일까를 시는 되묻게 한다.

얼굴
얼굴들
사이에는
바람 한 점 없다

눈도
귀도
코도
닮아빠진 얼굴
맨도롬한 벽이다

몸서리나게
나긋나긋한
사람이 벽이다

▶▶▶「도시의 벽」 전문

도시의 벽과 사람의 벽에 가려 있는 현대인의 삶은 어떨까. 시인은 현대인의 벽에 대해 갈파한다. 사실 문명인으로 사는 우리들은 수많은 "벽"들을 사이에 두고 살아간다. 너와 나의 벽, 그 벽 중에서도 깊은 주름이 없어져 버린 사람과 사람 사이의 벽에 대해 시인은 생각한다. 특히 시인의 시적 표현은 감각적이다. 얼굴과 얼굴들 사이에 바람 한 점 없다는 것은 어떠한 감정도 없는 사이를 의미한다.

"사이"가 없는 관계는 무엇을 의미하는가. 명암도 없고, 건너야 할 골짜기도 없는 얼굴을 시인은 "닮아빠진 얼굴"이라 지칭한다. 세상사에 닮고 닮은 얼굴들이 마주하고 있는 모습 속에서 인간의 정(情)은 탈각된다. 그 탈각된 사이로 사람과 사람 사이에 벽이 만들어진다. 시인은 사람 사이의 관계성에 주목하면서, 그 관계성이 얼마나 중요한지를 드러내고 있다.

공룡의 목덜미를 상그럽게 부비던
백악기의 어느 날
쪽빛 강물이
느닷없이 뒤집힐 때
그들은 발바닥을
씻었을까

땅을 딛고 서 있는 고단함
가늠할 수 없는 그들의 울음이
맨질맨질한 백악기의 바위에
내리고
쌓이고
패이고

밥그릇만한 그들의 발자국에
내 발을 밀어 넣고 앉아
공룡의 맥박을 끌어안는다

▶▶▶「천전리 화석」 전문

아무도 모르게 날아든 씨앗
배꼽 아래 실뿌리 내렸다
조금 조금씩 뻗어가더니
기어이 가슴 뚫고 피었다

식어빠진 소리 뱉거나
손목 한 번 잡아본 일 없어도
사랑은 제 홀로 향기롭다

더디게 익어가는 노을

▶▶▶「노을꽃」 전문

시인의 시선은 현재적 시간 속에만 멈추어 있지 않다. 고대의 시간 속으로 회귀한다. 화석은 시간이 남긴 생명의 집적물이다. 공룡 발바닥에도 자연과 맞부딪힌 흔적이 남아 있다. 시인의 상상력은 동화적 심성으로 거듭난다. 백악기로부터 현재에 이르기까지 생명의 집적물은 자연의 일부분에 남겨지고 기록된다. 그렇기에 "바위에/내리고/쌓이고/패이고" 하는 지난한 과정을 수만 년 동안 이어오는 것이다. 오래된 시간의 퇴적층을 상상하고 끌어안는 힘이 바로 생명과 자연을 지켜내는 힘이다.

더디게 익어가는 것이 '오래된 미래'를 여는 일임을 위의 시에서 보여준다. 씨앗은 생명을 발화하게 하는 매개체이다. 아무리 작은 씨앗이라 하더라도 그 씨앗이 뿌려지면 생명은 잉태되고 열매를 맺는다. 시에서는 "기어이 가슴 뚫고 핀"다고 했다. 이러한 씨앗의 본질은 "사랑"의 일이라고 다를 바 없다. 사랑 또한 어느 순간 가슴에 자리 잡았다가 스스로 혼자 조용히 지나간다. 그렇기 때문에 "사랑은 제 홀로 향기롭다"는 것이다. 시인은 서서히 물들어가는 노을을 통하여 사랑의 번짐과 생명의 잉태와 생장을 함께 두고 인식한다.

찰진 어둠이 꿈틀거리는 동지
잘 익은 석류 알에 침 고이듯
빛이 돌기 시작한다

탐내고
노여워지고
어리석어지는
소란스런 마음
오지게 치대 만든
하얀 비손의 새알
주술의 힘이 뻗친 팥물에
동. 동.
던지면
순백의 꽃으로 피어나는 팥죽

윗집
아랫집
고루 고루
푸른 아침에 새롭게 돋는
붉은 어둠의 꽃이여

▶▶▶「동지(冬至) 팥죽」 전문

산봉우리로 밀려온 바다의 노래
마디게 자란 차나무 몸으로 스민다
곡우 전에 내민 여린 잎
찌고 덖고 말려 우려낸 몸으로
맑은 입을 연다

그저 찻물이 아니다
꽃이었고
바람이었고

파도였고

햇살이었고

눈물이었다

아,

나무의 혼이었다

붉은 목구멍을 넘어가는 도반이여!

▶▶▶「녹차」 전문

시 「동지(冬至) 팥죽」은 팥죽을 통해 이웃과 관계를 맺어가는 삶의 덕목을 보여준다. 붉은 팥으로 쑨 죽은 예로부터 액운을 물리치는 신비한 능력이 있다고 알려져 왔다. 팥죽을 쑤어 가족과 이웃들이 나누어 먹는 행위는 불운이나 병을 막기 위한 주술적인 의미였다. 가장 어둠이 깊고 긴 동지에 팥죽을 만든다. 만드는 마음에는 "탐내고/노여워지고/어리석어지는/소란스런 마음"을 덜어놓는 시간이기도 하다. 팥죽을 만드는 행위 속에 빠지지 않는 것이 바로 찹쌀을 동그랗게 빚은 새알심을 넣는 일이다. 시인은 팥죽 속에 새알심을 만들어 넣는 장면을 "순백의 꽃으로 피어나는 팥죽"이라고 이미지화한다. 시 속에는 함께 나누는 삶의 고귀함을 새삼 느끼게 한다. 나누는 삶이야말로 "붉은 어둠의 꽃"이 되는 귀한 일일 것이다.

「녹차」는 자연의 일부를 생명으로만 간주하는 것이 아니라, 인격화시켜 보여주고 있다. 녹차의 여린 잎은 차의 재료로써 가장 좋은 것으로 간주한다. 잎의 입장에서 볼 때, 여린 잎은 자신의 몸을 "찌고 덖고 말려 우려낸 몸"을 사람들에게 보시하는 것이다. 그 몸으로 우려낸 물을 가리켜 시인은 "꽃이었고/바람이었고/파도였고/햇살이었고/눈물이었다"고 한다. 그리고 종내에는 "나무의 혼"이라고 말한다. 나무의 혼에서 태어나 잎의 몸을 가진, 즉 자신의 온몸으로 우려낸 녹차를 가리켜 "붉은 목구멍을 넘어가는 도반"이라고 인식하고 있다. 이는 일상적인 자연의 생명이 인간과 다른 차원과 계급에서의 생명이 아니다. 함께 상생하는 생명의 동반자로서 인식함을 의미한다. 나무에서 여린 잎으로, 다시 잎에서 흙으로, 흙에서 나무로 이어지는 생명의 순환성을 위 시에서 보여준다.

새로운 생명에 대한 시인의 인식은 우리의 체험적 가족사에서도 드러난다. 시 「젖이 돌다」에서는 새로운 생명을 기다리는 어머니의 마음을 감동적으로 보여준다. 시의 탄생과 함께 인식하며 내놓은 시편은 재미와 함께 체험적 감동을 준다. 시인은 "쉬이, 시문(詩門) 열리고/마른 젖이 저르르 돈다"라고 하며 생명 탄생이 시의 창작과 다름 아님을 시인의 자의식으로 풀어내고 있다.

> 뒤안, 그 쓸쓸한 땅은
> 늘 젖어 있거나 얼어 있어
> 눈물 마르지 못한 땅이거나
> 어머니의 젖은 손바닥 같은 곳
>
> 서늘한 바람이 수런대는 비탈에
> 참새 자우룩이 날아들고
> 댓잎 하나하나에 깃든 온기가
> 누렇게 뜬 잎 속으로 빨려나간 곳
>
> 그곳 떠난 내 비탈에
> 뿌리내린 몇 그루의 나무들
> 꼿꼿하게 귀 열고 푸를까
>
> 기린산방에는 지금도

복숭아 같은 달이 뜨고
어미
아비
붉은 흙집에
별들이 내리고 있을까

▶▶▶「기린산방」 전문

시인은 낮고 누추하지만, 큰 의미가 있는 공간에 시선을 돌린다. 뒤안은 그러한 공간이다. 그곳엔 유년의 사연이 있고, 운명적 아픔이 있으며, 그리움이 서려 있는 공간이다. 시인에겐 그 공간이 "어머니의 젖은 손바닥 같은 곳"이라 한다.

시인의 "기린산방"은 친정집 당호이다. 친정집은 시인에겐 고향의 공간이며 시원(始原)의 공간이다. 조혜전 시에 전반적으로 드러나는 그리움의 정서는 자신의 원적지인 "기린산방"에 대한 애정으로부터 비롯된다. "기린산방"은 아직도 변하지 않고 그대로 존재해 있다. 세상이 모두 변해가는 현실 속에서 시인이 그리워하는 원초의 공간은 세상과 다른 시간에 있다. 그러한 원초의 시간과 공간에 대한 그리움은, 우리가 잊고 있었던 심원한 의미를 전달해준다. 조혜전이 끊임없이 사유하고, 누려가는 '자연'이라는 대상과의 조우는 이러한 의미를 실현하는 구체적 정황이다. "붉은 흙집에/별들이 내리고 있"는 고요한 풍경은 독자들에게 성찰의 시간을 허락하고 있다.

어둠이 어둠을 먹고

어둠을 토할 때

고양이 동공엔

푸른빛 일고

산은 산대로

물은 물대로

달은 달대로

나는 나대로

너는 너대로

열 리 고

▶▶▶「그곳」 전문

그러면 시인이 종내에 가고자 하는 지점이 어디일까. 자연과 인간의 관계 속에서 타진하는 관계성에 대한 회복과 더불어 새로운 존재로의 열림을 꿈꾸는 것은 아닐까. 어둠이 오고 밤의 동물들이 활개를 시작하는 일은 순리대로 모든 대자연의 이치가 흘러가는 일이다. "산은 산대로 물은 물대로/나는 나대로" 사는 것은 기쁜 일이며, 그 일을 통해 시인은 타자와 수많은 세계들과 조우한다. 시에서 말하는 "그곳"은 시인이 꿈꾸며, 도달하고 싶어하는 공간이다. 시인은 "나"와 "너"가 함께 살아가는 일이 그곳에서 일어나기를 소망하고 있다. 상생을 통한 '열림'의 공간을 꿈꾸고 바란다. 대립과 갈등이 가득한 세상이다. "나"와 "너"가 서로 용인하고 살아간다면, "열림"의 공간에까지 다다를지도 모를 일이다. 조혜전의 시 또한 상생의 길로 가는 도정에 서 있다.

조혜전 시집의 곳곳에 생명에 대한 안타까움과 외경(畏敬), 그리고 생명에 대한 시인의 태도까지 절실하게 묻어난다. 이러한 생명에 대한 천착은 관계성의 회복으로부터 이루어지는데, 시인은 이를 잘 간파하여 시적 대상물을 선취하고, 이를 드러낸다. 우리는 조혜전의 시를 통해 생명에 대한 강조가 아무리 지나치더라도 모자란다는 보편적 자각을 다시 한 번 일깨우게 한다. 세련된 시적 수사에 대한 골몰을 조금 더 관심 있게 탁마한다면 또 다른 새로운 시적 세계를 독자들에게 선보이지 않을까 기대한다. 모든 생명은 늘 절실하며 아름답다.

그리움으로 향하는 꽃길의 시

: 강수완 시집 『꽃, 모여서 산다』

장 그르니에는 시간을 고정시키는 것이 여행의 목표라고 했다. 우리는 흔히 여행을 통해 정지된 시간을 체험한다. 여행은 하나의 풍경, 하나의 이미지, 하나의 사건에 집중하게 한다. 이러한 집중의 시간이 새로운 발견을 이루게 한다. 시인들이 여행을 통해 많은 감흥과 시적 발견의 에너지를 갖고 돌아오는 것은 이런 이유 때문이다. 덧붙여 그르니에는 "고행이 없이는 승화도 없다. 그리고 고행을 이야기하는 자는 일련의 시련을 이야기하게 된다. 시련이란 도덕적이기도 하며 육체적이기도 하다"고 했다(장 그르니에, 「일상적 삶」, 청하). 시인들은 여행을 풍경의 관람으로만 생각하지 않는다. 또 다른 구도의 여정으로 여행을 이해한다. 그렇기에 늘 예민한 감각적 촉수를 지닌 채 낯선 공간들을 탐한다.

강수완은 떠남과 돌아옴의 여정을 통해 존재의 의미를 되새긴다. 어딘가로 떠나 낯선 기착지에 닿을 때, 시인은 새삼 사랑의 의미를 확인하고, 그 존재 이유를 묻는다. 강수완은 떠남의 여정 속에서 자주 '꽃'을 발견한다. 선운사에서 발견한 "꽃무릇"을 통해 사랑의 의미를 묻는다. "만나지 못해 영 이별하지 못하는 목숨이라면/이별할까 영 나서지 못할 문 밖이라면/사랑이 이런 거라면"이라고 묻는다(「선운사 꽃무릇」). 꽃을 통해 사랑의 이면(裏面)과 운명을 절절히 고백한다. 그것으로 시인은 사랑하는 대상에 대한 안부를 타전하고 있다. 시 「제비꽃」에서도 "그리운 땅 아무 데고/마구 피어 대어서/속절없는 외로움에 미리 붙잡힐 줄/내사 진즉에 알았지요"라면서 외로움이라는 흔한 감정을 제비꽃이라는 시적 대상을 통해 호소하고 있다.

강수완의 시집은 온통 꽃 천지다. 꽃을 통해 세상을 보고, 꽃을 통해 존재의 의미를 묻는다. 꽃을 은유하고 때론 꽃을 낯설게 그리기도 한다. 강수완의 시 곳곳에 꽃이 등장하는 이유는 꽃이 가진 의미적 가능성 때문이다. 꽃은 오래 전부터 끊임없이 반복되고 소비되어 온 시적 대상이다. 그럼에도 불구하고 시가 사라지지 않는 한 꽃의 시적 의미는 앞으로도 계속될 것이다. 꽃은 생명과 소멸을 함께 볼 수 있는 대상이며, 단시간에 존재의 생노병사를 관찰할 수 있는 대상이다. 또한 소멸의 존재가 아름다울 수 있다는 사실을 꽃은 실체로 증명해준다.

화개로 간다
사는 게 마른 오징어 같은 날들에 치여
일찍 꽃 보러 간다
마요네즈 꾹꾹 짜 놓은 듯한 꽃이
환장하게 벙글었는데
꽃 아래서 눈물만 꾹꾹 난다
비쩍 마른 가지에 툭툭툭 첫날 몸 열듯
저리 꽃은 터지는데

사방 환하게 꽃불 돋았는데

납작하게 누워 지내는 사람한테서
꽃은 피었는가, 기별이 온다
내가 잠시 대답을 망설이는 사이
꽃이 잠깐 벙그는 사이
몽글몽글 사람이 꽃으로 드는 저 환한 사이
화르르 꽃은 신작로에 맘껏 쏟아져
아 화개, 꽃길 열다

▶▶▶「꽃길 열다」 전문

시인이 꽃을 찾아가는 이유는 무엇인가. 이 신산(辛酸)한 현실의 무게 앞에서 시인의 일상은 지칠 대로 지쳐갔을 것이다. 마치 "사는 게 마른 오징어 같은 날들"처럼 지칠 때, 시인은 꽃 보러 간다. 꽃을 보며 위안을 얻고자 하는 것이다. 꽃이 위안의 대상이 되었을 때 시인은 비로소 꽃이라는 대상과 진심으로 마주하게 된다. 시적 화자의 정서는 "납작하게 누워 지내는 사람"으로 인해 힘든 상황이다. 그런 이유로 꽃을 보면 눈물이 난다. 누워 지내는 사람은 병환 중인 가족이나 지인들 중 한 사람일 것이다. "꽃은 피었는가" 하고 기별이 오는 것으로 시적 화자는 꽃을 보러 온 이전의 현실을 직시한다. 시의 화자는 꽃의 움직임과 함께 호흡한다. "내가 잠시 대답을 망설이는 사이"에 "꽃이 잠깐 벙그는" 순간을 목도하고, 이 순간의 풍경을 놓치지 않는다. 시인에게 "화개"는 꽃길을 열어 존재의 의미를 새삼 떠올려보는 '시적 순간'의 장소이다.

꽃을 통해 사물의 새로운 이면을 보려는 시인의 의지는 다른 여타의 '꽃'을 배경으로 하는 시에서도 확연히 드러난다. 「감자꽃이 피었습니다」에서도 아카시아, 찔레꽃, 파꽃, 고추 모종에 핀 꽃, 사방에 피어 있는 감자꽃 등을 통해 시인은 생명의 선후(先後)가 중요한 게 아니라 생명의 존귀함이 중요하다는 것을 깨닫는다. 시인은 꽃의 눈이라 할 수 있는 "꽃눈"을 열고 싶어 한다. 꽃눈을 바라보는 행위는 아름다움을 바라보는 새로운 시각과 같은 의미선상에 있다.

지금은 스물이 갓 넘은 막내를 업고
엄마는 이섶 저섶 꽃을 따러 다녔다
넝쿨마다 하얗게 또는 누렇게
부실한 아침밥 빈 젖꼭지 같은
인동꽃 인동꽃 서러운 개화

한 됫박 무게라도 늘리려
이파리 슬쩍 넣어도 보지만
나는 알지
고것들이 반그늘에서 고들해질 때면
늦은 점심으로 허기를 메운 바른 양심에 치여
쇠죽 솥 걸어둔 마당가 빈 아궁이 속으로
그제야 벌렁벌렁 자빠진다는 사실

유난히 엉덩이가 톡 불거지고
우리 남매 중 제일 희지 못한 피부로
막내는 자라면서 반 놀림이었지만
엄마는 지금도 그 연유에 대한 믿음이 확실하다

포대기로 꼬옥 졸라맨
종일 햇볕에 매달고
눈 감고 푸근히 불은 젖 한 번 못 먹여서

밭둑가에 다리 뻗고 둘이는 눈만 멀뚱멀뚱,
잔디 씨 줄기 삐죽삐죽 살을 찔러와
안 그대로 아픈 속내 꺼이꺼이
기어이 목을 놓아 피는 인동 인동 인동꽃,

▶▶▶「인동꽃」 전문

강수완은 꽃을 매개로 어떠한 정서를 보여줄까. 그것은 바로 물밀듯 밀려드는 '그리움'이다. 강수완은 막연하게 보여주지 않는다. 위의 시 「인동꽃」에서처럼 이전 공동체적 삶 속에 자리한 가족의 그리움까지 보여준다. 인동꽃은 겨울에도 떨어지지 않는 꽃이다. 엄마와 막내는 "인동꽃"처럼 인내하는 삶을 살았다. 엄마는 꽃을 따서 생계를 지탱하는 삶 속에서 막내를 업어서 키운다. 막내의 얼굴이 남매 중에 제일 희지 못한 것은 이러한 이유 때문이다. "포대기에 꼬옥 졸라맨" 막내는 하루 종일 꽃을 따는 엄마의 등에 업혀 햇빛을 받았을 것이다. 또한 "눈 감고 푸근히 불은 젖 한 번 못 먹여서" 그 안타까움은 더해졌을 것이다. 이러한 삶의 구체적 사연들이 시적 대상과 조우하면서 그리움의 또 다른 풍경들을 우리에게 선사한다.

시인이 세상을 보는 눈은 예리하다. 남들이 보지 못하는 구석진 곳을 찾아 그 사물의 원형을 오래도록 관찰하고, 의미화시킨다. 강수완에게 꽃의 정체는 "그리움"을 발견하는 향기 같은 것이다. 「뱀딸기」에서 시인은 "물 오른 그리움"과 자신의 그리움을 동일시시킨다. 독을 지닌 뱀처럼 뱀딸기 또한 "독 바짝 올라서야/벌름거리며 익어 터지는/이 그리움의 정체"라는 점을 직시한다.

시인은 "그리운 건 다 푸른 기습이다"라고 말할 줄 안다. 그리움이 풍경과 만나는 배경 속에서 시인은 존재한다.

그리움 깊으면 저렇듯

속대까지 한 빛깔로 사는가
까맣게 참는 버릇
깜부기로 매어 달고
생각나도 쉬잇— 말하지 말기

그리운 건 다 푸른 기습이다
깜짝 놀라 파래지는
이랑 사이 저 뻐꾸기
물수제비로 언뜻언뜻 떴다 지고

장다리꽃 배경으로 두른 탓인지
그 사이로 더욱 간결해지는 사연
그래 다 말하지는 말자

내가 슬쩍 나머지 풍경으로 섞이다가도
그 작정 하도 파래서
머뭇대며 그저 훔쳐보는
저 초록.

▶▶▶「보리밭」 전문

위의 시를 보면 알 수 있듯이 보리밭의 푸른 속대도 그리움의 시선 속에 녹아 있다. 보리밭의 푸른 풍경이 아련하게 그려진다. 시인은 풍경이 거느리고 있는 배경에까지 예민한 감각을 드리운다. 그리움은 늘 사연을 거느리는 법이다. "장다리꽃"의 배경은 시인에게 "간결해지는 사연"으로 중첩된다. 배경에 의해 그리움의 사연은 상투적으로 토로되지 않고, 배경으로 숨어 더욱 더 깊은 비밀의 사연으로 남는다. 시인은 자신도 슬쩍 "나머지 풍경으로 섞"인다고 했다. 자신의 사연을 푸른 보리밭의 풍경 속에 슬쩍 내려놓고 싶은 것이다.

검은 돌이 따스하다
속엣것을 다 내어 놓아 숭숭 구멍 뚫린
무게도 나가지 않아 그저 허울뿐인 돌

자지러지는 유채꽃밭을 지그시 누르며 빙 둘러앉았거나
선 채로 바다에 몸을 담가 무릎이 다 드러났거나
오래 전에 죽은 누구누구의 무덤가를 쭈욱 지키고 섰거나
제주 돌은 따스하다

사방 바다뿐인 이곳에서
내 속 숭숭 먼저 내어놓지 않으면
우리가 한 세월 잘 건너갈 수 있을까

이쁘거나 섭섭하거나
버려서 온기 도는 제주 돌에게
묘한 수 배우고 돌아서는 봄
지끈대던 속엣것 싹 내어놓길 잘했다

▶▶▶「제주 돌이 따스하다」 전문

시인은 여행지에서 하나의 대상과 깊게 조우한다. 제주도에서 만난 "돌"은 시인에게 각별하다. "검은 돌"과 "제주돌"로 일컬어지는 돌은 시인에게 따스하다. 잘 알려져 있다시피 제주는 화산암이 넓게 분포하고 있는 지역이다. 그 중에서 현무암은 검은색을 띄며 돌의 표면에 구멍이 숭숭 뚫려 있다. 이러한 돌의 속성을 잘 살펴 인간의 삶 속에 대응시킨다. "내 속 숭숭 먼저 내어놓지 않으면/우리가 한 세월 잘 건

너갈 수 있을까"라고 자문하게 하는 힘이 제주 돌에게는 있다. 스쳐 지나가는 "이쁘거나 섭섭하거나/버려서 온기 도는 제주 돌"에게 시인은 "묘한 수"를 배웠다 한다.

강수완은 시적 대상을 통해 우리네 인생사의 다양한 면목들을 보여주고, 성찰한다. "감포"라는 공간에서도 시인은 눈에 띄지 않는 꽃을 발견한다.

수직으로 꽂히는 게
감포에서는 별이 될 수 없다
물이랑 마디마디에
물이랑조차도 감쪽같이 속일 수 있게
다문다문 제 살처럼 스며들어야
다음 날 붉은 해의 입술로
돌아올 수 있다.

파도 사이로
곧은 작정 한둘씩
던져두고 오지만
바다가 냉큼
검은 조약돌로 도로 밀어낸다는 걸
눈치채지 못한다.
그리하여 또 다른 이의 다짐 한둘이
물비늘로 어깨 한 번씩 들썩인다는 것도

(…중략…)

감포에서는

눈만 맞추고 살아도
시비가 없다
작아도 얼굴 편안한 별이 오르고
띄지 않아 그게 더 고요한 줄 미리 알고 사는
착한 꽃 조용조용 말없이 핀다.

▶▶▶「감포에서는 꽃도 고요히 핀다」 부분

우선 감포라는 장소 자체가 “눈만 맞추고 살아도/시비가 없”는 편안하고 평화로운 곳이다. 그 자리에서 피는 꽃은 고요함과 편안함의 미덕을 미리 알고 있다. “감포”의 장소에서 평화로움을 느끼고 꿈꾸는 것은, 아직 내려놓지 못한 사연들이 있기 때문이다. “곧은 작정”을 파도 속에 밀어 넣어보지만, 바다는 다시 내뱉는다고 한다. 그러한 사실을 사람들은 눈치 채지 못한다. 삶의 사연을 파도 속에 던지고, 바다는 다시 삶속에 밀어내는 장면을 통해 우리 삶의 사연이 끊임없이 순환한다는 것을 시사한다. 그렇기에 “감포”에서는 “수직으로 꽂히는” 것보다는 “다문다문 제 살처럼 스며”드는 게 미덕이다. 별과 꽃은 스며듦을 통해 의미를 지니며, 그 의미는 우리 삶의 지혜와도 이어진다. 즉 완고하고 딱딱한 방식보다는 누군가에게 스며드는 사람이 더 오래 빛을 발한다는 걸 시를 통해 느낄 수 있다.

한을 가로지르는 햇발 아니더라도
나는 늘 비어 있어 뜨겁다
잿물로 두른 몸살 이마에 얹고 八月 며칠을 견딘다
견디는 자리마다 발갛게 달구어 모양 잡힌 그리움
문양으로 기꺼이 거죽에 얹는다

누가 저리 침잠하는 법을 일러주었던가

빚어져 이루어지는 사람 사이의 다정처럼
내 안에 무엇을 담아내건
곰삭아 다시 무엇이 되기까지는 그대로 있자
깊어질수록 고요해지는 일
어디 다정뿐일까

새로 댕긴 장작불에 온몸 내맡겨
까맣게 처형되는
죽어서 새로 돋는 살, 독으로 남는다

▶▶▶「항아리」 전문

강수완은 우리가 흔히 볼 수 있는 시적 대상물을 새롭게 바라본다. "항아리"라는 시적 대상물의 속성을 시적 자아와 동일시시킨다. 항아리의 "비어 있음"이 시적 자아의 비어 있음과 동일시되며, 그 비어 있음의 원인이 그리움이라는 것을 은연중 암시한다. 그리움은 "견디는 자리마다 발갛게 달구는" 인고의 세월 속에서 더 단련되어진다. 항아리의 속성이 시인에게는 "침잠하는 법"까지 일러준다. 또한 "곰삭아 다시 무엇이 되기까지는 그대로 있자"는 인고의 세월에 대한 조언까지 덧붙인다. 시에서 말하는 "사람 사이의 다정" 속에 그리움이 존재하며, 또한 "깊어질수록 고요해지는 일"까지 끌어안는다. "다정"이란 정서적 의미는 항아리의 희생 속에서 태어난 언어이다. 항아리는 "장작불에 온몸 내맡겨/까맣게 처형되는/죽어서 새로 돋는 살, 독으로" 남는 희생의 제의로 인해 더욱 강해지는 것이다.

함부로 살았다, 작달비로 쏟아져 거침없는 동안
지나는 곳마다 생채기만 남겼으니
부러지고 모나고 널브러진 것들 사이로

허적허적 겨우 걸어온 셈이었다
간혹 크거나 작은 것들이 모아준
생각의 뒤꿈치를 밟으며 서성이는 동안
얼굴 자그마한 패랭이꽃이 팽팽하게 당겨놓은
맑은 하늘 제대로 올려다보질 못했으니
머리 위 은행나무 볼록한 잎들이
양 볼이 미어터지라 울어제끼는
저 매아미 소리로 살았다면
나는 무엇으로 여기까지 이르렀던가
사는 일 조금씩 늦추어도 보고
더러 게으른 척 고민도 하다가
마음 지나는 자리 자리에
내가 뱉은 말들이 비단뱀 푸른 등이 되어
스르르 찔레꽃 가지를 지나 사라진다 해도

이제는 매사 무사하고 싶은 맘.
아무에게나 그저 덕이 되고 싶은 맘.

▶▶▶「訃告」 전문

강수완은 예민한 그리움의 정서를 바탕으로 꽃을 보며, 인생의 의미를 하나씩 되짚고 묻는다. 그리움으로 향하는 꽃길에서 시인은 자꾸 자신의 삶을 되돌아보며, 잃어버린 가치들을 떠올린다. 강수완에게 그리움의 미덕과 꽃의 바라봄, 낯선 사물과의 조우 등은 모두 성찰로 이르기 위한 길목에서 만난 것들이다. 시인은 말한다. “함부로 살았다”고. “허적허적 겨우 걸어온 셈”이라고. 하지만 시인은 삶의 길을 그냥 함부로 걸어온 것만은 아니다. “간혹 크거나 작은 것들이 모아준/생각의 뒤꿈치를 밟으며 서성이”며 살아 왔다. 그 서성임의 시간 속에서 시인은 그리움과 사물의 이면과 삶의 진실한 가치들을 가슴 깊이 느꼈을 것이다.

시인이 올려다보지 못했다고 말하는 "맑은 하늘"은 시인의 성실한 삶을 늘 지켜주었을 것이다. 이제 시인은 "사는 일 조금씩 늦추어도 보고/더러 게으른 척 고민도" 하고 싶다고 말한다. 고요한 마음의 자리를 더 깊이 응시하겠다는 의미이다. 그러한 자세를 통해 "아무에게나 그저 덕이 되고 싶은 맘"으로 살아가려는 것이다. 이제 강수완 시인에게는 열정적인 삶의 태도와 따스한 시선을 시속에 더욱 깊이 침잠시키는 일만 남았다. 그리하여 강수완의 시를 통해 마음과 마음이 만나 함께 따스한 웃음을 흘리는 풍경을 독자들은 오래도록 보고 싶을 것이다.

농담의 수사와 할(喝)의 시학

: 황상순 시집 『농담』

농담(弄談)은 역설의 언어다. 모두 다 그런 것은 아니지만, 일상에서 주고받는 농담이 수사(修辭)의 장(場) 안으로 들어오면 그 말은 '뼈 있는' 말이 된다. 우리는 예전부터 농치는 말로써 좋아한다는 쑥스러움을 대신했고, 희롱하는 말로써 울분과 한(恨)을 달래 왔다. 농담이 가진 역설의 수사는 우리말의 사회학적 기능을 공고히 하는데 큰 역할을 해왔다. 일찍이 밀란 쿤데라는 농담을 통해, 개인의 삶과 역사라는 거대 담론과의 관계를 진지하게 성찰한 바 있다. 쿤데라는 국가와 체제라는 이데올로기적 측면에서 개인의 삶과 내면을 바라보았지만, 많은 경우 농담은 개개인이 갖는 언어적 습관에 의한 경우가 많다. 그렇기 때문에 문학에서 농담은 고도로 발달한 수사적 장치이자, 개인이 발견해낸 특수한 언어라는 성격을 갖기 마련이다.

황상순의 이번 시집은 농담이라는 역설의 언어로 채워져 있다. 이

역설은 개인이 발견한 특수한 언어적 습성 때문이 아니라, 시집을 통해 드러내고자 하는 시인의 태도와 깊은 연관이 있다. 황상순은 자신의 시적 세계관을 농담이라고 슬쩍 능청을 부린다. 시적 지향점이 가진 진지한 사유의 그물을 농담으로 빠져나간다. 시인이 독자들에게 자신의 세계관을 완고하게 전달하고, 이를 계몽하려 할 때 독자들은 그 억압으로부터 벗어나려 한다. 그런 의미에서 황상순은 전략적인 수사적 휘장을 걸치고 있는 셈이다. 그의 시는 독자들에게 시라는 선입견의 경계를 풀게 하고 편하게 다가간다. 그러면서 의뭉스럽게 자신의 삶과 세계관을 독자들의 가슴에 남겨놓는다. 황상순은 농담이 가지는 언어적 관계망을 통해 독자들에게 새로운 시적 각성을 촉발하게끔 한다. 그의 언어는 우리 주변을 서성대다 "전화를 걸어 항의를" 하고 "오늘이 천년이 되는 날이라고" 짐짓 허방을 짚는다(「깊은 못」). 그가 언어를 통해 정곡이 아닌 벗어난 지점을 짚는 행위는, 우리가 알지 못하는 또 다른 존재의 진리가 있음을 간접적으로 시사하려는 것이다. 즉 일상에서 흔히 볼 수 있는 애완용 거북이와 비닐봉지의 물을 통해 "시간의 깊은 못"을 사유한다. 거북은 원래 신화에서 장수(長壽)를 상징하는 신령스러운 동물이다. 시에서 다소 과장스러울 수 있는 거북의 비상이 설득력 있게 다가오는 것 또한 농담의 배면에 깔린 진지한 주제의식 때문이다.

황상순은 '시인의 말'을 통해 그의 시가 다 농담이라 했지만 실상 시 속의 농담은 모두 뼈 있는 농담들이다. 농담을 통해 풍자하고 희화하여 세계를 조롱하려는 의도와 다르다. 황상순의 농담은 때론 실없어 보이기도 한다. 그의 말은 칼처럼 날 선 농담이 아니라, 오래 묵은 탁주 속에서 걸걸하게 길어 올린 순박함과 지혜가 담겨 있다. 그의 시가 다소 계몽적으로 느껴질지라도 그 농담을 듣는 우리는 전혀 거부감이 느껴지지 않는다. 오히려 좀 더 듣고 싶어지는 구수한 입담과 그 속에 숨은 위트와 해학이 담겨 있다. 이것은 황상순이 시를 대하는 태도와 관련이 있다. 그는 시집 전편을 농담으로 지칭하고, "다 농담"이라고 일갈한다. 시 「에덴양계장의 창세기」을 보면 "'켜'와 '꺼' 만으로 낮이 되고 밤이 드리워진다/세상을 만드는 일은 이처럼 간소하였다"고 한다. 이것은 양계장의 일상적 농가의 모습을 생성과 소멸의 창세로 변주하여 내놓는다. 이러한 시적 솜씨는 읽는 재미를 더해 준다. 이것이 황상순식의 농담이라면, 귀담아 들어야 할 농담이다.

농담은 고도로 발달한 수사적 언어이다. 자칫 재미없으면 썰렁해지고, 흔하면 식상해지고, 보편적이지 못하면 엉뚱한 사람 취급을 받는다. 황상순은 자신이 깨달은 삶의 지혜들을 계몽적인 언사로 주입하거나, 자신만의 선언으로 만들지 않는다. 농담이라고 의뭉스럽게 삶에 대한 자신의 관점과 태도를 희석시킨다. 그러나 그 농담 속엔 어느새 황상순만의 인생관이 녹아들어 더 많은 독자들을 서서히 물들게 한다. 또한 질펵한 언어의 결과 농염한 언술로 독자들을 흥미롭게 한다.

마당가 감나무 아래에서
이리 저리 몰려다니는 고기떼를 만난다
이건 넙치, 저건 숭어, 저 자잘한 건 멸치 떼
감꽃 입에 물고 숨는 피라미도 보인다
햇빛 맑고 바람 잔잔한데
무성한 잎들은 하늘 촘촘히 그물을 놓아
수많은 고기를 발밑에 풀어 두었다
와와, 마당 좁다 몰려다니는 고기떼
감꽃 주렁주렁 실에 꿰어
오월 한낮보다 더 긴 낚싯대를 드리운다.

▶▶▶「감꽃 낚시」 전문

시인은 먼저 우리 일상의 가장 가까운 집안에서부터 시적 여정을 출발한다. 감꽃을 낚시하는 저 공간은 잎들이 가득한 마당이다. 시는 잎들과 감꽃이 가득한 마당의 풍경에 햇빛과 바람을 등장시킨다. 특별할 것 없는 이 공간을 특별하게 만드는 것은 시인이 감각한 세계에 대한 해석 때문이다. 마당을 물속으로 대상화하여 감꽃 줍는 일을 낚시질하는 것으로 상상한다. 즉 무성한 잎들은 그물이 되고, 수많은 감꽃은 넙치, 숭어, 자잘한 멸치떼가 된다. 실로 즐거운 상상이다. 시인은 자연과 일체하는 지점, 즉 자아가 동일화된 순간을 새로운 시적 공간으로 치환시킨다. '자연의 환(幻)'이라 할 수 있는 동화적 상상력에 독자들은 즐거운 체험을 하게 된다.

황상순이 시집의 첫머리에 자연에 대한 감각적인 비유를 배면에 깐 이유는 그의 사유가 자연에 대한 애정을 기반으로 이루어진다는 점을 시사하기 위해서이다. 그런 점에서 황상순의 시집 곳곳에는 자연과 생명에 대한 애정이 그득하다. 우리가 흔히 즐겨 먹는 옥수수라고 예외는 아니다.

옥수수를 딸 때면 미안하다
잘 업어 기른 아이
포대기에서 훔쳐 빼내 오듯
조심스레 살며시 당겨도
삐이꺽, 대문 여는 소리가 난다

옷을 벗길 때면 죄스럽다
겹겹이 싸맨 저고리를 열듯
얼얼 낯이 뜨거워진다
눈을 찌르는 하이얀 젖가슴에
콱, 막혀오는 숨
머릿속이 눈발 어지러운 벌판이 된다

나이 자신 옥수수
수염을 뜯을 때면 송구스럽다
곱게 기르고 잘 빗질한 수염
이 노옴! 어디다 손을
손길이 멈칫해 진다

고향집 대청마루에 앉아
솥에 든 옥수수를 기다리는 저녁
한참 꾸중을 든 아이처럼 잠이 쏟아진다
노오랗게 잘 익은 옥수수
꿈속에서도 배가 따뜻하여, 웃는다.

▶▶▶「옥수수를 기다리며」 전문

위의 시는 옥수수를 빗대어 우리 삶의 다양한 양태들을 사유케 한다. 옥수수의 생장과 형태를 통해 삶의 지혜를 슬쩍 눙치는 대목이다. 옥수수를 따고, 껍질을 벗기고, 옥수수수염을 뜯고, 마지막에 옥수수를 쪄먹는다. 이러한 옥수수 수확과 섭식의 체험은 우리들을 익숙한 체험의 시간으로 인도한다. 우리 삶 속에서 발견할 수 있는 보편적인 정서를 흡입하여 독자들에게 살아 있는 비유를 제공한다. 특히 "잘 업어 기른 아이/포대기에서 훔쳐 빼내 오듯"이나 "겹겹이 싸맨 저고리를 열듯/얼얼 낯이 뜨거워진다", "한참 꾸중을 든 아이처럼 잠이 쏟아진다"와 같은 비유는 우리의 체험 속에서 살아 있는 비유들이다. 우리 공동체의 기억에 잔존해 있는 삶의 모습을 아련히 반추하여 소중한 것들이 무엇인지를 인지하게 한다.

옥수수만이 아니다. 겨울철 먹을 수 있는 봄동은, 식물의 생태와 명명된 이름을 함께 견주며 시적 상상력을 펼치고 있다.

네가 봄이 눈 똥이 아니었다면
봄길 지나는 그냥 흔한 풀이었다면
와작와작 내게 먹히는 변은 없었을 게 아니냐
미안하다만 어쩌겠냐
다음 생엔 네가 나를 뜯어 쌈 싸 먹으려무나
살찐 뱃가죽 넓게 펴 된장을 바르고
한 입에 툭 쳐 넣으려무나
봄의 몸을 받지 못한 나는 구린내만 가득하여
너처럼 당당하지 못하고
다른 반찬 밑에 엎드려 얼굴을 가리며
아마 죽은 듯 숨어 있겠지
그렇겠지? 봄동아, 봄똥아.

▶▶▶「봄동아, 봄똥아」 부분

시인의 시선은 작은 풀 한 포기, 우리가 먹는 채소에게도 간다. 봄동이라는 채소에 대한 명명을 시인의 상상력으로 살짝 비틀고 있다. 봄동은 배추가 긴 겨울 동안 씨앗을 땅속에 품고 있다가 봄이 되어서야 새순이 나서 자라난 것을 말한다. "봄동"은 '봄이 누는 똥'이다. 봄동은 똥이라는 숙명으로 인해 시적 화자에게 먹히는 존재가 된다. 시인은 봄동을 입안 가득 먹으면서도 이 가녀린 식물적 존재에게 다음 생을 기약한다. 식물에게 다음 생을 기약하며 존재의 역할 변화를 약속하는 것은 시인이 가진 세계관의 일면을 짐작케 한다. 시인은 먹고 먹히는 존재론적 관계성에 대한 사유를 넘어 자신의 모습에 대한 성찰에 이른다.

시적 화자는 "구린내만 가득"한 존재이며, "당당하지 못하고" "엎드려 얼굴을 가리며/아마 죽은 듯 숨어 있"는 존재이다. 오히려 자신의 몸을 온전히 내어주며 다른 존재에게 살아감의 에너지를 준다. 이런 봄동의 존재가 더욱 귀한 것이라 시인은 말한다.

과도로 사과의 배꼽을 파내다가
돌연 아랫배가 욱신거린다
맹장은 떼어 낸 지 오래, 누가 칼을 곧추 세워
내 배꼽을 도려내는 것은 아닐까
그래, 나는 아주 오래 잊고 지냈다
꽃이 떨어진 자리 굳은 상처
배꼽은 더 이상 자라는 것이 아니어서
무럭무럭 커가는 열매에만 관심이 있었을 뿐
파면 팔수록 아픈 오목한 상흔일랑
까맣게 잊고 살아왔다
주름진 뱃살 사이 홀로 깊어진 배꼽
등 뒤에 있었으면 궁금하여
이리저리 거울에 비춰도 보았으리
흰 과육 안에는 씨를 감싸고 있는 딱딱한 밀실
통째로 다시 이를 도려내기 시작한다
정관수술을 할 때처럼 이번엔
아랫도리 씨방이 울울 아파 온다.

▶▶▶「배꼽」 전문

소양대교 아래 배터횟집 따끈한 골방
대접에 담겨온 빙어를 젓가락으로 집어 올리다가
실밥 같은 내장 등뼈까지 다 보여주는 빙어와 딱
눈이 마주쳤네
한두 가지 비밀쯤은 지니고 있어야지 그도 없으면
숨겨놓은 재산 없는 것처럼

인간 참 가난하게 보이는 법
어허이, 너 같은 미물이 세상사 어찌 알리
초장 듬뿍 찍어 와락 입으로 가져갔네
할 말은 해야겠다고 남은 꼬리를 파닥이네
자고로 붉은 입술 가진 동물은 믿지 말 것
믿더라도 뚝 떼어 접어두고 반쯤만 믿을 것
빙어가 불쌍해요 내숭을 떠는 미스 김과
호시탐탐 기회를 엿보는 상어의 눈빛 사이로
빙어들은 선명한 제 몸 보여주며 애써 헤엄치고 있으니
세상의 모든 투명한 것과
세상의 모든 불투명한 것들을 위하여
아줌마, 여기 맑고 깨끗한 소주 한 병 더!

▶▶▶「빙어시대」 전문

시인은 채소뿐 아니라 과일에게도 시선을 보낸다. 시인이 사과의 배꼽을 주목하는 것은 "아주 오래 잊고" 지낸 상처를 기억하기 위해서이다. 시에서는 사과의 배꼽을 파내면서 시적 화자의 배꼽에 대해 사유한다. 배꼽은 상처의 흔적이다. 우리는 상처의 흔적에 대해, 상처의 근원적인 담화에 대해 잊고 산다. 상처의 원형질이라 할 수 있는 배꼽은 "파면 팔수록 아픈 오목한 상흔" 같은 것이다. 세월이 흘러가면서 배꼽은 주름진 뱃살 사이로 숨어들고 홀로 깊어진다. 시인은 상처의 근원이 오롯이 숨어 있는 과육 안의 딱딱한 밀실을 통째로 도려낸다.

시인은 그동안 잊혀져 있던, 세월이라는 무기로 인해 거세되어 있던 상처의 원형을 다시 들춰보고 싶어 한다. 이러한 욕망은 가장 적극적인 성찰의 방식이다. 사과의 배꼽을 통해 나의 배꼽을 보고, 이는 모든 존재의 원형을 보고자 하는 열망에서 배태된 행위이다. 존재의 시원에 대한 갈망과 탐구가 배어 있는 작품이다.

빙어시대처럼 우리는 일상 속에서 그간 발견하지 못한 성찰의 기회를 엿볼 수 있다. 투명한 몸을 가진 빙어는 겨울철에만 먹을 수 있는 민물고기이다. 반짝이는 은빛 투명한 비늘을 가지고 있어 '호수의 요정'으로도 불린다. 빙어는 펄떡펄떡 뛰어 살아 있는 물고기를 통째로 씹어먹는 민물고기이다. 시인은 속내장까지 다 보여주는 빙어의 형상을 보며 "세상의 모든 투명한 것"과 "불투명한 것들"에 대해 생각한다. 그러나 세상살이를 하다보면 모든 걸 다 보여주는 투명함만으로는 살 수 없는 법이다. 시인은 "너 같은 미물이 세상사 어찌 알리"라고 말한다. 마지막에서 대신 "맑고 깨끗한 소주"를 먹는 위트도 시의 재미에 한몫한다. 우리는 그렇게 투명한 날것을 술안주로 씹어 먹으며 살고 있는 것이다.

> 네거리 횡단보도 아스팔트 위에
> 한 사내가 모로 누워 있다
> (실은 여자였는지도 몰라)
> 아니다, 누워 있는 것은
> 흰 페인트로 그린 그의 윤곽이었다
> 그는 이곳에서 탈피를 하였던 것일까
> 비 마악 그친 뒤 햇빛 쏟아져 내릴 때
> 맞아, 저 빌딩 창에 반사되어 날을 세운 빛이
> 그의 탈피를 재촉하였을 거야
> 비에 젖은 옷 훌훌 벗어버리고
> 그는 여기서 처음 날개를 폈던 게지
> 탈피의 고통으로 군데군데 핏자국이 번져 있다
> 나비되어 날기 위해서는
> 몇 개의 허물을 더 벗어야 하는 것일까
> 몰려나온 개미들이 걸음을 멈추고

사내가 남겨놓은 껍질을 꼼꼼히 살펴보고 있다
그가 걸어온 세상의 모든 길이
물결치는 차량들 위에서 잠시 일렁거렸다.

▶▶▶「흔적」 전문

시인이 복원하고 싶은 상처는 배꼽으로부터 연유한 사(私)적인 역사뿐만 아니다. 타인의 내력에 대해서 그가 갖는 관심은 '흔적'에 대한 오랜 관심으로부터 출발한다. 흔히 길을 가다 발견할 수 있는 교통사고의 흔적. 그 흔적을 알 수 있는 것은 선명한 흰색 페인트의 실루엣이다. 흰 페인트의 윤곽을 통해, 사고가 났던 사건의 전말을 추측하고, 경위를 파악하게 된다. 시인의 시선은 횡단보도에서 일어난 사고의 흔적에 닿는다. 사람이 다쳐 누워 있는 페인트의 흔적을 보며, 그 사람의 삶의 흔적을 상상한다.

하지만 이 상상은 역설적이게도 긍정적인 불행을 지지하고 있다. 즉 사고를 당한 사람의 고통을 오히려 날개를 폈던 사건으로 기록한다. 시인은 사고자의 일상을 빌딩에 갇혀 새로운 공간으로의 탈피를 꿈꾸는 자로 보았다. 기존의 것을 버리고 새로운 공간을 찾아 떠나기 위해서는 대가가 필요하다. 시인은 그 댓가를 군데군데 번져있는 핏자국으로 대신한다.

우리는 유충의 껍질을 벗고 나비가 되어 날고 싶어 한다. 하늘을 날 수 있는 날개를 갖기 위해서는 몇 겹의 허물을 벗어야 한다. 차가운 농담이지만, 가슴 깊이 남을 만한 말이다.

얼마만의 푸짐한 식사인가
늦은 오후 노숙자 박씨가 가정식 백반집에서
가정식 백반을 먹는다
한 상에 이천오백 냥, 소주까지 곁들였다

달걀 프라이 접시 손에 들고
후르륵 짭짭 밑바닥까지 싹싹 핥는다
게 눈 감추듯 하나 둘 비어지는 접시들
마침내 밑창까지 뚫려버린 예금통장
아껴 둔 꽁치구이 일랑 통째로 씹어 삼키려다
커—억, 가시로 목에 걸려오는
오글오글 젖을 파는 새끼돼지들 그림
너의 집 '가화만사성'은 어느 벽에 걸려 있느냐
네 어린 돼지들은 어디 가고 없느냐
물에 만 밥알이 되어 둥둥 뜨고 마는 박씨
눈물 찔끔 나게 목구멍이 아파서
숟가락 내던지고 다급히 소주를 들이킨다
쯧쯧, 박씨 그 소주로는 안 되겠소
밥 한 덩이 김치에 싸 꿀꺽 삼켜 보소, 채근하지만
목에 박힌 가시 너무 깊고 크다
유리창에 서성거리던 저녁 해가
홀 안 가득 왈칵 선지피를 토해낸다

곧 불을 밝혀야 하리라.

▶▶▶「가정식 백반」 전문

시인은 자신의 일상에만 시선을 두지 않는다. 우리의 공동체, 주변의 사람들을 돌아본다. 흔히 가정집을 개조하여 저렴한 백반집을 운영하는 '가정식 백반'에 든 "노숙자 박씨" 또한 우리 주변에서 흔히 볼 수 있는 인간형이다. 허기에 지친 박씨는 급하게 식사를 하지만, 반성과 후회가 울컥 올라온다. 그 상황은 작은 "균열"을 통하여 이루어지는데, 시에서는 "가시로 목에 걸려오는" 상황을 통해 드러난다. 노숙자 박씨는 가족에 대한 생각으로 다급히 소주를 들이키지만, 목에 박힌 가시는 너무 깊고 크다. "가시"는 그동안 살아 왔던 신산한 삶의 고통과 상처들을 대변하는 시적 대상이다. 저녁 해의 이미지 또한 "선지피"를 토해내는 고통의 감각으로 표출된다.

「사북 아라리」에서는 "함백탄광 광부들"의 삶을 들여다본다. 니나노 집에 살던 "매미들"을 통해 니나노집 작부들의 삶을 간접적으로 형상화한다. 광부들의 삶은 "구겨진 지폐"와 같다. 그네들의 삶은 "새빨간 입술 화장 불파마를 한" 작부들의 삶과 매한가지다. 시에서는 그들의 삶이 매미의 우는 소리와 함께 어우러져 있다. 광부들은 "이 구녕이나 그 구녕이나/들어가면 죽어 나오는 건 한 모양새"라고 걸쭉한 농지거리를 한다. 이 농지거리 속에는 광부들의 인생에 대한 회한과 울분이 숨겨져 있다. 하지만 이들은 술이나 한 잔 더 치면서 "앞도 뒤도 캄캄한 세상의 벼랑 끝"을 견디고 있다.

강원도 사북에서 부르는 농지거리 같은 아라리의 노래는 더욱 처연하다. 시인은 농담을 통해 사회적 현실을 간접적으로 목도하려 한다. 강원도 정선 사북 일대는 탄광촌들이 폐광되면서 카지노로 많이 바뀌었다. 시인은 「민둥산」과 같은 시를 통해 "대박을 터뜨리리라,/산채나물 큰 보자기로 돈을 담아 가리라"라고 조롱의 말들을 내던진다. "검은 폐광촌의 하얀 밤"은 물욕으로 들끓고 사람들을 변화시키고 있다. 「회춘부」에서는 어김없이 되돌아오는 자연의 풍경들을 통해 회춘하고자 하는 화자의 모습을 그린다. 농담식으로 풀어버린 시는 독자들에게 재미나게 읽는 맛을 전해준다. "홀랑 벗겨진 대머리 햇빛"이라거나 "사나흘 용두질을 해대자/가랑이 사이에 질펀히 물이 오르고/솜털 송송 다시 솟기 시작한다"고 에로스적 상상력을 가동시키는 부분에선 흥미롭다. 산천초목이 모두 회춘을 하는 풍경을 보며 시인은 "비아그라 다 소용없는" 육체로, 그렇지만 끈질기게 찾아오는 굴비장수의 봄(세월)을 농익은 언어로 그려낸다.

장례식에 다녀온 아들에게 물었다
— 문상객은 좀 있더냐
누나는 졸업반이고 친구도 아직 군 복무중이어서
초등학교 동창들끼리 밤을 새웠다고 했다
장지까지 갔다 왔는데
관이 그렇게 무거운 줄 몰랐다고 고개를 설레설레 젓는다
죽은 이가 더 무거운 것은
남아 있는 자들이 올려놓은 슬픔의 무게 때문이리라
이승의 끈을 부여잡는 망자의 손길 때문이리라
나중에 내 관도 걔네들이 들겠구나 슬쩍 떠보았더니
아들은 멋쩍은 듯 머리를 긁적인다
그렇겠지 오늘 그 친구들이 나를 들고 가겠지
그들이 낑낑대며 땀을 흘릴 때
나는 아무 힘도 들이지 않고 편안히 누워 산을 오르겠지
봐라 나 손에 아무 것도 잡고 있지 않다고
깃털처럼 가벼운 영혼의 무게라지만
그래도 그 만큼은 가볍지 않겠냐고
무겁다 공연히 엄살 부리지 말라고
가만히 누워 있기만은 왠지 민숭민숭하여
넌지시 농담이라도 한마디 건네야지, 바로 그때.

▶▶▶「마지막 농담」 전문

황상순의 농담은 말 속에 진지한 삶의 성찰이 엿보인다. 장례식에 다녀온 아들은 관이 그렇게 무거운 줄 몰랐다고 체험담을 아버지에게 고백한다. 아버지는 관이 무거운 이유를 혼잣말로 얘기한다. "죽은 이가 더 무거운 것은/남아 있는 자들이 올려놓은 슬픔의 무게 때문이"라고 말이다. 시인은 아들이 겪은 죽음을 인도하는 장례를 통해 자신의

죽음 이후를 생각한다. 아들의 친구들이 시인 자신을 들고 산을 오르는 상상을 해보는 것이다. 시인이 아들에게 "나중에 내 관도 걔네들이 들겠구나"라는 농치는 것은 진담 반 농담 반 식의 언어이다. 아들도 언젠가는 아버지의 죽음을 준비해야 할 날이 올 것이다. 이제 시인은 관 속에 누워 힘들게 자신의 영혼을 메고 가는 아들의 친구들에게 마지막으로 어떤 농담을 던질지 생각해 본다. 그 마지막 농담으로 남아 있는 자들을 편안하게 해주고 싶은 것이다. 시인은 마지막 농담을 통해 무소유의 삶을 기록하고 싶었다. 이승의 끈을 부여잡지 않고, 편안하게 농담을 하며 저승의 길로 가고 싶은 무소유의 소망이 담겨 있다.

산골 작은 법당 안은 텅 비어 있다
한 바퀴 절을 돌아 다시 문 앞에 서성일 때
할(喝)!
이미 보지 않았느냐
풀 한 포기 돌멩이 하나 다 온전하거늘
마른 나뭇가지에 새 잎 가득 돋았거늘
향내 찌든 골방에서 어찌 부처를 찾는가
건너 산 딱따구리
죽비를 고쳐 잡고 한 달음에 달려와
딱, 딱, 따—악
마른 어깨를 후려친다
구층석탑 돌가루가 우수수 발등 위에 떨어진다.

▶▶▶「이 위의 부처」 부분

키 웃자란 나무
죽비바람에 모가지 툭툭 잘려져도
달마의 수염처럼 다시 무성하게 돋아나

귀때기 가득 뿌리를 내리고 있었네
게거품 물고 앉아 내려다본 발밑
골 깊을수록 그 깊이만큼 하늘은 멀고
세상 저자거리의 개미떼들
독 속에 든 게처럼
하늘 향해 아득히 기어오르고 있었네
귀때기 얼얼하게 후려 맞은 후
안거 끝낸 중처럼 서둘러 산을 내려오네
저물녘, 흰 소 앞세우고 고삐를 쥐고 가듯
귀때기 푸른 봉은 엄한 눈 부라리며
내내 뒤를 따라오고 있었네
흰 소도 게 한 마리도
이내 푸른 산 그림자에 묻히네.

▶▶▶「귀때기 푸른 봉」 부분

황상순이 만난 부처는 절간의 법당 안에 있지 않다. 그가 만나고자 하는 부처는 오월의 찬란한 햇살 속에 있으며, 풀 한 포기 돌멩이 하나에 존재해 있다. 마른 나뭇가지에 새잎이 돋는 장면이 지혜에 이르는 길이다. 시에서 시적 자아를 각성하게 하는 것은 딱따구리이다. 먼 산에서 홀로 소리를 내는 딱따구리를 통해 죽비의 딱~ 하는 깨우침을 들었다. 그에게 자연은 지혜의 보고이자, 깨달음을 발견하는 장소이다.

「귀때기 푸른 봉」에서 시인은 봉우리에 오른다. 귀때기 푸른 봉은 높이 오르고 싶은 욕망에 대한 화답의 상징이다. 귀때기 맞아 퍼렇게 멍든 봉우리는 더 높이 오르려는 우리의 욕망을 다시 돌아보게 한다. 실상 높이 있는 존재는 어깨를 낮추며 공손해 한다. 시인은 봉우리에 오른다. 그 봉우리는 오르고자 하는 욕망과 세속에 대한 회한으로부터 발발된 시인의 대오(大悟)의 장(場)이다. 높은 곳에 올라 아등바등 살았던 저 밑의 세상을 바라보면 여러 생각을 하게 된다. 또한 시의 화자처럼 이 봉우리는 기어오르려는 인간들이 "세상 저자거리의 개미떼들"과 "독 속에 든 게"처럼 보이는 것이다. 귀때기 얼얼하게 후려 맞은 것은 시인에게 향해진 죽비소리나 다름없다.

농담에는 뼈가 있다는 말처럼, 황상순의 농담에는 성찰과 지혜에 이르려는 자아의 방법론이 고스란히 숨어 있다. 농담은 결국 실없는 소리이지만, 우리 일상 속에서 뱉어내는 실없는 소리들에 귀를 기울이면, 거기서 그동안 깨닫지 못한 지혜를 터득할 수도 있다. 황상순은 시인의 일상과 먹을거리, 주변의 사람들, 추억들을 모두 관망하며 농의 담론을 펼쳤다. 시인은 '뼈 있는 농담'에만 그치지 않는다. 시인은 세상에 어딘 가에서 숨어 있을 "길 위의 부처"를 찾아 끊임없이 고행의 길을 갈 것이다. 시인이 가는 길목 중간에 오래도록 머물며 옛날 주막에서 듣던 농지거리를 원 없이 듣고 싶어진다. 그러면 우리는 "귀때기 푸른 봉"에서 불어오는 바람을 맞다가 할(喝)! 하고 외칠지도 모를 일이다.

그저 달콤하기만 한 문명의 정치학

: 신혜정 시집 『라면의 정치학』

언제부터인가 신혜정 시인은 채식주의자가 되어 있었다. 그것도 상당히 까다로운 그들만의 금기를 실천하고 있는 채식주의자가 되어 있었다. 물론 "되어 있었다"라는 말로 짐작했겠지만 그 이전의 신혜정은 채식주의자가 아니었다. 한때 우리의 우상이었던 시인의 말대로 사랑했던 자리마다 모두 폐허인 시간이었을 것이다. 마음보다 몸으로부터 먼저 오는 허무를 그저 받아들였을 것이다. 시인은 살기 위해 몸이 반응하는 솔직함에 더욱 충실했고, 자신의 영혼과 몸에 대한 신념을 보란 듯이 지켜나갔다. 그렇게 신혜정은 몸이 반응하는 사유의 길목을 서성거리며 시의 언어를 타진해왔다. 침묵은 현명한 방법이 아니라는 것을 깨달은 것일까. 그녀의 첫 시집은 반문명과 반육식의 외침이 가득한 의분의 언어로 채워져 있다.

현대문명은 음험한 음모를 거느리고 광장의 질서를 지배하고 있다.

그 질서는 곧잘 헤게모니를 장악한 이들의 음모에 의해 조종되어진다. 눈에 뻔히 보이는 모종의 담합들이 위정자들의 가난한 머릿속에서 실현되어질 때 우리는 그 공분(公憤)을 억누를 수 없게 된다. 최근 들어 자주 제기된 문학과 정치와의 상보적 관계는, 문학의 역할과 창작자들의 태도에 대한 깊은 사유와 성찰을 하게 했다. 그런 의미에서 신혜정은 이번 시집을 통해 가장 적극적인 방식으로 자신의 이데올로기를 구현했다. 그러나 신혜정의 시를 단지 작금의 유행처럼 번지는 문학의 정치성에 대한 진단으로만 파악할 수는 없다. 왜냐하면 신혜정은 일찍부터 몸을 통해 자신의 신념을 실현해왔기 때문이다. 즉 신혜정의 몸은 사유의 또 다른 기관뿐 아니라, 가장 일차적인 육체로서의 몸에 대한 깊은 탐색을 수행해 왔다.

신혜정은 현란한 이미지의 수사를 버리고 자신이 넘나드는 사유의 징검돌을 직접화법의 언어로 성큼성큼 넘는다. 신혜정의 기억술은 공동체적 서사 속에서 희구하는 갈망의 시간이 아니라, 자신의 몸이 선험적으로 감응한 원시적 서사이다. 그렇기에 신혜정의 육체는 문명에 접속한 기계적 감각의 플러그를 빼버리고, 넓은 초원과 대지에 기댄 육신의 기억을 갈망한다. 이것은 많은 시인들이 갈망하고 응시하는 공동선(共同善)의 기저이지만, 신혜정은 원시적 몸의 감각을 이 시간 속에 재소환하여 생태적 정치성으로 포장하려 하지 않는다. 신혜정이 기억하고 있는 육체의 기억은, 문명과 생태의 정치성을 소요하듯 사유하여 이끌어낸 보편적 기억이다. 시에서 자주 보이는 "깍두기와 국물이 뒤섞인 입 속을 왔다갔다"(「숟가락들의 점심식사」) 하는 숟가락의 풍경들처럼, 역겹고 느끼하며 불결한 현대사회의 동굴을 탐사하는 것이 바로 우리가 매일 반복하는 일상의 풍경인 것이다. 신혜정은 자본문명의 일상성을 우리가 의식하지 못한 채 매일 반복하고 있는 음식문화에서부터 찾는다. "21세기 식탁혁명"은 육식을 탐하는 미각뿐 아니라, "엉덩이가 예쁜 아가씨를 보면 따라가고 싶은" 육욕의 욕망에까지 다다른다고 말한다(「21세기 식탁혁명」). 그러면 우리가 가장 즐겨먹는 라면은 어떠할까. 신혜정이 말하는 '라면의 정치학'은 이 시대 문명 진단의 집합소이다.

현대는 엑기스의 시대다
정보의 집합체에 접근하기
혹은 접근 금지의 아고라에 모여들기
농축이 아닌 것들은 천대 받는 시대

젊음은 치기라는 농축 엑기스의 집합체로
술을 마셔도
연애를 해도
미친 듯이,
미칠 듯이
객체와 영혼의 융화를 이루어내는

라면은 현대 식문화의 집대성으로
영양학자와 명문대 출신의 엘리트들이 만들어내는
정치적인 이슈는 스프 속에 감춰진 비밀 레시피
소고기맛 베이스
지미강화육수분말
육개장양념분말
햄맛분말
향미증진제
돈골엑기스……
엄청난 살육의 엑기스를 분말로 만들어내는
물리학의 기적

팔팔 달아오른 냄비는 뜨거운 욕망을 탄생시키고
한 번의 사용을 위해 가지런히 포장된 비닐봉지는
원 나잇 스탠딩
구깃구깃 쓰레기통에 버려지고
부패되지 않는 것들을 양산하는 현대의 문명은
한 끼 식사에 30분을 소비하지 않는다

▶▶▶「라면의 정치학」 부분

현대 문명사회는 가공할 만한 엑기스의 시대다. 위의 시는 음모를 꾸미는 배후들로 믹싱할 수 있는 모든 것들을 한 데 모아 새로운 상품으로 만들어내는 문명의 제조법을 소개하고 있다. 라면은 20세기 최고의 음식 발명품이다. 현대문명이 만들어낸 최고의 인스턴트 식품이다. 시인은 이 식품의 "비밀 레시피"를 세세히 들려준다. 라면의 레시피는 배후를 가지고 있다. 라면은 빨리 먹어야 하는 음식이다. 늦게 먹으면 불기 때문이다. 문명사회에서 속도는 새로운 재화를 대량생산하는 가장 원시적인 방법이다. 또한 스프의 제조 이면에는 "엄청난 살육의 엑기스"가 포함되어 있다.

이러한 배후를 만들어내는 이들은 "영양학자와 명문대 출신의 엘리트들"이다. 이 모든 것들이 얽혀진 "현대 식문화의 집대성"인 라면은 그 사용법에 있어서도 철저히 자본주의적이다. 냄비가 발열해내는 "뜨거운 욕망"과 썩지 않는 비닐봉지는 "원나잇 스탠딩"이며 한 끼 식사시간은 아주 짧다. 결국 라면의 정치학은 속도와 인공의 것들을 가공한 최대의 집합소이며, 이는 우리 현대 물질문명 사회와 다를 바 없다. 애초에 시인은 내면의 힘든 시간을 힘들다고 말하기 싫었을 것이다. 자신의 내면에 대한 절망이 사회적 희망까지 막아선 안 된다고 생각했을 것이다. 시인은 사회의 불합리한 일들이 버젓이 벌어지고 있는 실상을 그냥 보고만 있지 않는다.

살상무기를 제조하는 자들이
평화를 이야기하는 이상한 시대

용산 미군기지 안을 보면 이해가 간다

그곳은 평화의 눈

모든 평화의 중심에 핀 꽃

이국의 개들이 사람과 산책을 즐기고
중성화 수술을 마친 고양이들이 한가롭게
창가의 볕을 즐기는 곳

사람들에겐 주님의 평화가 임재하는 곳

광장의 촛불시위를
뉴욕타임지에서 읽으며
먼 나라 이야기하듯
하품처럼 넘기는 곳

그곳에,

평화가 있다

▶▶▶「평화의 눈 1」 전문

시인은 음식문화의 정치학뿐 아니라 현실사회의 일면을 예리한 눈으로 포착한다. 평화가 있는 현실의 공간은 실상 평화가 없다. 이 거대한 아이러니를 시인은 담담하게 보여준다. 용산미군기지 안은 이 땅의 슬픔과 분노에는 관심이 없는 공간이다. "광장의 촛불시위"도 "먼나라 이야기하듯/하품처럼 넘기는 곳"이다. 그렇지만 그곳의 사람들에겐 주님의 평화가 임재하는 곳으로 비춰진다. 용산기지 안은 이국의 권력이 만들어낸 성역이다. 성역 밖에는 어떠한 일들이 벌어지고 있을까. 시인은 거리에서 추억을 버렸다고 한다.

> 추억을 버리는 일은 이 도시에서 흔한 일이다
> 사람들은 무표정하게 하루를 카메라 속에 주워담는다
> 추억은 땅을 잃은 빗물처럼 아스팔트 위를 떠다니다 결국
> 바다로 모여들고
> 바다에 모인 추억들은 뒤엉겨 들치근해진다
> 순간의 갈증이
> 콜라 한 페트로 버려지는
> 플라스틱 사랑
> 바다 위를 부표처럼 떠돌다
> (어쩌면 등푸른 생선은 기억에만 존재하는 과거가 될지도 몰라)
>
> 해는 떨어지고
> 이 도시에서 사람들은
> 환경호르몬처럼 지독하게
> 외롭다
> 멸종 위기 동물은
> 뉴스 속에서나 존재할 뿐
> 콘크리트 위에 견고한
> 문명의 위기는 밥상에 오른 고기덩이만큼이나
> 무심히 씹히고……

그뿐
질문이 없는 이 도시에서
추억은 버려지기 위해 태어난다

▶▶▶「이상기후」 전문

오염된 환경은 인간의 정서도 함께 오염시킨다. 이 세계의 이상기후는 정서의 상실 때문에 발생한다. 이제는 "추억을 버리는 일"이 흔한 일인 것이다. 플라스틱 사랑이 부표처럼 떠도는 세계이다. 시인은 "질문이 없는 이 도시"에서 무언가 말 걸고 싶어 한다. 추억이 버려지는 것을 보며, 추억이 흔하게 버려지는 세태를 보여주며 반성적 성찰을 기대한다. 오염된 환경에 실천적으로 반응하는 시적 자아의 모습은 다른 여타의 시에서도 자주 목격되는 풍경이다. 풍경이 오래된 기억이 되기 위해서 시인은 근원적 시간을 불가피하게 떠올려야 하는지 모른다. 저 북방의 대륙으로부터 불어오는 기억의 관념적 체험은 시인에게 또 하나의 의미영역에 속한다.

주홍날개꽃매미 유충 한 마리가
아스팔트 위에 선명한 핏자국처럼 멈춰 있었다
검고 날렵한 다리 땅에 붙은 듯, 태곳적 정지 그 고요함 속에
바람이 불었다
발견이 곤충의 등을 스치고 지나갔다
북태평양의 고온다습한 공기가
고래가 분기(噴氣)한 습기가
붉은 점 위를
점점이,
점점이, 지나
가고 있었다

고요하던
붉은 점, 바람에 휘청하더니
감춰둔 날개 펴고 유유히
바람 속으로 돌진해 버리는 것이었다

바람은 곤충의 등을 기억에 업고
대륙으로, 멀리, 사막을 향해
휘청거리기 시작했다

▶▶▶「대륙의 기억」 전문

대륙의 기억은 바람으로부터 온다. 그 바람은 유충 한 마리에게 도달한 작은 사건에 지나지 않지만, 그 사건을 통해 원시의 기억을 회복한다. 시인은 회복된 기억을 '발견'이라고 말한다. 바람은 습기를 머금고 있다. 북태평양의 고온다습한 습기. 즉 기분이 좋을 리 없는 습기이다. 그 바람이 유충 한 마리의 시신을 지나치고 있다. 어찌 유충 한 마리뿐이겠는가. 이 땅의 온갖 생명체들의 죽음 위를 무수히 통과해 나갈 것이다.

유충의 시신은 바람에 그냥 몸을 맡기지 않는다. "붉은 점"으로 남아, 죽음의 흔적을 적극적으로 보여주기 위해 날개를 편다. 감춰둔 날개를 편다는 것이 부활을 의미하지는 않는다. 그것은 죽음으로 새로운 탄생을 예감하는 동양적 세계관과 닮아 있다. 대륙의 기억을 통해 우리가 알 수 있는 것은 그녀가 바라보고 싶은 지점이다. 왜 '땅'이 아니라 '대륙'이라 했을까. 이 땅, 이 흙이 아닌 좀 더 큰 사유의 밑그림을 그리고 싶었던 것일까.

차 밑에서
바스락거리는 건 그가

낚아 챈 봉지가 아니라
검은 눈이다
빛을 감지한 동공이
수축하는 소리다

나무에서 떨어진 원숭이
사냥하지 않는 호랑이
새끼를 돌보지 않는 새장 속의 새
도시의 하수구를 돌아다니는
쥐의 꼬리……

밟힐라
긴 것들이여
문명의 말들이여
사전들이여

짓눌린 것은
아스팔트 밑의 땅
스스로 검은 땅을 자처한
불순한 운명

운행을 멈춘 엔진엔
아직 온기가 감돌고
차 밑에 숨은 고양이는
우주의 검은 점처럼
몸을 웅크린다

비가 온다

잘린 꼬리가 아픈 건
비단 고양이만이
아닐 것이다

▶▶▶「꼬리」 전문

'불구'는 불구자 자체에서 기원되는 것은 아니다. 오히려 외부요인이 불구의 존재를 만든다. 원시의 감각은 본능적인 것이다. 살아있는 생물체는 늘 자신의 본능에 충실해왔다. 그 충실함에 균열을 가한 것은 문명이 주는 불구의 훼손 때문이다.

시인은 고양이의 동공이 수축하는 소리를 듣는다. 동공이 빛을 감지하고 차 밑에 숨어 있는 이유는 꼬리가 잘렸기 때문이다. 잘린 꼬리를 운명처럼 던져준 이 문명세계는 말들이 넘쳐나는 세계다. 밟히는 꼬리와 문명의 말들은 서로 은유의 관계를 이루며 사족의 비만함을 설파한다.

문명의 말들은 수많은 규율과 억압을 만들어낸다. 우리의 존재를 지탱하는 땅까지도 "불순한 운명"을 자초한다. "우주의 검은 점"은 고양이를 말한다. 즉 아주 작은 존재를 더 강조하고 있다. 이 작은 존재는 고양이뿐 아니라 우리도 마찬가지라는 것을 시는 전해준다.

엄마들은 제 상처에 스스로 반창고를 붙이지 못한다 아프면 시름시름 앓다 일어선다 한겨울 시린 갈증에 달콤한 귤 한 봉지 선뜻, 사지 못한다 아이들은 자라고 로맨스는 이미 너무 멀고, 늘어진 남편의 런닝구 추슬러 입고 새벽 댓바람 교회에 간다 이방의 신 야훼는 엄마들을 어루만져 주신다 옷 한 벌, 과일 한 봉지, 새 속옷, 파마 한 번 어치의 욕망을 차곡차곡 모아 제물로 바친다 넙죽넙죽 잘 드시는 이방의 신 엄마들의 얼굴은 사랑

받는 여자의 욕망으로 넘쳐나 우리 아이 학업, 우리 남편 사업 잘, 되게, 해, 주시옵 시, 고……

야매로 일만 원짜리 파마를 하고 촌스런 머리와 독한 파마약 냄새를 받아주시는 야훼 앞에 기도하고 또 기도한다 야훼는 가난한 자를 사랑하시며 부자들의 배를 채워주시는 풍요의 신들을 귀 있는 자에게만 들려주시는 은밀한 신 엄마들의 처진 마음을 탱탱하게 하시는 오르가즘의 신!

오늘도 엄마들은 붉은 루즈 칠하고 교회에 간다.

▶▶▶「외로운 엄마들은 교회에 간다」 전문

엄마는 여성과 다른 이름이다. 시에서는 엄마가 교회에 가는 이유로 외로움을 꼽는다. 시에서의 엄마는 희생과 인고의 엄마가 아니다. 자신의 정체성과 여성성을 잃어버리고 욕망으로 점철된 소욕이 엄마의 모습 속에 가득하다. 엄마에게 이 욕망을 채워주는 것은 "이방의 신" 야훼라고 말한다. 그러면 왜 "신"이 아닌 "이방의 신"이라고 굳이 말했을까. 이 속에 또 다른 상징적 의미가 놓여 있다. 이방의 신에 대한 엄마의 태도는 언제나 같다. 정화수를 떠놓고 빌거나 교회로 새벽기도를 가는 엄마의 태도는 같은 성격을 지니고 있다. 기복신앙으로 대표되는 한국적 신앙의 맹종은 "야훼"라는 이방의 신에게도 마찬가지로 적용된다. 이방의 신은 가난한 자도 사랑하시지만, 그 이면에 부자들의 배도 채워주시는 신이다. 은밀한 가운데 임재하여 "풍요의 신"의 역할을 담당한다. 이 은밀한 신은 엄마들에게 영혼의 오르가즘을 선사해준다. 이렇듯 "이방의 신"은 철저하게 자본주의적 속성을 띠고 엄마들의 영혼을 위무한다.

신혜정이 일관되게 지녀온 문명에 대한 시각은 결국 삶을 지키기 위한 하나의 적극적인 노력이다. 그러나 그녀는 이러한 노력에만 그치지 않는다. 이번 시집의 후반부에는 순환론적 세계관이 두드러지게 드러난다.

무덤이면서 동시에
집인

새는 이제 곧 날 수 있겠다

▶▶▶「동거」 부분

고양이가 쥐를 뒤집자 바닥에 붙었던 몸에서 눈물처럼 뚝뚝, 구더기 무리가 떨어졌던 것이다 쥐의 내장이 질질, 흐르지도 못하고 말라비틀어져 있었다 꼬물거리는 구더기에게 고양이가 발길질을 했지만 이내 흥미가 사라진 듯하였다 바람이 불었고 고양이는 이제 냄새나는 쥐 따위에게서 관심이 멀어진 듯, 살아 있는 생을 좇아갈 발톱을 핥는 중이었고 쥐의 몸은 다시 태어날 준비를 하고 있었다

▶▶▶「창(窓)」 부분

다음 생을 위해
우주가 움직이는 것은
참 이상도하지
나고 죽는다는 것 말이야
고게 자꾸 입맛을 당겨

▶▶▶「참 이상도 하지」 부분

인간의 삶이 죽음에 다다르는 시간의 연속이라면, 반대로 죽음은 삶에 닿기 위한 시간이다. 죽음과 삶이 결핍과 단절이 아니라 서로를 위무하고, 희망하는 소생의 힘이 될 수도 있다. 신혜정은 '죽음'의 공간인 '무덤'과 삶의 공간인 '집'을 함께 부려놓는다. "무덤이면서 동시에/집"인 공간은 신혜정이 도달하고 싶은 인식의 지평에 속한다. 시적 자아의 현신처럼 보이는 "새"는 비상을 통해 죽음과 삶이 함께 존재하고

싶은 욕망을 드러낸다. 공존의 순환론적 세계관은 그로테스크한 이미지를 통해서도 적극적으로 나타난다. 시 「창(窓)」에서는 죽은 쥐에서 생겨난 구더기를 통해 새로운 시선의 창을 갖고 싶어한다. 고양이는 이미 죽은 쥐의 시체에게 관심이 없지만, 부패된 쥐의 시체 속에서는 우리들이 모르는 새로운 잉태의 순간이 진행되고 있다. 새로운 '창'으로서의 이미지는 '추의 미학'을 통해 소생의 가능성을 역설하고 있다. 우주의 생존 원리는 파괴와 창조의 반복이다. 신혜정은 "다음 생을 위해/우주가 움직이는 것"의 순리를 "참 이상도하지"라는 독백의 말로 이해하고 있다. 무엇을 더 말할까. 존재하지 않는 희망에 대해서 불가능한 말을 하는 게 아니란 것쯤은 독자들도 눈치를 채셨을 것이다.

만약 낙원이 존재한다면
그곳은 나무가 울창한 숲이겠습니다

서로가 뿌리째 연결되어 있는 그곳에서
바람이 불고
비가 오고
태양이 대지를 덥히고
생의 뿌리 깊은 맛을 알몸으로 느끼는
그 시간을 나는
기적이라고 말하겠습니다

세월을 견뎌온 나무의 기적을
그저 느끼며 살아도
행복하겠습니다

서양 최초의 사람이 따 먹었다는

선과 악을 알게 하는 실과가 있다면
나는 제일 먼저 따서
그대에게 건네겠습니다

달고 쓰고 시큼한
진리의 맛을 느낄 수 있다면
영원을 맹세해도 좋습니다

신령한 나무 아래서
오래도록 그대와 나의 벗은 몸을 부끄러워 하며
그 실과를 먹겠습니다

그곳은 모든 세상의 말들이 사라지고 고요히
바람 부는 소리만 들릴 것입니다

▶▶▶「연가(戀歌)」 전문

신혜정이 닿고자 하는 지점이 위 시에 등장하는 "낙원"과 같은 곳이라면, 과연 그러한 곳에 닿고자 하는 것이 가능할까. 불가능할 것이다. 시인 또한 그 사실을 알고 있을 것이다. 그렇기에 "연가(戀歌)"라고 하지 않았던가. 울창한 숲속에서 사자와 뱀과 인간이 함께 뛰어노는 그 시간들이 "기적"이라고 시인은 말한다. "낙원"은 종교적 신념에서만 가능한 일일 것이다. 그러나 시인은 불가능한 꿈을 꾸는 존재이다. 선악과의 실과를 기꺼이 따먹겠다는 진리에 대한 목마름은 "연가"를 통해 "맹세"의 형태로 드러나고 있다.

신혜정은 연가의 말미에 "그곳은 모든 세상의 말들이 사라지고 고요히/바람 부는 소리만 들릴 것"이라고 했다. 그것은 어떤 소멸을 의미할까. 까닭은 알 수 없지만 그 소멸에 허무의 냄새를 거느리고 있다는 점은 분명 상기할 수 있다.

"때로 아름다움은 치명적 재앙"(「데드 플라이」)이라고 한 신혜정은 자신이 택한 미학적 결말의 쓸쓸함에 대해 이미 예견하고 있었는지도 모른다. 그런 이유로 "나의 팔은 혀처럼 널름거리며/말라가고 있는 중"이라고 고백했는지도 모른다. 그러나 그녀는 "사랑이 아름다울 수 있다면/그것은 신의 축복"이라는 보편적 행복의 가능성을 늘 타진해 가는 시인이다.

신혜정은 이번 시집에서 "스프링 위를 달리는 말"의 아이러니를 경쾌하게 좇다 허무의 옷자락을 잡아끌고, 피곤에 찌든 거리의 일들을 돌봤다. 문명사회의 허기와 오염된 생산품들에 대한 신념의 언어가 뜨거운 김을 뿜으며 고여 있었지만, 그곳엔 새로운 생성의 기운이 엿보이기도 했다.

하늘은 잊을만하면 자신의 푸른 몸을 보여주며 우리에게 감동이란 말을 선사해준다. 신혜정 시인은 오래 꿈꾸던 먼 이방의 땅으로 얼마 전 떠났다. 그녀는 이방의 시간 속에서 더 오래오래 하늘을 들여다보며 매혹의 시간을 즐길 것이다. 안개가 가득해 저 앞의 바다가 정말 바다인지 의심이 들 때가 있다. 혼자 남은 섬은 그 의심으로부터 부여받은 고독의 영광으로 아름다운 것이다. 새로운 사유의 텍스트를 찾아 떠나는 그녀가 어떤 말풍선을 옷자락에 가득 달고 올지 사뭇 궁금해진다.

고통을 딛고 일어선 비상의 꿈

: 손계정 시집 『솔개』

독일 사진작가 안 폰 홀레벤(Jan Von Holleben)의 「비상의 꿈」은 우리가 살아가야 할 현실을 다시 생각하게 한다. 사진 속의 어린이들은 하늘을 나는 동작으로 허공중에 있는 것 같지만, 실제로는 아스팔트 위나 땅바닥에 있다. 사진 작품들은 땅 위에 꾸며놓은 세트에서 찍은 것이다. 우리는 비상을 통해 지금 우리가 발 딛고 있는 이 현실을 다시금 생각할 수 있다. 시의 언어는 자주 비상의 욕망을 은밀히 전한다. 비상을 통해 구원의 욕망을 간접적으로 분출하곤 한다. 이때 중요한 것은 비상에의 몰두가 오히려 '지금, 여기'의 현실을 배제할 수 있다는 점이다. 시적 자아가 발 딛고 서 있는 현재의 공간을 먼저 성찰하는 것이 비상을 꿈꾸는 첫 번째 관문이다.

손계정은 비상의 시인이다. 그녀는 현실 공간의 고통스러운 사연들을 딛고 일어서려는 의지를 보여준다. 그 의지는 결국 비상의 몸짓을 통해 발현된다. 손계정의 날갯짓은 공중으로 향한다. 그녀는 빈 공간을 향해 수직으로 솟아오르거나, 빈 곳을 이리저리 갈망하는 것으로 비상의 욕망을 충족한다. 비상의 꿈은 빈 공간이나 하늘을 자유롭게 유영하는 이미지로 드러나며, 고통스러운 삶은 '꽃'을 통해 체현된다. 즉 손계정은 '꽃'을 통해 속악한 현실세계에 대한 상처를 위무 받고, 이를 통해 비상의 꿈을 꾼다.

빗나간 화살이 나를 다스렸다
준엄하게 운명을 거부하는
나는 아직 새벽의 도도함이다
오, 신열로 떨리는 목소리
유령처럼 맴돌다
가슴에 수도 없이 많은 금을 그었다
돌부리에 채이고 쓰러지며
내지르던 비명
찢긴 정강이 밑으로 흐르는 피
두 눈 부릅뜨고 다시 일어서서
가야 할 길을
계시처럼 흔들어 깨울 때, 문득
험준한 벼랑 끝을
날아오르는
한 마리
새

▶▶▶「솔개」 전문

'새'는 늘 비상의 상징이었다. 새는 비상을 통해 자유를 누리는 대표적인 기표이다. 시에서는 솔개의 날갯짓을 상상한다. 솔개는 생태학적으로 나그네새이자 겨울새이다. 솔개는 장수하는 새인데, 40세가 넘으면 자신의 신체를 훼손하여 갱생(更生)의 삶을 살아간다. 산 정상에 집을 짓고 자신의 부리를 바위에 쪼아 빠지게 한다. 빠진 부리에서는 새로운 부리가 돋아난다. 그리고 발톱과 깃털을 모두 뽑아내고 다시 새로운 발톱과 깃털이 돋아나게 한다. 솔개의 이러한 생태는 삶을 살아가다 고통스러운 순간을 만났을 때 치러야 하는 수행과도 닮았다. 위의 시에서 솔개는 가야 할 길을 제시하는 '새'의 비상을 보여주고 있다. 시의 화자는 지금 어떠한 상태인가. "가슴에 수도 없이 많은 금을" 표식처럼 안고 살아가고 있지만, 화자는 "운명을 준엄하게 거부"하고 있다. 운명을 스스로 거부하고 개척하겠다는 화자의 의지는 "비명"과 "찢긴 정강이 밑으로 흐르는 피"를 보답으로 남겼다. 하지만 화자는 그대로 넘어지거나 포기하지 않는다. "두 눈 부릅뜨고 다시 일어서서/가야 할 길을" 바라보는 것이다. 이러한 화자의 단호한 의지는 "험준한 벼랑 끝을/날아오르는" 솔개의 몸짓과 동일시된다. 결국 화자는 자신의 생도 솔개의 생처럼 수행과 의지를 통해 단련하고 싶다는 소망을 내비치고 있다.

매운탕에 썰어 넣고 남은
무 반 토막
냉장고 한 켠 얻어내지 못하고
잠깐 던져둔 상태로 잊혀진 게지
금간 플라스틱 대야에 담겨
붉은 가슴
뜨겁게도 끌어안았나봐
눈 닿지 못한 데서 저들끼리
알뜰살뜰 사랑했나봐
생 몸 한쪽 뚝 끊어내고

주체할 수 없는 그리움으로
피워 올린 푸른 분수
미처 눈길 보내지 못한 사이
베란다 한 켠
새로이 탄생한
눈부신 제국

▶▶▶「신세계(新世界)」 전문

'비상'의 몸짓은 여러 가지 내면의 욕망을 드러낸다. 그 중에서도 공중으로 나아가는 몸짓은 새로운 세계로 나아감을 의미한다. 시인에게 새로운 세계는 현실을 도피하거나 망각하는 낯선 공간이 아니다. 이 현실에서 흔하게 볼 수 있는 존재들을 통해 '신세계'를 사유한다. 시에서 '신세계'는 현실을 이탈한 낯선 세계가 아니다. 신세계는 현실 속에서 언제나 볼 수 있는 일상적인 공간에 존재한다. "무 반 토막"은 다른 요리에 쓰다가 냉장고에도 들어가지 못하고 한쪽으로 치워지면서 잊혀진 존재이다. 즉 재활용도 불가능한 버려진 존재가 바로 시에 등장하는 무의 존재이다. 버려진 존재, 사람들의 관심 밖으로 밀려난 존재가 꿈꾸는 것을 시인은 바라본다. 시인에게 하찮은 무 반 토막의 존재는, 반 토막의 무와 버려져 방치된 플라스틱 대야가 서로를 뜨겁게 끌어안고 있다는 생명의 몸짓으로 보인다. "알뜰살뜰 사랑"하고, "주체할 수 없는 그리움"을 안고 있는 무 반 토막의 존재는 잊고 있었던 새로운 세계를 간접적으로 보여주는 대목이다. 시의 화자는 그동안 "미처 눈길 보내지" 못했다. 그러는 사이에도 생명의 뜨거움은 계속 진행하며, 하찮은 대상이라 여겼던 존재들은 스스로 "눈부신 제국"을 건설한다. 그 제국은 어떤 제국인가. 생의 간절함이 일구어낸 텃밭에서 피워 올려진 생명들의 몸으로 만든 제국이다.

손계정 시인은 근본적으로 새로운 신세계에 대한 비상의 욕망을 꿈꾸면서, 지금 여기 살아가는 현실에 대한 애정을 도외시하지 않고 있다. 시집의 곳곳에 드러나는 삶에 대한 애착과 연민은 이를 잘 증언해준다.

집 나간 열여덟의 딸
낳아 온 아기
젖니 두 개 나란히
돋아난 날

뒤란에서는
새벽녘 쏟아진 소나기에
갑자기 뒤통수 얻어맞고
그만 입이 따악 따악 벌어진
창백한 접시꽃

길 잘못 들어선
도롱뇽 한 마리
두리번거리던 눈알 속으로
뛰어든 구름 한 점

어디선가 쏟아지는
매미 울음소리
하얀 길을 놓고 있네

▶▶▶「아름다운 반란」 전문

깨어진 유리창 베어 먹고
햇살 찰박이는 대낮

되병 소주 비우고
나뒹굴어진 아버지
빈 낚싯대에 끌려온
한 움큼의 바다가
방 안 가득 흰 포말을 풀고
아버지,
한 마리 갈매기 되어
꿈속을 난다
드르렁
끼룩

▶▶▶「실직」 전문

「아름다운 반란」에서 시의 화자는 집 나간 열여덟의 딸이 낳아 온 아기에 대해 고백한다. 일반적인 가치관으로 생각한다면 집 나간 딸이 낳아온 아기가 있다면 그 분노와 막막함은 이루 다 말로 표현할 수 없을 것이다. 시에서 화자는 삶의 사연을 풍경을 통해 간접적으로 제시하고 있다. 화자의 감정과 생각은 시의 이미지를 통해 유추할 수 있도록 시를 구성하고 있다. 2연에서 "창백한 접시꽃"을 통해 열여덟의 딸과 화자의 내면적 정황을 복합적으로 보여준다. 접시꽃은 "새벽녘 쏟아진 소나기에/갑자기 뒤통수를 얻어맞"은 꽃이다. 삶 속에서 고난은 언제나 예기치 않게 찾아온다. 예기치 않은 삶의 길로 방황하는 모습은 "잘못 들어선/도롱뇽 한 마리"의 이미지를 통해 보여준다. 도롱뇽은 두리번거리던 눈알을 가졌는데, 이 눈알 속으로 "구름 한 점"이 뛰어든다. 흰 구름의 이미지를 통해 막연하게나마 앞으로 희망의 끈을 놓지 않겠다는 화자의 생각을 엿볼 수가 있다. 마지막 연에서 "어디선가 쏟아지는/매미 울음소리"는 희망의 소리로 들린다. 그 울음이 "하얀 길을 놓고 있"기 때문이다.

「실직」은 우리네 삶 속에서 흔히 볼 수 있는 아버지의 이미지를 담고 있다. 시에서 말하는 아버지는 실직한 아버지이다. 실직한 아버지의 사연이 이미지와 함께 혼융되어 있다. 위의 시에서도 '희망'의 메시지는 그대로 전해진다. 아버지는 됫병 소주 비우고 나뒹굴어져 있지만 빈 낚싯대에 끌려온 바다에서 꿈의 표징을 본다. 꿈속에서 아버지는 "한 마리 갈매기 되어" 날고 있다. 아버지는 꿈속에서라도 마지막 희망의 끈을 놓지 않고자 하는 의시를 가지고 있음을 알 수 있다.

스스로 갇혀버린 이 자리가
나의 성(城)이다
발 들이는 순간
출구일 수도 있는 입구까지
아예 봉인해 버렸다
이미 아슴푸레해진 기억의 길조차
모조리 지워버렸다
질퍽거리던 세상 속에서
늘 위태로웠던 목숨의 부유(浮遊)
더블베이스의 낮은 음계로 밟히던
굴종의 내 어깨
비로소 몸 푸는 은둔의 공간엔 모서리가 없다
숨구멍을 막고 있던 언어조차
날개 달고 빠져나가 버린 길
이미 흔적조차 아련하고
이제 모든 것은 소멸을 기다린다

누구의 몫인지
푸른 하늘 쏟아지는 햇빛 창살에

벗어놓은 허물
한 장의 껍질로 남은 행복
비로소 넉넉해진 축복의 자리에 피었다
그래도 행여 남은 그리움이
저도 모르게 손가락 끝에 창을 내고 눈길 던지면
붉은 녹물 뚝뚝 뿜어낸 자리
효수 되어 걸린 희망 한 조각
갈기갈기 핏빛 물들어 흩날리고 있다

▶▶▶「능소화」 전문

손계정은 '꽃'을 통해 답답한 현실을 딛고 일어서려 한다. 꽃은 늘 아름다움의 상징이지만, 여기서는 아름다움뿐 아니라 꽃이 지니는 "피다"의 상징을 함께 보유하고 있다. 한 송이의 꽃이 탄생하기까지 씨앗을 퍼뜨리고 잎이 돋아나고 몽우리가 지고 다시 꽃봉오리가 벌어질 때까지의 과정들은 우리 삶의 과정과도 닮아 있다. 위의 시에서는 닫힌 현실, 즉 봉인된 현실을 뚫고 일어서는 시적 자아의 의지를 엿볼 수 있다. 결론적으로 말하면 봉인된 현실을 뚫고 일어서서 피어나는 꽃은 희망의 꽃이다. "능소화"는 대표적인 덩굴식물로서 벽에 달라붙어 제 몸을 꼬면서 자라나는 식물이다. 스스로의 몸을 통해 대상을 봉인하는 게 능소화의 삶이라면, 시적 화자는 "스스로 갇혀버린 이 자리가" 바로 자신의 "성(城)"이라 말한다. 그 성은 출구까지도 모두 봉쇄해버리는 공간이다. 그곳을 부유하며 살아가는 화자의 현실 상황은 참담하기만 하다. "기억의 길"은 "모조리 지워버렸"으며 "목숨"은 늘 위태롭다. 또한 "굴종의 어깨"를 가지고 살아가며 결국 "모든 것은 소멸을 기다린다"고 했다. 이러한 현실의 자리에 화자가 발견한 것이 있다. 바로 "벗어놓은 허물"이다. 허물을 벗어버림으로써 그 자리는 "축복의 자리"로 새롭게 변화하는 것이다. 그 축복의 자리는 마냥 기쁨만 있는 자리가 아니다. 그곳은 "효수 되어 걸린 희망 한 조각"이 "갈기갈기 핏빛 물들어 흩날리고 있"는 자리이다. 희망을 발견하고 누리기 위해서는 아픈 피맺힘의 과정들이 수반되어야 한다. 그래야만 현실을 극복하는 '꽃'의 향기가 더욱 깊어지는 것이다.

가파른 언덕배기
다닥다닥 어깨 맞댄 지붕 관절염을 앓고
평생을 바다만 바라보다
물결에 흔들리며 더께 앉은 집
문간방을 튀어나와 돌아다니는
대를 이은 해소기침
오늘은 얼굴이 바뀌었다

홀로된 시아버지
십여 년 세월을 받아낸 이부자리
몇 번을 삶아도 지워지지 않는 생의 흔적
바닷바람에 펼쳐 널면
펄럭펄럭, 바람이 삶의 행간을 두드리고
빨아 넌 속 홑청이 이별가를 부른다

비루먹은 개 한 마리 곁에 앉히고
바다바라기 하는 여인
만장(挽章)으로 흔들리는
이승도 길 오후의
허리 시린 꽃

▶▶▶「며느리밥풀꽃」 전문

손계정에게 꽃은 지난한 삶을 그대로 받아들여서 피운 인고의 상징이다. 시인은 꽃을 보며 슬픔과 애환을 거름으로 하여 새로운 긍정의 기표로 삼고 있다. 며느리밥풀꽃은 갓 시집 간 새댁이 밥알을 물고 있는 듯한 모습 때문에 생겨진 이름이다. 위의 시에서 화자는 십여 년의 세월 동안 시아버지 병수발을 들었던 것 같다. 그 수발든 이부자리가 하나의 흔적으로 남아 있다. 아픈 생의 흔적은 잘 지워지지 않는다. 여인은 "바다바라기"를 하며 그간의 세월을 한탄하고 있다. 여인이 하는 "바다바라기"는 회한뿐만 아니라 새로운 마음가짐에 대한 염원을 동시에 담고 있는 행위이다. 시에서 "여인"과 "허리 시린" "며느리밥풀꽃"은 시적 화자, 즉 시인의 모습과 동일시되어 더욱 애틋하게 우리에게 다가온다.

이른 아침
햇살 튕기며 하늘 높이 오른 연
소실점 같은 연줄
흔들림 따라 간 자리
지난날 노을 속으로
가오리연 끊어 보내던 애달픈 기억
아직도 머물고 있는데
푸조나무 꼭대기에 걸려버린 꿈
계절을 바꿔 바람에 삭고 있는데
휠체어에 앉아
연 날리는 그의 등
오늘도 은빛 날개가 돋고 있다
빈 얼레에는
꿈을 날려 보낸 아픔이 감겨
떨리는 손끝

파르라니 젖고 있는데

▶▶▶「연 날리는 사내」 전문

세상에 보내는 지극한 연서
눈길 한번 받아보지 못했던
내 사랑의 고백
소실점 같은 연줄 끝
비로소 아스라이 피어나던
봄, 임, 꿈,
어서 와 어서 와
손짓으로 부푸는데

벼랑 끝이 팽팽하다
휠체어에 얹힌 손에 힘줄이 선다
기울었다 은빛 얼레
튀어 오르며 은빛 날개로 펼쳐져
사내의 등에 돋았다

그가 난다, 눈부시게

▶▶▶「비상」 부분

결국 손계정이 시를 통해 희구하고 소망하는 것은 무엇일까. 그것은 바로 '희망바라기'이다. 「연 날리는 사내」는 그러한 화자의 속사정을 잘 대변해주고 있다. 시의 화자는 지난날 노을 속에서 연을 날리던 기억이 아직도 생생하다. 그 시간들은 "슬픈 기억"으로 남아 있다. 왜냐하면 연이 하늘을 향해 끝없이 비상하며 자유롭게 세상을 떠돌아야 하는데, 그 연이 "푸조나무 꼭대기에 걸려버렸"기 때문이다. 시의 화자는 '연 날리기'를 통해 '희망의 줄'을 탐색하고 있다. 연줄을 통해 지나간 시간을 안타깝게 부여잡고 있다. 시에서 연 날리는 주체는 "휠체어에 앉아" 있는 사람이다. 걷지도 뛰지도 못한 채 하늘을 향해 연을 날리는 "그의 등"에는 "은빛 날개가 돋고 있"다. 뒷시 「비상」에서도 마찬가지로 휠체어에 앉아 연을 날리는 사내가 반복적으로 등장한다. 이 시에서도 "은빛 얼레"를 통해 사내의 등에 펼쳐질 날개를 암시하고 있다. "은빛 날개로 펼쳐져/사내의 등에 돋"는 날개를 통해 시에서 그는 날게 된다. 눈부시게 날고 있다는 사내의 염원은 비상이다. 여기서 "은빛 날개"는 무엇인가. 바로 희망을 갈구하는 시적 화자의 소망이다. 시에서 "사내"는 "한 번도 땅을 밟아보지 못했"던 자이다. 그의 비상은 불가능한 꿈을 이루게 하는 소망 실현의 현장이며, 가장 눈부신 이미지이다.

손계정의 시는 슬프고 애달픈 현실을 외면하지 않는다. 오히려 그 현실을 떠받치고 일어나 비상의 꿈을 꾼다. 비상을 하기 위해 시적 자아는 가만히 있지 않고 부지런히 세상과 마주한다. 은빛 날개를 달기 위해 얼레를 돌리고, 꽃을 피우기 위해 인고의 시간을 견딘다. 그것으로 신세계의 꿈은 가까스로 만져진다. 또한 그 신세계는 먼 비상을 통해 다시 우리의 삶 가장 가까이에 있음을 증언하고 있다.

신생의 꿈을 향한 시적 순례

: 이민화 시집 『화몽』

우리들은 모두 새로운 세계, 즉 위무와 피안의 신생을 꿈꾼다. 그 꿈은 현실세계의 각박함에서 나오기도 하며 또 다른 구원에의 욕망 때문에 나오기도 한다. 배태의 기원이 어떠하든 간에 유토피아를 향한 인간의 고투는 숙명과 같은 것이다. 시에서는 새로운 유토피아의 욕망이 종종 담론 체계 속에서 규명되곤 하는데 정작 중요한 것은 유토피아에 이르고자 하는 시적 도정이다. 또한 그 지난한 길을 함께 동행하는 시적 자아의 태도가 의미 있을 것이다. 이민화의 시집은 지금, 현재 이곳의 삶을 투영해 신생(新生)의 꿈을 꾼다. 그것은 긍정적인 해법이라고 할 수 있다. 현실을 담보하지 않은 유토피아는 허망한 수사가 되기 쉬우며, 자신의 세계 속에 갇힌 선문답이 될 수 있기 때문이다.

먼저 이민화는 유토피아의 욕망을 '꽃놀이 가자'는 말로 집약하고 있다. 자서(自序)는 한 편의 시로 읽어도 무방할 만큼 자신의 시적 지향점을 잘 대변해주고 있다.

꽃놀이 가자
공해 낀 도시를 떠나
방대한 우주가 내리는 선사시대
널따란 감나무 잎들이 이마를 마주 대고
우거진 숲엔 생물이 구름을 물고 노는
그곳으로 꽃놀이 가자

선들바람이 자연스레 흘러들어
자잘하게 부슨 햇빛을
살강에 따닥따닥 붙인 집
두건을 두른 시냇물이 아리랑을 부르고
산그늘이 학춤을 넉살스럽게 추는
가난하지만 사랑이 충만한
나의 땅으로 꽃놀이 가자

아버지 등짝 같은 터앝이
갖가지 꽃을 등이 휘도록 꽂고도
후박나무처럼 문명을 받아들이는 곳
장독대 지나 모퉁이를 돌아가면
어머니 닮은 붉은 작약이
절구질을 하고 있는 마당 깊은 집
내 본적 지번으로
꽃놀이 가자

▶▶▶『화몽』 시인의 말

"꽃놀이 가자"는 말은 현실세계를 떠나 새로운 세계로 나아가고 싶은 시적 화자의 열망이 담긴 핵심어이다. 그러면 지금 이곳의 현실은 어떤 곳인가. 바로 "공해 낀 도시"로 대변되는 문명의 공간이다. 도시문명사회에서 꿈꾸는 세상은 "방대한 우주가 내리는 선사시대"이며 "가난하지만 사랑이 충만한" 곳이다. 또한 그곳은 자잘한 햇빛과 시냇물이 함께 어우러져 있는 땅이며 "아버지 등짝 같은 터앝"이 있고 "어머니 닮은 붉은 작약"이 배경을 이루는 "마당 깊은 집"이다. 그곳은 시인의 "내 본적 지번"이다.

시인이 꿈꾸는 세상은 문명을 떠난 자연, 혹은 문명의 이기와 인간의 세속적 욕망과는 절연된 곳이다. 세속과 반대편에 있는 공간은 우리가 흔히 얘기하듯 이승의 삶의 조건 속에서는 존재하지 않는 무릉도원이 될 가능성이 높다. 문제는 이민화의 유토피아가 지금, 현재 이곳의 삶을 통해 꿈꾸는 공간이라는 점이다. 그가 꿈꾸는 곳은 "내 본적 지번"으로서의 공간이다. 결국 이민화가 늘 그리워했던 것은 안빈낙도나 무릉도원의 공간이 아니라, 이전 세대에 겪어 왔던 평화로운 공동체적인 삶의 공간이다.

같은 맥락에서 살펴볼 때 이민화의 시편에서 자신의 현재적 삶을 성찰하는 것은 필수불가결한 과정일 것이다. 왜냐하면 자신의 현존재를 지속적으로 탐색하는 자기해부 내지는 성찰을 통해 자아의 본래적 속성과 지향점을 더듬어볼 수 있을 것이기 때문이다. 신생으로 향한 욕망의 단초를 현재의 공간에서부터 출발하는 일은 시 속에서 더욱 신뢰와 설득력을 갖게 한다. 이민화는 여성이 가질 수 있는 모성적 자아의 본연을 독특한 상상력을 통해 보여주고 있다.

보슬비 내리고 나니
산부인과 수유실에 바다소리가 들려요
양털 같은 햇빛이 아가의 볼을 스윽 닦으면

분홍빛 입술은 잔잔한 파도를 타고
따끈한 두 섬에 도착해요
퉁퉁 부은 양 섬을 둥글게 마사지 하는
엄마의 손등 사이로 모유가 주르륵
우주 물고기 닮은 배가 수없이 쏟아져요
파도에 휩쓸리는 배들을 순식간에 삼키는 아가들
새하얀 팔다리를 신나게 풀어 놓은 오디오에 올라
샛노란 방귀를 뀌기도 해요 커튼에 그려진
꽃밭에 들어가 꽃술을 건드려보기도 하는
나비보다 아름다운 장난을 쳐요 까르르 까르르
아가의 배냇짓, 봄바람에 꽃잎편지를 띄워
파도가 양수임을 알려주네요

▶▶▶「환상특급 수유실」 부분

산다는 것은 호흡이 낮아지는 순간까지
제 것이 아닌 목숨을 껴안는 일
늙어가면서도 가장 예민한 쪽을 견인해
씨앗을 틔우는 어미가 되는 것일까
스스로 제 속살 문질러
달콤한 수액을 공급하는 주름진 몸
늦은 겨울 새벽까지
옹골진 싹 하나 만든다는 것이
어디 그리 쉬운 일이던가

▶▶▶「감자」 부분

「환상특급 수유실」은 생명을 가진 아기의 어미로서 자신의 정체성을 유감없이 보여주고 있는 시이다. 산부인과 수유실에서 아가에게 젖을 먹이는 체험을 통해, 그 체험이 일상적인 체험을 넘어서 환상의 경계에까지 다다르는 상상력을 보여준다. 환상의 세계로 인도하는 길은 바로 모성의 힘으로써 가능한 일이다. 모성의 힘은 아가가 가지고 있는 본연의 순수성을 통해 더욱 증폭된다. 어미와 아가의 관계는 일방향성이지만 그것은 아가가 가진 천성적인 생명에서 기인한다. 시에서 아가는 "샛노란 방귀를 뀌기도" 하고 "나비보다 아름다운 장난"을 치기도 한다. 또한 "있는 힘을 다해 젖을" 빤다. 그러한 본성적인 행위들이 아이의 엄마로 하여금 더 애틋한 감정을 가지게 하는 것이다. 그 감정은 바로 생명에 대한 본성적인 대응감정이다. 이러한 모성의 힘을 통해 환(幻)을 경험하는 특수한 경험으로까지 이어진다. 이 환상은 자아의 갱신을 통한 새로운 개체적 환상이 아니라, 아가를 통해 이루어지는 즐겁고 유쾌한 환상이다. 그러므로 환상특급 수유실은 감각적인 공간이기 이전에 현실의 자신을(즉 아가의 어미로서의 정체성) 확인해가는 행복한 환상의 열차라고 할 수 있다.

「감자」은 어미의 희생을 통해 산다는 의미를 일깨우게 한다. 즉 "산다는 것은 호흡이 낮아지는 순간까지/제 것이 아닌 목숨을 껴안는 일"이라고 단적으로 말한다. 어미가 아가를 품에 안는 일 또한 이러한 일일 것이다. 희생은 새로운 생명의 탄생을 예감하는 일이다. 또한 희생은 새로운 탄생을 위해 거쳐야 할 관문과도 같은 것이다. 그러한 이유로 "스스로 제 속살 문질러" 생명에게 이어주는 것은 신성하고 고귀한 일이다. 감자가 가진 속성을 진단하여 '발견'으로서의 시를 이끌어낸 좋은 시에 해당한다.

앞의 자서에서처럼 이민화는 '꽃'이라는 시적 대상을 통해 자아의 정서를 대리하는 경우를 종종 발견할 수 있다. 시 「화몽(花夢)」에서 꽃의 꿈, 혹은 꿈속의 꽃을 얘기한다. 이 시에서 꽃이라는 상징은 여러 각도에서 읽을 수 있을 것이다. 상징의 실체적 의미가 자아 혹은 자아의 객관적 상관물이라는 점을 짐작할 수 있다. 자아와 관계된 시적 대상이 꽃이라는 점은 꽃이 가지고 있는 아름다움의 원형 때문일 것이다.

꽃을 통하여 자아의 심정을 대변하고 혹은 꽃이 지닌 속성에 기대 새로운 신생의 장(場)을 마련하는 일은 여러 편의 시에서 발견할 수 있다. 이를테면 「일개미」에서 개미 한 마리가 아카시아꽃길을 걸어가는 사건을 통해 여성의 몸을 보여주는 점이 그렇다. 여기서 아카시아는 단순한 소재일 뿐이지만, 개미의 주변을 채우고 있는 소재로 꽃을 선택했다는 점에서 방점을 찍을 수 있겠다.

「이팝꽃」이라는 시에서는 할머니의 삶을 '이팝꽃'에 비유하고 있다. 「찔레꽃」에서는 꽃을 통해 흑백 사진 한 장과 같은 과거의 추억을 떠올린다. 「아이스버그의 여행자」에서는 순백색의 장미인 아이스버그를 통해 카메라의 시선으로 이미지의 이동을 보여준다. 또한 「소란한 가족」에서는 꽃씨들이 의인화의 옷을 입고 벌이는 수다를 유감없이 보여주고 있다.

불확실한 미래와 그 주변을 둘러싸고 있는 인간 삶의 조건으로 점철된 지금 이곳에서의 삶은 중요한 시적 원천이다. 또한 시원을 향한 인간의 그리움은 본성적인 것이다. 이때 고향은 한 인간이 새로운 개체로 태어나 삶을 시작하는 공간의 원적지이다. 영혼의 원적지로서 고향이 원형 그대로 보존되어 있거나, 아직 존재해 있다면 그 공간을 들여다보고 그리움의 애절함을 충족시킬 수 있다. 그러나 고향이 원형 그대로 보존되어 있지 않고 훼손되거나 상실되어 버린 경우 그 상실로부터 그리움은 더욱 증폭되거나 이제는 다시 돌아갈 수 없는 공간이 된다.

특히 이민화는 우리네 가족사가 그러하듯이 슬프고 아픈 가족사와 그것을 극복한 아버지와 어머니에 대한 삶에 관심을 가진다.

> 아버지라는 말 속에는
> 지리산 자락이 펄럭이고 있다

그 산길 거슬러 오르다 보면
그림 같은 섬진강 풍경이
가만가만 고무신을 물고 나온다

화개장터를 거닐다가
아버지 즐겨 신던 흰 고무신을 본다
세상을 등진 아버지가
내 좋아하는 부채 과자를 듬뿍 사서
고무신 앞세우고 금방이라도
달려오실 것 같은 거야
"늙은 아버지라 미안하구나!"
뿌리 없는 하얀 틀니로 다가와선
말없이 내 어깰 만져 주시던 까칠한 손,
은어회 납작해지도록 젓가락 누르며
어여 먹으라고 재촉하시던 그 눈빛
안개처럼 장터어름을 맴돌 뿐…

▶▶▶「아버지의 고무신 2」 부분

물무늬 찻잔을 저만치 밀치고 큰 냄비에 아무렇게나 자른 야채를 섞으니 내 짓무른 가슴의 무늬, 아버지가 지리산 바람을 한껏 몰고 나오시는 거다 또, 허연 거품이 자박거릴 때면 마른 채마밭에 물을 주며 웃으시던 아버지 하얀 고무신을 들고 유유히 사라진다 아버지의 등 뒤로 수많은 노랑나비가 팔랑거린다

▶▶▶「아버지의 고무신 3」 부분

아버지라는 존재는 그리움의 대표 격인 대상이다. 어머니에 대한 그리움과 함께 아버지의 그리움은 좀 남다른 데가 있다. 눈에 밟히는 희

생과 고난의 기억과는 다르게 아버지의 본심은 쉽게 파악하기 힘들다. 그 속내를 알기까지는 적지 않은 시간과 오해의 삯을 감내해야만 한다.

이민화는 「아버지의 고무신」이라는 연작시를 통해 여성적 화자가 품을 수 있는 섬세한 감성의 면면들을 파헤친다. 시에서 아버지는 지리산 자락과 함께 떠오르는 아련한 이름이다. 특히 '고무신'으로 매개되는 아버지와의 기억의 소통은 아버지와 함께 나눈 일상을 현재의 기억으로 재생시키고 있다. 그 아버지는 "늙은 아버지라 미안하구나!" 라고 자책하거나 "은어회 납작해지도록 젓가락 누르며/어여 먹으라고 재촉하시던 그 눈빛"을 가진 아버지이다. 어찌 그러한 아버지를 사랑하지 않을 수 있으랴. 이런 아버지를 통해 시인은 "내 짓무른 가슴의 무늬"를 가지고 있게 된다. 아버지는 꿈을 통해 지금 이곳의 현실에 안주하고 있는 시적 화자에게 다가온다. 그것으로 잊혀진 아버지에 대한 감정을 이제야 더 진실하게 느끼는 것이다. "마른 채마밭에 물을 주며 웃으시던 아버지"는 꿈속에 나타나며 가슴에 절절한 무늬 한 자락을 남기고 간다.

아버지에 대해 시인은 다음과 같이 말한다. "아버지가 두고 가신 사랑 때문이라면 누구나 큰 사치라고 생각할 일"이라고. 또한 "인격이 구겨질 대로 구겨진 혈연, 지연을 비평의 도마에 올려놓고 밤마다 썰진 않을 거라고" 말한다. 이것은 아버지에 대한 사랑을 시적 소재로 쓰기에, 또 자신의 시적 토대 위에 두기에는 너무 크다는 예증이다. 그러면서도 아버지에 대해 쓸 수밖에 없는 그 필연성을 우리는 느낄 수 있다.

오늘도 나는 말을 거의 하지 않았다
뱀처럼 내 귀를 휘감아 오는 직장 동료의 험담을 듣기만 했을 뿐
그저 바람 빼는 풍선처럼 피식, 쓴 미소로 답을 전했을 뿐
갓 태어난 아기들의 체온을 묵묵히 재고 있었을 뿐

아기의 배냇짓에 내 두 눈을 반짝여 세상을 둥글게 말아 보태 주었을 뿐
간간히 창틈 사이로 일렁이는 달빛의 비늘을 거두어
한 쪽 커튼에 조용히 걸어두었을 뿐
오래전 내가 무심코 안아 본 갈대의 숨소리처럼
또 하나의 계절이 부서져 내리는 소리를 들었을 뿐
어제의 상처를 억지로 끄집어내지 않았다

▶▶▶「어떤 침묵 2」 전문

시에서 공간은 중요한 시적 토대이다. 공간은 시간과 밀접한 관계를 가지면서 시의식을 대변하는 역할을 한다. 현재의 공간을 사유하고 성찰함으로써 상실된 공간을 새롭게 부활하고 탄생시킨다. 지금 이곳의 흙을 담아 잊혀진 땅의 흙냄새를 맡는 것이다.

시인은 소소한 일상을 통해 자아의 내밀한 정서를 드러낸다. "오늘도 말을 거의 하지 않"고 직장동료의 험담과도 담을 쌓는 일상을 보낸다. 시적 자아가 보내는 "쓴 미소"는 자아의 일상적 모습을 잘 드러내 주는 표정이다. 그의 일상은 아가들을 돌보는 일을 충실하게 수행할 뿐이다. 시적 자아가 지어보이는 "쓴 미소"는 이미 다 삭아버린 상처 때문일 것이다. 이제 "어제의 상처를 억지로 끄집어내지 않겠다"는 시적 자아의 다짐에 대한 반응으로서의 미소일 것이다.

가장 소중한 것이
옆에 있음을 왜 이제야 안 걸까
한동안 그의 어깨는 날 가만두지 않느니
단단한 뼈를 겸비한 서른 해엔
무거움도 가벼운 깃털이라고 우기던
늠름한 이마에도 어느새
굵은 주름이 몇

요번 일만 끝나면 꼭 등산화를 신고
둘이 함께 햇빛 만발한 풀꽃 산에
자주 갈 거라며 내 손을 꼭 잡느니
만질수록 진한 향을 내미는 허브처럼
순식간에 피어난 퍼런 혈관들
내 몸 위로 단물을 그리고 있나니

▶▶▶「남편 2」 부분

시인의 일상은 남편에 대한 애틋한 감정에서도 살필 수 있다. 가장 소중한 것을 되돌아보는 계기를 남편을 통해 찾고 있다. 남편이라는 존재는 가장 소중한 존재이면서 동시에 한동안 지나치고 마는 존재이다. 그래서 시인은 "둘이 함께 햇빛 만발한 풀꽃 산"으로 등산을 가자는 약속을 한 남편을 다시 한 번 떠올린다. 마치 "만질수록 진한 향을 내미는 허브처럼" 서로의 존재를 더듬어 본다.

과거의 시공간을 재생해서 현재의 시점에서 추체험하는 것은 시인에게 새로운 성찰의 길을 제공해준다. 이 성찰의 시선은 자아의 현재적 삶으로 회귀한다.

대마도에서 구입한 칼에
가운데 손가락을 스윽 베었다
울컥 솟은 피가 멜론에 꽃잎처럼 떨어진다
엄마 엄마, 피가 흘러요
어서 소독하자는 딸아이의 말끝에
자연스레 따라붙는 쯧쯧,
이 놈의 칼이 결국 일을 쳤네 쯧쯧
엄마 손이 이젠 물고기로 보이는감?
대마도 물고기가 보고 싶어

여태 어찌 참았을꼬 쯧쯧
지혈을 한답시고 거즈 위 반창고를
꾹 눌러주며 또 다시 쯧쯧,
언젠가 아버지가 흰 고무신을 신고
혀를 끌끌 차시는 모습을 내 딸이
그대로 흉내 내고 있는 게 아닌가

▶▶▶「쯧쯧!」 부분

일상의 발견 속에서 추억을 기억해내었을 때 시인은 그 일상을 의미 있는 순간으로 만든 장본인이 된다. 위의 시에서도 칼에 베인 사소하다면 사소한 사건을 통해 예전 아버지의 모습을 떠올린다. 그 아버지의 모습을 단순히 기억 속에서만 발견하는 것이 아니라 "혀를 끌끌 차시는 모습을 내 딸"을 통해 발견해 낸다. 아버지가 쓰시던 "쯧쯧!"이라는 말이 자신도 모르게 전승되는 모습을 발견하며 과거로부터 지금의 삶을 돌아보는 새로운 의미를 제공받는다.

시인은 일상의 체험을 통과하여 사물과 내밀한 대화를 시도한다. 「붉은 반란」은 그러한 소통의 연장선상에 있는 시이다. 동학사를 밟고 내려오는 행위를 통해 "벚의 눈빛을 완전히 가늠하지 못해 눈물이" 난 자신을 발견한다. 이렇게 눈물이 나고 있는 행위는 사물을 통해 자신의 정서를 깨우친 결과물이다. 「백목련」을 통해서도 목련꽃이 피는 모습을 보며 예민한 감각을 보여준다. 즉 꽃이 피는 것을 "옷고름을 푸는" 모습으로 비유하고, "하나의 봉오리를 수없이 갈라놓는/혁명 아닌 혁명"이라고 표현하고 있다. 「간월산에서」은 삶의 여정을 산에 오르는 행위를 통해 비유적으로 보여준다. "질긴 오르막이 겹쳐 있듯이/구겼다 폈다 구르는 세월"과 산이 가진 모습과 오르는 행위가 겹쳐 우리에게 깨달음을 준다.

이민화의 시는 신생의 꿈을 향한 시적 순례를 보여준다. 여기서 오해하지 말아야 할 것은 그 신생의 공간이 다시 옛 과거로 돌아가자는 것은 아니라는 점이다. 과거의 추체험을 통해 지금 이곳의 삶을 역설적으로 성찰하게 하는 것이 이민화의 시이다. 또한 이민화의 시를 읽으며 느꼈던 것은 시인이 섬세한 감수성의 소유자라는 점이다. 꽃이 꾸는 꿈, 즉 화몽(花夢)의 세계는 이민화가 가진 예민한 감성의 촉수로 더욱 실감나게 다가온다. 이러한 점이 앞으로 그의 시를 기대하게 만드는 요소일 것이다.

역전(逆轉)을 통한 비움의 길 찾기

: 엄혜숙 시집 『도문(道門)』

시에서 '道'는 하나의 길목일 뿐이다. 시에게 도(道)는 궁극적으로 다다르는 완전한 길이 될 수 없다. 시가 구원에 이르는 완전한 도가 되면, 그것은 시가 아니라 법(法)이 되고 경(經)이 된다. 시의 道는 여러 문턱 중의 하나이며, 시는 그 문턱 앞에서 매번 고개만 삐죽 내밀다 간다. 시가 가려는 지향점은 완전한 세계의 도착에 있지 않고, 완전한 세계로 향하는 길목에서의 방황에 있다. 그런 의미에서 시를 통해 이루려는 세계는 언제나 미완의 여백을 남긴다.

엄혜숙은 도가 하나의 문(門)임을 직시한다. '도'로 이르는 길목 앞에서 "오랜 세월 멍이 된/지친 말들"을 끌어안고 '도문(道門)'을 조심스레 연다. 실상 엄혜숙은 가볍게 세상을 날아다니고 싶었을 것이다. 그러나 세상은 거꾸로 매달려 볼 수밖에 없는 이지러진 공간일 뿐이다. 역전(逆轉)의 세상보기. 즉 거꾸로 보는 세상은 이전에 보이지 않던 것을 보게 해준다. 장지에서 바람과 햇살의 존재를 보며, 그릇만큼만 비우면 보이지 않는 넉넉한 곳이 보인다는 걸 체험한다. 엄혜숙의 시는 비움과 버림의 길을 통해 생명의 호흡을 느끼며 발견한다. 때론 먼지처럼 떠돌며, 거미처럼 거꾸로 매달려 세상 속의 이미지를 엿보고 이를 통해 자아의 내면을 환기한다. 거미가 짓는 집은 허공에 있다. 지반이 없는 허공에 짓는 집은 비움의 길을 향한 엄혜숙의 시적 도정과 흡사하다. 비움의 긴 길을 가기 위해 먼저 시인의 말이 사는 동굴을 탐사한다.

동굴 속에는 오랜 세월 멍이 된
지친 말들이 웅크리고 있다
적막함이 풀처럼 무성히 자라
풀벌레 울음소리도 가두고 있다
공중은 소리의 무덤이다
동굴을 몰래 빠져나오느라 떨어져 나온
닿소리들로 왁자지껄한 세상은
평생을 몸 담구어 봐도 해독할 수 없는 미지수다
동굴로 통하는 가파른 언덕길에서
홀로 피어 있는 들국화 하나
보지 않아도 느낄 수 있는 물푸레나무 잎맥 위에
도문(道門) 열어 들을 수 있는 귀 열려 있다
세평의 고요가 엘토 음으로 고여 있는 그곳에
가부좌를 하고 돌아앉는다
어느새 따라 온 황국이 마른 기침을 한다
향기가 동굴을 환하게 비추고 있다

▶▶▶「도문(道門)」 전문

엄혜숙이 가려는 동굴 속은 '지친 말들'의 공간이다. 그 말은 "오랜 세월 멍이 된" 언어들이다. 시적 자아는 그 말들이 공중을 부유하고, 왁자지껄한 세상을 본다. 결국 떠도는 말들은 공중 속에서 풍화되어 '공중'이 말들의 '무덤'이 된다. 이러한 말들의 운명을 극복할 수 있는 것은 "도문(道門) 열어 들을 수 있는 귀"가 있기 때문이다. 귀는 열린 귀이다. 가부좌를 하고 준비하면 들려오는 귀이다. 들을 수 있는 귀는 세상과 돌아앉아야 들린다. 지친 말을 듣는 귀를 가진 시인은 저 깊은 동굴 속을 탐색해가야 할 하나의 길을 찾아야 한다. 그 길을 인식하기 위해 길과 함께 호흡하는 길 위의 사물에 시선을 가져간다. 돌은 길 위에 놓여진 흔하디흔한 존재이지만 돌이 가진 존재의 상징은 시인에게 여러 의미를 지니게 한다.

길 위를 사는 나를 그저 기분대로 차서는 안 된다
뜨겁고 긴 억겁의 시간 그 적층 속을 건너
흐물거리던 살점 담금질하여 왔다
앞도 뒤도 분간할 수 없는 암담한 어둠속에서
시나브로 파장되는 빛을 파먹으면서
내 몸은 투명해지고 눈부시기 시작했다
나는 한 때 가벼이 세상 속을 날아다니며
부풀린 공기 속에 슬쩍 구성원으로 몸 섞기도 하였으나
내일이란 아무도 모르는 것
강물이 흐르듯 나도 흘러갈 뿐이다
섬세한 필터 같은 세상 풍파 지나 온 나는
바닷가에 누워
너의 발자국 스캐너하고 있다
지나가면 읽어버리는 복사기의 렌즈처럼
쉴새 없이 들락거리는 파도가

내 꿈꾸는 생각을 지워 버리지만
돌은 다 똑같은 돌이다
자수정 맑게 비운 눈부신 찜질방에서
포항 북부 해수욕장 융단같은 모래벌까지
자꾸만 옷을 갈아 입고 있을 뿐이다

▶▶▶「돌에 대하여」 전문

위의 시는 돌이 지닌 시간의 깊이에 대해 말하고 있다. 돌이 가진 운명을 시적 자아의 몸에 투사하여 자신의 내면을 바라본다. 오랜 시간을 견뎌온 돌은 길 위에 있다. 돌은 스스로 자신이 가진 존재의 외피를 진단한다. 지금 현재의 돌은 "긴 억겁의 시간 그 적층 속을 건너/ 흐물거리던 살점 담금질"하는 역할의 돌이다. 돌도 예전에는 "가벼이 세상 속을 날아다니"는 시절이 있었다. 돌은 세상사의 이치와 흐름 속에 스스로의 존재를 맡겨버린다. 돌은 바닷가에 누워 발자국을 온몸으로 견딘다. 그 견딤을 스캐너하고 싶다라는 기계적 욕망으로 말한다. 그러나 돌은 스스로의 존재를 보편적인 돌의 존재 속으로 합일시킨다. "돌은 다 똑같은 돌"이면서 돌은 "자꾸만 옷을 갈아입는" 변신의 돌이다. 시에서는 돌의 입장에 서서, 돌이 가진 존재의 정체에 대해 골몰하고 있다. 돌은 파도에 의해 "꿈꾸는 생각을 지워 버리지만", 그러한 돌 자체를 스스로 받아들인다. 시인은 사물뿐 아니라, 우리가 흔히 볼 수는 있지만 깨닫지는 못하는 공간을 찾아간다.

사람들은 동그라미 하나씩 빚으면서 살고 있다
둥근 식탁과 저 붉은 무덤이 맞닿아
가둔 만큼의 바람과 햇살을 향유한다는 것을
葬地에서 보았다

안개 속에 수많은 소리들이 웅성대고 있다
세상 끝 어슴프레 내려다보이는 길섶
허연 소금꽃 같은 아버지 비틀거리며 걸어가신다
허공에 기대어 땅 밀쳐내던 마지막 잎새의 젖은 눈과 마주친다
파랑에 지친 빈 바랑 내려놓고
돌아가 쉴 곳 두리번거린다

바스락 소리 낼 것 같은 굽어진 허리
햇살은 더 큰 햇살 속으로 숨어 버리고
움켜쥐어 봐도 바람만 가득
담긴 손이 힘없이 떨린다
굽어보이지 않던 날들이 일제히 고개 디민다
생과 사의 문지방 너머
개나리꽃 노랗게 웃고 있다

▶▶▶「봄날」 전문

시인은 어느 봄날의 장지를 본다. 장지는 죽음의 공간이지만, 우리 삶 속에 보편적으로 볼 수 있는 공간이기도 하다. 죽음의 공간은 삶의 공간의 연장선상에 놓여져 있다. 바람과 햇살은 삶을 유지하고 책임지는 식탁이나 죽음의 표징인 무덤 어디에도 존재한다. 시인은 '장지'라는 특정한 장소에서 죽음만 엿본 것이 아니라 죽음과 공유하는 자연의 이치를 본다. 그것은 죽음의 공간에서 생명의 호흡을 발견하는 것이다. 삶과 죽음이라는 경계에서 시인은 "움켜쥐어봐도 바람만 가득"한 세상사 소유의 허망함을 알아버린다. 개나리꽃은 '생'과 '사'의 공간 사이에서 인간사의 모든 이치를 안다는 듯 "노랗게 웃고 있"는 것이다. 바깥의 공간을 본 시인은 자기 자신을 바라보는 외부의 시선을 인식한다. 렌즈가 나를 쳐다보고 있다는 상상은 그렇게 시작된다.

렌즈가 나를 빤히 읽고 있다
헐거워진 나, 몸을 옴츠리며 매달려 있다
예리한 눈이 찰칵찰칵 온몸을 훑는다
단단히 잠겨있던 단추하나 힘없이 풀어진다
바다를 찾아 떠났던 버들치
겸연쩍은 듯 파닥파닥 비늘을 털며 나온다

▶▶▶「마음찍기」 부분

시인은 끊임없이 자신을 향해 언어의 활을 겨눈다. 그것은 불분명한 자아의 답답함을 정체성에 대한 집요한 추적을 통해 해소하려는 몸짓 때문이다. 시인은 '마음'을 보는 것만 아니라 '찍기'도 한다. '렌즈'라는 타자화된 시선을 통해 자신이 읽히는 것을 느끼고 있다. 바깥의 시선을 느끼고 받았을 때 시적 자아는 단단히 잠겨 있던 내면의 문이 열림을 느낀다. 완고한 이성에 의해 견고하게 닫혀진 마음의 문은, 마음을 찍는 행위를 통해 열려진다.

끝없이 올라가고 싶었다
올라간들 다를 것 없는 세상 속을
흙 묻히고 살기 보다는 빠질 수 있는 하늘이 좋아
허공에 햇살로 그물막 지어 살았다
관심두지 않은 온갖 소리들이 기어 올라와
바람 흔들어 내 유리방을 슬그머니 헤집고 달아났다
그럴 때면 두고 온 어린 꽃들과
달빛 가득 고여 있던 옹달샘이
발 아래서 고즈넉히 앉아 손짓하여 불렀다
나는 거꾸로 매달려 떠나 온 세상을 말없이 바라본다

▶▶▶「거미」 부분

벗어 버리지 못하는 마음 부풀어 오른 물길 따라 느릿느릿 걷고 있다
내 발걸음이 허우적거린다 활자 속에 갇힌 생각들 꺼내 밖으로
훅 불어낸다
힘 써 보아도 자꾸만 멀어지는 그곳까지의 거리
이제는 낮은 곳으로 물길 틀어 흐르고 싶다
두 발 푹 적시고

▶▶▶「역류(逆流)」 부분

그러면 시인이 궁극적으로 바라보고자 하는 지점은 어디인가. 그곳은 완벽한 유토피아는 아닐 것이다. 시인은 이 세상과는 다른 어떤 공간을 상정하고 있다. 그 공간 속으로 올라가고 싶은 상승욕망에 휩싸여 있다. 엄혜숙이 보여주는 허공과 공중에 대한 상상력은 닿는 지점이 없는 부유가 가진 상징에서 비롯된다. "흙 묻히고 살기 보다는 빠질 수 있는 하늘이 좋"다는 말로 자신의 지향점을 보여준다. 그러나 이러한 시인의 지향점이 세상 속의 권력이나 지위와는 다른 범주에 놓여져 있다. 시인은 "관심두지 않은 온갖 소리들"과 함께 어우러져 함께 하는 공간을 꿈꾼다. '거미'의 상징은 세상을 거꾸로 본다는 의미이며 세상을 거꾸로 본다는 것은 세상과의 절연 혹은 세상을 다르게 바라보고 싶은 욕망이다. 세상을 다르게 바라본다는 것은 이미 있는 세계에 대한 환멸 혹은 답답함에서 기인할 수도 있다.

'거미'에서 보여준 거꾸로 보기의 세상은 쉽게 얻어지지 않는다.「역류」에서 보여주듯 그 길은 "물길 따라 느릿느릿" 걸어가는 길이다. 간혹 "발걸음이 허우적거려"야 하는 어려움에 당면하기도 한다. 그럼에도 "활자 속에 갇힌 생각들"을 끊임없이 불어낸다. 그곳까지의 거리는 "힘써 보아도 자꾸만 멀어지는" 곳이다. 역류하는, 거꾸로 오르는 자연을 통해 시적 자아의 내면을 사유하게 한다. 시적 생산의 괴로움과 닿고자 하는 세계와의 거리를 잘 보여주고 있는 시이다.

틈만 나면 마음 끌어당기는
숲 하나
액자 속 풍경화처럼 갇혀 있다

그림자 길게 내리며 하늘 쓸던 나무들
성큼성큼 걸어 나온다
손가락 끝마디마다 햇살 모아 쥐고
숲에 몸 기대어
바람 길어 올리고 있다
털털하게 사는 법 배우지 못한
굴참나무 밑에는
구멍 숭숭 뚫린 바람 두엇 놀다가 슬그머니 가버리고
앉은뱅이꽃 투덜거리며 개울 쪽으로 고개 돌린다

▶▶▶「갇힌 풍경」 부분

이러한 광경은 대상을 내재화하는 방법을 통해서도 가시화된다. 액자 속의 풍경은 늘 시각의 공간 안에 갇혀 있다. 시적 자아는 자신의 마음을 끌어당기는 숲에게 스스로 걸어 나오라고 말한다. 액자 속의 숲은 "나무들 성큼성큼 걸어 나오"는 것을 목격한다. 부조화되어 정지되었던 나무가 걸어 나오는 순간, 주변의 모든 풍경은 살아 있는 풍경이 된다. 시인은 의인화의 방법을 통해 살아 있는 풍경의 생생한 면모를 잘 묘사하고 있다. 나무는 "햇살 모아쥐고/숲에 몸 기대어/바람"을 길어 올린다. 바람은 굴참나무 밑에서 놀다가 가고 앉은뱅이꽃도 투덜거리며 고개를 돌린다.

밤새 지구는 끙끙대며 앓는 소리를 해댔다
큰바람은 표독스런 눈알 굴리며

세상으로 통하는 낡은 창문을 두드렸다
창문 틈 작은 아우성들이 비틀거리며 빠져 나오고
앞다투어 물 올리기에 열중하는 마른 이파리들
휘어진 나뭇가지 끝에서 휘청거린다

내 마음 속 뜨락에도
태풍이 몰아쳤다
궁 밖으로 튕글려 나가지 않으려
안간힘을 쓰며 바람의 어깨에 매달린다
득세한 바람이 어린아이처럼 신이 나서
골목길 이리저리 뛰어다니며
제 몸 풀어 말갛게 헹구어 내고 있다
오래 걸어 두었던 마음속 빗장
슬며시 열리고
비로소 얼굴 내미는 저 달

▶▶▶「마음 속에 뜨는 달」 전문

시인은 자아와 타자의 교유 속에서 파생된 새로운 풍경을 만드는 것에만 집중하는 것이 아니다. 지금, 현재 이곳에 숨 쉬는 자연의 모습을 바라보는 것에도 열중한다. 그것은 지구의 소리를 듣는 것으로 시작한다. 지구는 "끙끙대며 앓는 소리를" 낸다. 바람은 "눈알 굴리며" 마른 이파리들은 "휘어진 나뭇가지 끝에서 휘청"인다. 이렇게 지구를 괴롭히는 바람과 소리와 이파리들로 지구는 소음 속에서 훼손되고 있다. 이러한 자연의 피해는 시적자아의 내면에도 똑같이 불어온다. 그러나 자아의 내면을 여는 바람은 자아에게 해를 끼치는 대상으로서 존재하지 않는다. 오히려 내면을 여는 힘은 '바람'을 통해 이루어짐을 볼 수 있다. 그 "마음속빗장"을 여는 모습을 통해 '달'과 만난다. 여기서 달은 마음속에 진실로 만나게 되는 '달'도 아니고 '그림자'도 아닌, 진실한 '영혼'인 것이다.

승용차 한 대 가누기 버거워
구불구불 접혔다 펴지는
백운사 가는 길
부처님 오신 날 奉祝 드리려
풀잎들은 일제히 고개 숙이고 있다
바람 속에 드문드문 섞여
가늘게 늘어져 우는 목탁소리 밟으며
一切가 唯心造라는 화두 속을 걸어간다
마흔이 넘도록 옷섶의 단추 제대로 채우지 못한
헐거움 돌부리에 걸려 넘어진다
비움과 버림에 대하여 일어서지 말아야 할
마음은 환한 꽃잎 따라 몸 기대는데
발길은 오히려 늪 속으로 길을 낸다

▶▶▶「그릇만큼 비우고」 부분

결국 시인은 풍경 속의 길을 통해 비움과 버림의 길을 체험한다. 승용차 한 대가 갈만한 작은 길목에서 하나의 화두를 찾아 걸어간다. 백운사 가는 길목에서 자신은 "마흔이 넘도록 옷섶의 단추 제대로 채우지 못한" 자라는 반성을 한다. 그러한 마음 돌부리에 자꾸 채인다. 시인이 가야 할 곳은, 비움과 버림의 길이라는 것을 보여준다.

마음이 환한 꽃잎 따라 몸 기대는 것은, 늪 속으로 길을 내는 난관도 모두 극복하고 싶은 자아의 욕망과도 연결되어 있다. '도문' 앞에서 서성거리며 자신에게 의미 있는 길을 타진하던 시인은 그릇만큼 비우는 작은 실천적 깨달음 속에서 더 큰 사유의 그릇을 발견하고 있다.

그릇만큼 비우면 그릇은 마음을 닮는 거울이 된다. 마치 유리그릇처럼 비움을 통한 마음의 내적 상태가 투명하게 보인다. 엄혜숙 시인에게 비움과 버림의 길찾기를 통해 배태된 상상력은 시적 에너지의 원천이다. 이 상상력의 숲이 앞으로 더욱 울창하기를 기대해 본다.

흔적의 시학

: 하상만 시집 『간장』

하상만에게 사물은 세계를 읽어내는 하나의 징검돌이다. 시인은 세계를 자기만의 새로운 방식과 언어로 읽어내는 사람이다. 때론 불온하게, 때론 격정적으로, 때론 평화롭게 변주하며 자신의 발언을 의미화한다. 하상만은 이 세계의 진면목에 대해 목소리 높여 얘기하지 않는다. 그렇다고 이 세계를 절망하지도, 혹은 아름다운 유토피아로 희망하지도 않는다. 그는 슬쩍 눙치듯 이 세계와 연결 짓는 사물의 그림자를 밟으며, 그림자가 기대고 있는 흔적을 얘기할 뿐이다. 마치 꽃잎이 피고 지는 비밀을 깨치듯 소요의 길목을 조금씩 일러준다.

하상만 시의 순도를 맞추는 '간장'은 짜지 않고 따뜻하다. 물에 풀어 먹으면 속이 편안해진다는 하상만식 간장의 레시피는 언뜻 고전적인 것 같지만, 사실 가장 훌륭한 자연주의식이다. 하지만 하상만의 간장 음용법은 슬픔이 치료법이 되는 우리네 어머니의 아궁이 방식이다.

우리는 하상만의 간장을 음미하듯 킁킁거리며 예전의 공동체가 가지고 있었던 단장(斷腸)의 서사를 고백하다가, 때론 그리워하기도 한다. 그렇듯 하상만의 시는 맵고 짜지 않다. 단아하고 맹숭맹숭하지만, 읽을수록 재밌다. 그리고 긴 여운을 준다.

하상만이 사물의 이면을 좇는 의미의 사냥꾼으로만 그쳤다면, 그의 시는 아쉬웠을 것이다. 하상만의 시에서 읽어낼 수 있는 지점은 특별한 사건을 바라보는 데 있다. 여기서 사건이란 흔적에 칼집을 내는 장면이다. 그의 시는 존재의 흔적을 추적해 희미하게나마 남아 있는 시간 너머의 사설(辭說) 속에 깊은 칼금을 그어두는 일이다. 아울러 그는 우리가 잊고 지냈던 공동체의 흔적을 찾아 먼 기억의 사건들을 반추했으며, 지금 우리의 일상이 겪고 있는 현실의 고단함 뒤편에 드리워진 그림자를 면밀히 비추고 있다.

그러면 구체적으로 하상만이 흔적을 발췌하고, 그 뒷배경을 바라보는 것은 독자들로 하여금 어떤 미감을 전달해줄까. 시 「작은 새의 발자국」은 "작은 새"가 "꽃잎 위에/발자국"을 남긴 장면으로 시작한다. 일반적인 현상은 '새가 꽃잎에 앉았다'일 것인데, 시인은 '꽃잎에 발자국을 남겼다'고 한다. 꽃잎에 '앉은 행위'가 아니라 '남긴 행위'로 갔을 때, 이 시는 살아 있는 흔적의 무게를 전해줄 수 있다. 남긴 발자국으로 인해 바람이라는 외압에도 흔들리지 않고 붙어 있을 수 있는 것이다. 여기서 우리가 눈여겨봐야 할 것은 꽃잎이 "다시 오지 않는다는 것을" 알면서도 눌러앉아 있다는 점이다. 그것으로 꽃잎은 운명을 거부하지 않고 온몸으로 받아들이는 순응의 처지에 놓인다. 이러한 처지가 바로 꽃잎을 통해 존재의 순환론적 인식을 전할 수 있는 기제가 되는 것이다. 이렇듯 하상만은 이미 명명된 사물에 새로운 의미를 부여하는데, 그 과정 속에는 뒷배경의 흔적이 고스란히 녹아 있다.

늦은 밤
아무도 보지 않는 밤
나는 껌칼로
길에 말라붙은 고양이를
떼어냈다
어둠 속에서 빛나던 눈
감기기 위해
눈부터 긁었다
구름처럼 둥실
떠다니라고
네 다리를 긁었다
더 이상 배고프지 말라고
홀쭉한
몸통을 긁었다
사나운 놈 만나면
치켜 올리던 꼬리
용서해 달라고
긁었다
살살 불면서 긁었다
훌훌 불면서 긁었다
모두 가루가 되어 흩어졌다
그러나
오래 누워 있던 자리가
꺼멓다
몸은 어떻게 했지만
그림자는 어쩌지 못했다
칼날을 세워 긁어도 잘

지워지지 않았다

▶▶▶「껌칼」 전문

껌칼은 껌을 벗겨내는 데 쓰이는 청소도구이다. 그러나 시에서 껌칼은 껌을 벗겨내지 않는다. 고양이의 사체를 벗겨낸다. 넓게 보면 같은 쓰레기일지 모르지만, 껌과 고양이의 사체는 엄청난 차이가 있다. 껌은 인위적으로 만들어낸 음식물이지만 고양이는 원래 살아 있는 생명이다. 껌칼은 운명적으로 존재의 흔적을 지우는데 쓰여진다. 위의 시에서 껌칼은 사물과 생명의 차이가 빚어낸 지독한 정서를 우리에게 전달한다.

우선 화자는 껌칼로 눈, 다리, 몸통, 꼬리의 순으로 긁어낸다. 순서에도 나름의 이유가 있어 "어둠 속에서 빛나던 눈 감기기 위해", "구름처럼 둥실 떠다니라고", "더 이상 배고프지 말라고", "사나운 놈 만나면/치켜 올리던 꼬리/용서해 달라고" 말한다. 아스팔트에 압사(壓死)되어 버린 고양이를 하나씩 긁어내다 살살, 훌훌 불면서 긁어내다 급기야 모두 가루가 되어 흩어지는 체험을 한다. 한 마디로 압사된 고양이의 풍장(風葬)인 것이다. 여기서 화자는 풍장의 특별한 체험으로만 그치지 않고 "오래 누워 있던 자리가/꺼멓다"는 것을 발견한다. 고양이의 몸은 어떻게 치웠지만, 그 죽음이 남긴 그림자는 어쩌지 못한다는 사실을 선명한 이미지로 전해준다. 시 「껌칼」은 죽음이 갖는 흔적의 배후를 추적함으로써 실존의 진면(眞面)을 생각하게 한다. 사소한 시적 대상이 비일상적인 사건과 결합되어 존재의 배면(背面)에 깔린 의미를 추수(秋收)하는 데 헌신한다.

이러한 상상력은 「목주름」에서도 발견할 수 있다. 노인의 목에 진 목주름을 시인은 "목을 베고 있는/세월의 칼날"이라고 말한다. 칼은 위해(危害)의 도구이지만, 시에서는 세월의 주름으로 표상(表象)된다. 칼이라는 도구의 속성을 바탕으로 시간의 속성을 동일시한다. 즉 단번에 휘두르지는 않지만 거둔 적이 없거나, 깊어지고 있지만 결코 피를 보지 않는 속성은 칼과 삶의 연속된 시간에 서로 얽혀 있다. 시에서 칼은 "참수"라는 극형의 사건을 택한다. 참수는 칼이 행할 수 있는 가장 극단의 사건이다. 시간이 행할 수 있는 가장 마지막은 죽음이다. 모두 죽음이라는 하나의 목표를 삼지만, 그 목표를 향하는 의식은 "존재에 대한 집착"에 모아져 있다. 존재의 집착이 세월의 무게를 이길 수 없는 것이다.

> 하루에 한 번 휴게실에서
> 봄이 오는 것을 지켜 본다
> 오늘은 봄이
> 내 등을 관통하여 앞으로 천천히
> 지나가는 이상한 경험을 하였다
> 서른 여덟 살의 이봉주가
> 서울 국제 마라톤 대회에서
> 앞서 가던 카로이 선수를
> 한 발짝씩 따라잡고 있을 때
> 너무 느린 속도가 조바심을 불러 일으켜
> 마음이 저릿해졌는데
> 나를 더 미치게 한 것은
> 추월하여 한 발짝씩 멀어져 가는
> 이봉주의 뒷모습이었다
> 봄이 지나가는 속도는
> 들어 올린 봉오리에 목련이 피는
> 속도와 같은데
> 바로 그 속도로 이봉주는 달리고 있었다
> 눈앞에서 쉽게 사라지지 않아

애달팠으니
오늘 나를 관통해 간 것은 이봉주였고
나는 카로이의 마음이 되어
봄의 뒷모습을 지켜보고 있었다

▶▶▶「봄이 지나간다」 전문

시인은 계절의 변화에 가장 민감한 감수성을 가지고 있다. 봄이 오는 소리를 가장 먼저 듣고, 나뭇잎이 변하는 모습을 가장 먼저 본다. 위의 시는 봄이 지나가는 모습을 파노라마의 이미지로 독자들에게 선사한다. 시인은 몸으로 직접 봄을 체감한다. 그 경험은 "내 등을 관통하여 앞으로 천천히/지나가는 이상한 경험"이다. 이 경험 속에서 시인은 "이봉주의 뒷모습"을 발견한다. 이봉주는 한국을 대표하는 마라토너이다. 오랜 고난 속에서도 불굴의 의지를 잃지 않고, 노력의 성과를 거둔 마라토너이다. 시인은 마라톤이라는 운동경기 자체가 지닌 특별함에 골몰하지 않고, 상대 카로이 선수를 추월하여 뛰고 있는 이봉주의 뒷모습에 매료된다. 시인의 증언대로라면 이봉주의 뒷모습을 바라보면, 봄이 오는 속도와 봉오리에 목련이 피는 속도와 이봉주의 뛰는 속도가 같다는 특별한 경험을 한다. 그것으로 시인은 "나를 관통해 간 것은 이봉주"였다고 고백한다. 이 시에서도 봄의 뒷모습과 이봉주의 뒷모습을 바라보며, 형상의 정면이 아니라 배면에 깔린 흔적을 바라보면서 새로운 의미를 발견해 내고 있음을 알 수 있다.

하상만이 뒷모습이나 뒷배경의 흔적을 추적하는 시편들에서 「손가락」은 재미와 아픔을 동시에 전해준다. 시에서 "강아지의 꽁무니에 난/상처를 핥고 있었던" 다른 강아지는 강아지를 위로해 주는 존재이다. 스스로 위로하기 힘든 그곳을 강아지가 연고 바르듯 곱게 혓바닥으로 핥고 있는 모습을 시에서는 그리고 있다. 그 모습을 보며 시인은 "만질 수 없는 곳의 내 상처"가 언제쯤 사라질 것인지를 생각한다. 상처를 생각하면서 떠오른 것은 “등에 난 상처에/손가락으로 연고를 찍어/네가 발라주고 있”는 과거의 장면이다. 네 손과 강아지의 따뜻하고 촉촉한 혀는 스스로 위로하기 힘든 곳이자 만질 수 없는 곳의 상처를 만져주고 위무한다.

오후반에 가기 전 우물의 깊이를 측정했다
나는 돌을 집어 들었고
돌은 몇 번 벽에 부딪쳐 아득한 소리를 내며 떨어졌다
그때부터 깊은 것은 멀다고 생각하였다
시험지는 자꾸 물어 왔다 나에게
관계가 깊은 것을 고르시오
나는 먼 것을 골랐고 어른들은 고개를 흔들었다
나는 답을 교정하기 위해 학교에 남았고
안정된 직장을 가지게 되었다
하지만 아무리 사랑하는 사람일지라도
말할 수 없는 것을 가지게 된다

(…중략…)

그들의 마음속엔 돌무덤이 있다
아직도 깊이를 재기 위해 누군가
고공낙하하고 있다 깊어만 갈 뿐
가까워지지 않는 그 속을

▶▶▶「우물」 부분

하상만이 존재의 본질을 찾기 위해 흔적의 맨살을 보여준 경우와 다르게 흔적의 공간을 탐색한 시도 눈여겨 볼만하다. 존재의 깊이를 재기 위해 우물의 깊이를 재는 시인의 모습은 자못 진지하다. 방식은 돌을 우물에 던져 소리를 듣는 것이다. 시인이 들었던 것은 돌이 몇 번 벽에 부딪쳐 내는 "아득한 소리"이다. 그 체험으로 시인은 "깊은 것은 멀다"는 경험의 사유를 하게 된다. 시의 화자는 시험지를 통해 관계가 깊은 것과 먼 것 사이를 혼동한다. 오히려 그러한 일로 학교에 더 오래 남게 되었고 안정된 직장을 가지게 되었다. 하지만, 시인은 안정된 직장과는 별개로 "아무리 사랑하는 사람일지라도/말할 수 없는 것을 가지게 된다"는 사실을 주변의 상황들을 보며 느낀다. 그것으로 나또한 "우울한 날 함께 있는 것을 꺼리는" 지난 이십 년을 되돌아보게 된다. 시의 화자가 바라보는 사람들의 마음속에 있다던 돌무덤은 깊이를 재기 위한 것이다. 그 깊이가 얼마나 깊은지는 돌을 사람의 마음속에 던져본 자만이 알 수 있다. 하지만 여전히 가까워지지 않는 게 사람속이란 것을 시인은 말해주고 있다.

하상만이 흔적을 찾으면서 늘 잊지 않고 있던 사실은 우리 삶이 가진 본질의 모습이다. 먼저 자신이 경험한 공동체를 회억(回憶)하며, 지금 우리 삶의 가치를 성찰한다. 그의 시는 늘 사물을 시적 대상의 중심에 놓고 자신이 경험하고 체득한 삶의 지혜를 궁글린다. 다음의 시편들은 그러한 일면을 잘 보여주고 있다.

딱 한 번 누가 내 목숨을
건져낸 적이 있다
내 키가 지금의 가슴까지 왔을 때
영모 형과 내가 물속을 걸어
올라 간 적이 있다
조금만 더 가면 괜찮겠지 하면서
깊어지자 뒤꿈치를 들고
앞으로만 갔는데

물이 코를 넘어 서자
나는 말도 못하고 잠겨서
손을 뻗으며 허우적댔다
그때 물속에서 다급하게 나를
찾는 손이 있었다
그 손이 이제 운전대를 잡았다
고향에 내려가 버스를 탔는데
그냥 타라
쳐다보니 영모 형이었다
잘 살제?
묻기에
반가워 손 내밀었는데
물속에서 내가 꼭 쥐었던
새끼손가락 하나가 없었다
제철공장에 두고 왔다는
말을 들었다

▶▶▶「손」 전문

시에 등장하는 "영모형"은 화자와 어린 시절을 함께 보낸 오랜 지기이다. 하상만은 그 시절의 공동체 속에서 무엇을 잊었는지 성찰한다. "영모형"의 "손"은 목숨을 구하는 손이었고, 지금은 고향 사람들의 이동을 책임져주는 손이다. 또한 버스를 운전하는 손은 사람들의 목숨을 떠받치고 있는 손이기도 하다.

화자는 영모형과 고향의 버스에서 만난다. 영모형은 버스기사가 되었는데, 반갑다고 내미는 손에 새끼손가락이 없다. 그 손을 본 순간 화자는 어릴 적 딱 한 번 내 목숨을 건져준 적이 있는 손을 생각한다. 그 손이 바로 영모형의 손이었고, 그 손은 '노동'하는 손이다. 위 시는 짧은 시 속에서 한 인생의 질곡사를 압축적으로 보는 듯한 느낌을 받는다. 영모형이 가진 노동하는 손은 자신의 성실함을 넘어, 누군가의 목숨을 구할 수도 있는 손이다.

또 다른 시 「느티나무」에서는 우리 공동체가 처한 슬픔의 현실을 다른 성찰의 방식으로 전한다. 시의 주인공은 아들을 잃은 슬픔으로 집 앞의 나무를 도끼로 패기 시작한다. 슬픔의 바닥을 경험한 자에게 그 같은 행위는 슬픔을 승화하는 방법으로 비춰진다. 시속의 그는 "오래된 나무의 그늘이/우환을 들인다는 전설"을 믿고 받아들이기로 한다. 문제는 그가 나무를 패면서 거두는 위안과는 달리 또 다른 슬픔을 겪는 개체가 있다는 사실이다. 그는 깨닫는다. "그가 패고 있는 것이/한 그루 나무의 그늘과/그늘에 섞여 있는/한 채의 집"이라는 것을 말이다. 새의 둥지는 그의 도끼질에 자신의 집과 가산을 잃을 지경이다. 새에게도 이사갈 시간이 필요한 것이다. 그는 새를 통해 운명이 주는 시간의 의미를 깨닫는다.

우리는 공동체의 삶 속에서 무엇을 얻고자 함일까. 다양한 삶의 세목들이 슬픔과 회환을 주지만, 그 슬픔이 시간이 지날수록 아련한 따뜻함으로 기억되는 사실 또한 잊어서는 안 될 것이다.

> 콩자반을 다 건져 먹은 반찬통을
> 꺼낸다 반찬통에는 아직
> 간장이 남아 있다
> 외로울 때 간장을 먹으면 견딜 만하다
>
> 겨드랑이에 팔을 끼워 내가 일으키려할 때
> 할머니는 간장을 물에 풀어오라고 하였다
> 나는 들어서 알고 있다 할머니가 젊었을 때
> 혼자 먹던 것은 간장이었다는 것을

방에서 남편과 시어머니가 한 그릇의 고봉밥을
나누어 먹고 있을 때
부엌에서 할머니는 외로웠다고 했다

물에 풀어진 간장은 뱃속을 좀 따뜻하게 했다
다시 일어설 수 있는 기운을 주었다
할머니가 내게 마지막으로 달라고 한 음식은
바로 간장

할아버지가 돌아가신 후 할머니는
혼자 오랜 시간을 보내었다
수년 째 자식들은 찾아오지 않던 그 방
한구석엔 검은 얼룩을 가진 그릇이 놓여 있었다

내가 간장을 가지러 간 사이 할머니는
영혼을 놓아 버렸다 물에 떨어진 간장 한 방울이
물속으로 아스라이 번져 가듯
집안은 잠시 검은 빛깔로 변했다

비로소 나는 할머니의 영혼이 간장 빛이었다는 걸 깨달았다

나는 할머니의 손자이므로 간장이 입에 맞다
혼자 식사를 해야 했으므로
간장만 남은 반찬통을 꺼내 놓았다

▶▶▶「간장」 전문

표제작이기도 한 시 「간장」은 이야기 시의 묘미를 느낄 수 있는 좋

은 작품이다. 간장은 음식에 넣어 간을 맞추는 재료이다. 가끔씩 음식을 찍어 먹을 때도 있지만, 대부분 그냥 간장만을 먹지는 않는다.

화자는 외로울 때 간장을 먹는다. 간장을 먹는 습관은 할머니로부터 연유된 것이다. 할머니는 고된 시집살이를 견디며 부엌에서 간장을 물에 풀어 마셨다. 할머니에게 간장은 뱃속을 따뜻하게 하는 위안이었고, 주린 배를 채우는 슬픔이었다. 할머니의 임종 마지막까지 간장은 할머니 곁에 있었다.

간장은 할머니의 슬픔을 대변하는 매개체이며, 할머니가 남겨 놓고 간 잊을 수 없는 미각적 감각이다. 간장이 놓여 있었던, 수년째 자식들이 찾아오지 않던 방에 남겨진 "검은 얼룩을 가진 그릇"은 할머니의 부재를 증명해준다. 화자는 "할머니의 영혼이 간장 빛"이었다고 고백한다. 우리는 간장 빛깔이 비단 검은 색만 있는 게 아니라는 것을 시를 통해 깨달을 수 있다. 할머니의 흔적은 "물에 떨어진 간장 한 방울이/물속으로 아스라이 번져 가듯/집안은 잠시 검은 빛깔"로 변한 것으로 마감되지만, 할머니의 존재는 특별한 간장의 맛을 알고 있는 손자의 입안에 평생 남아 있을 것이다. 시인은 간장을 통해 할머니의 흔적을 추억하며 신산했던 삶의 이력과 존재의 무게를 껍질 까듯 하나씩 되짚어본다.

하상만의 흔적 찾기는 이전 시간뿐 아니라 현재의 시간에도 지속되고 있다. 그가 바라는 현실은 지금의 이 현실과 많은 차이가 있다. 마치 새를 통해 세상을 들여다보듯, "새에게 세상은/변기요/똥간이요/방광이"(「새의 방광」)라고 말하고 싶어 한다. 일상 현실의 그림자를 찾는 방식은 하상만의 현실의식을 그대로 대변해준다.

「마네킹」에서 화자는 "속옷을 입은 여자 마네킹 앞에서" 이 세계를 지켜본다. 속옷 입은 마네킹을 쳐다보는 화자의 눈은 음란하다고 생각할 수밖에 없다. 하지만 화자는 "엄마 생각"을 한다. 일반적으로 세상을 보는 방식과 달리 비틀고 있다. 화자는 여자 마네킹을 보며 속옷을 보았고, 속옷을 보며 엄마의 팬티가 떠올랐던 것이다. 엄마의 팬티가 떠올려진 것은 그만한 사연이 있었기 때문이다. 엄마의 친구들이 입고 온 새 팬티와 대조되는 엄마의 팬티는 화자의 경험 속에 선명하게 드러난다. 화자는 팬티를 통한 추억을 바탕으로 가난한 살림에도 꿋꿋이 지키려 했던 '자존심'을 생각한다. 「마네킹」처럼 하상만의 많은 시편들은 작은 일상적 사물로부터 시작해 기억의 추체험을 한 후 자신의 체험에까지 이른다. 그 체험으로부터 '자존심'이라는 정서가 생생히 전달된다.

시인은 일상에서 벌어지는 우리 삶의 세목들을 통해 그 뒤편의 이면들이 안고 있는 실루엣을 슬며시 우리 앞에 보여준다. 「턴」에서 고모가 배우는 춤을 따라 추며 "그냥/돌면/공주가 되는 것 같아"라고 말하는 중년 여성의 마음을 시인은 깊이 들어가 공감한다. 「내 인생의 브레이크」에서는 마누라 있고 애 있는 가장의 애환을 보여주면서 독자들의 공감을 불어넣는다. 그러나 우리의 급박한 현실이 성인들의 세계에서만 존재하는 것은 아니다. 아이들의 세계에서도 마찬가지로 형성된다.

담장 하나를 사이에 두고 일반 분양아파트의 아이들과
영구 임대아파트의 아이들이 다른 학교를 다니게 되었지만
우리가 사는 아파트 몇 동은 다행히 좋은 학군에 편입되었다
너는 백합처럼 그 학교를 다니고
더 이상 검은 하늘과 썩은 나무로 두꺼워진 그림은 그리지 마라
네가 일반 분양아파트에 산다고 말하지 않으면 너는 거짓말을 하는 게 아니다
그냥 너는 말없이 홀연히 날아온 씨앗이라 생각하고
백합 사이에 끼어 바람이 불면 같이 한들거리면 된다
친구들은 너에 대해 다 알지는 못한다

하교 길엔 함께 일반 분양아파트로 몰려갔다가
친구들이 집으로 들어간 사이 너는 담을 하나 넘으면 된다
가정환경 조사서엔 그냥 애매한 주소를 적어 넣어라
그리고 담임이 물어도 학비지원이 필요하다는 말은 하지 마라
학원엔 꼭 다녀라
아버지가 너 기죽지 않게 돈 벌어 오마

▶▶▶「담장」 부분

위 시는 담장 하나를 사이에 두고 일반 분양 아파트와 영구 임대아파트의 아이들이 어떠한 차별로 살고 있는지 적나라하게 보여준다. 영구 임대아파트의 아이들 몇은 운 좋게 좋은 학군에 편입되었지만, 자신의 처지를 솔직하게 드러낼 수 없다. 시의 화자로 보이는 아버지는 "시들어 죽어도 백합 옆이라면 백합처럼 죽는다"는 생각을 가지고 있다. 그렇기에 자식에게 숨죽이고, 숨기며 살기를 원한다. 아버지와 자식이 서로 공모하듯 "네가 일반 분양아파트에 산다고 말하지 않으면 너는 거짓말을 하는 게 아니다"라고 자기합리화를 하지만 비겁해 보일 뿐이다. 더군다나 "가정환경 조사서엔 그냥 애매한 주소를 적어 넣"으라고 하거나 "담임이 물어도 학비지원이 필요하다는 말은 하지 마라"는 말 속에는 아버지를 정죄할 수 없는 안타까운 현실이 그대로 녹아 있다. 마지막 구절인 "학원엔 꼭 다녀라/아버지가 너 기죽지 않게 돈 벌어 오마"라는 구절에선 지금 우리의 교육현실이 어떠한지를 직설적으로 보여준다. 문제는 이 시가 시속의 먼 얘기가 아니라 실제 우리 삶에서 벌어지는 현장이라는 것이다. 화자가 "가진 게 없을 땐 그냥 묻어가는 것이 좋다"고 고백하는 말이 지금 우리의 초상을 설명하는 말일 것이다. 또 다른 시 「쓴소리」에서도 마찬가지다. "단군 이래/가장 영어를 잘하는 아이들도 결국 실업자가 되는 게 지금이"라고 말한다. "십 년 후엔 결국 부모 잘 만난 놈이 목에 힘 줄거야"라는 희

망없는 미래에 대해서도 말한다. 이러한 현실을 시인은 차분하면서도 거침없이 얘기하고 있다.

하상만은 이제 새로운 여행의 출발점에 서 있다. 존재의 흔적과 이전의 공동체와 지금 우리 현실의 흔적들을 찾아 여기저기 다녔지만, "누가 그립긴 한데 얼굴이 없다"(「여행자 버스」)는 것을 느낀다. "도시가 가까울수록 마음은 늘 떠나온 쪽으로 기운다"는 하상만의 고백은 그가 계속 더 낡고 비루한 현실의 흔적을 찾아다닐 수 있다는 것을 증명한다. 현실의 무게를 양껏 짊어지고 "언젠가는 갈 길"을 계속해서 간다면 시인에겐 속도가 중요하지 않을 것이다. 그 길목에 늘 우리 삶의 흔적이 시인을 반겨줄 테니까 말이다.

인명 찾아보기

ㄱ

강수완 205
강인한 66
강희근 20
강희안 44
고석종 140
김명원 51
김백겸 42
김병호 54
김성대 119
김안 30
김언 31
김열 59
김영서 61
김완하 43
김요일 112
김참 31
김행숙 32
김희정 60

ㄷ

도종환 27

ㄹ

랭보 181
리처드 도킨스 12

ㅁ

마르크스 148
마종기 87
막스 베버 149
머레이 북친 193

ㅂ

박남희 163
박미라 53
박용래 39
박이도 16
박정대 112
박진성 56, 130
박해람 34
배한봉 33, 65

ㅅ

손계정 248
손현숙 116
송경동 28
신동엽 36
신정민 135
신현정 95
신혜정 233

ㅇ

안 폰 홀레벤 248
양애경 40
엄혜숙 272
엘리아데 80
오은 33
우진용 55
윤병무 29
이기인 126
이민화 260
이사라 73
이승훈 67
이심훈 45
이영광 68
이원 33, 34
이원로 25
이정록 47
이태관 49
임강빈 85

ㅈ

장 그르니에 205
장석주 103
장이지 72
전윤호 70
정재영 23
정재학 32
정한용 70
정희성 91
조현석 149
조혜전 194
진은영 29

ㅊ

최광임 58
최문자 21
최준 107

ㅎ

하상만 283
한문석 181
함순례 48
허만하 76
황상순 217

지은이 이재훈

1972년 강원 영월 출생.
1998년 『현대시』 신인상으로 등단.
2012년 한국시인협회 젊은시인상을 수상.

시집으로 『내 최초의 말이 사는 부족에 관한 보고서』(문학동네, 2005), 『명왕성 되다』(민음사, 2011), 지은 책으로 『현대시와 허무의식』(한국학술정보, 2007), 『딜레마의 시학』(국학자료원, 2008), 인터뷰집 『나는 시인이다』(팬덤북스, 2011)가 있다. 중앙대, 경기대, 열린사이버대, 숭의여대에서 글쓰기와 문학을 강의했다. 현재는 건양대, 서울과학기술대에서 강의하면서 『현대시』 부주간, 『시와세계』 편집위원으로 활동하고 있다.

부재의 수사학

1판 1쇄 인쇄_2012년 5월 30일
1판 1쇄 발행_2012년 6월 10일

지은이_이재훈
펴낸이_양정섭

펴낸곳_작가와비평
등 록_제2010-000013호
주 소_경기도 광명시 소하동 1272번지 우림필유 101-212
블로그_wekorea.tistory.com
이메일_wekorea@paran.com

공급처_(주)글로벌콘텐츠출판그룹
대 표_홍정표
기획·마케팅_노경민 배정일 배소정
디자인_김미미
경영지원_최정임
주 소_서울특별시 강동구 길동 349-6 정일빌딩 401호
전 화_02-488-3280
팩 스_02-488-3281
홈페이지_www.gcbook.co.kr

값 14,000원
ISBN 978-89-97190-32-4 93810